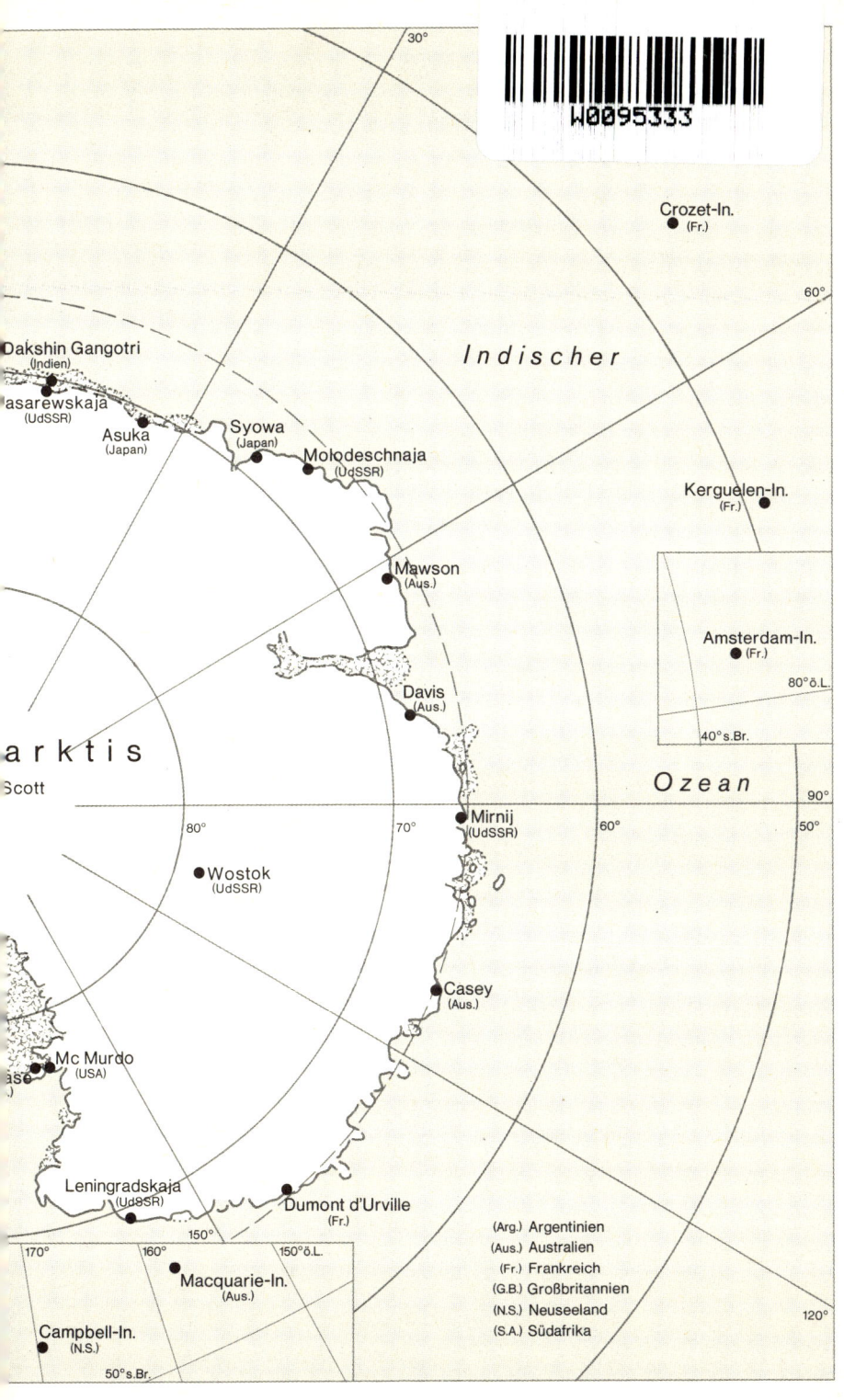

30°

Crozet-In.
(Fr.)

60°

Indischer

Dakshin Gangotri
(Indien)

asarewskaja
(UdSSR)

Asuka
(Japan)

Syowa
(Japan)

Molodeschnaja
(UdSSR)

Kerguelen-In.
(Fr.)

Mawson
(Aus.)

Amsterdam-In.
(Fr.)

80°ö.L.

Davis
(Aus.)

40°s.Br.

arktis

Scott

Ozean

90°

80°   70°   60°   50°

Mirnij
(UdSSR)

Wostok
(UdSSR)

Casey
(Aus.)

Mc Murdo
(USA)

Leningradskaja
(UdSSR)

Dumont d'Urville
(Fr.)

150°

170°   160°   150°ö.L.

Macquarie-In.
(Aus.)

Campbell-In.
(N.S.)

50°s.Br.

120°

(Arg.) Argentinien
(Aus.) Australien
(Fr.) Frankreich
(G.B.) Großbritannien
(N.S.) Neuseeland
(S.A.) Südafrika

Bernard Stonehouse/Maria Pia Casarini
Unternehmen Polarstern

Bernard Stonehouse
Maria Pia Casarini

Unternehmen Polarstern

Das Bordbuch
der Antarktis-Expedition

ECON Verlag
Düsseldorf · Wien · New York

Nach dem Originalmanuskript übersetzt von Thomas Stegers
Copyright © 1988 by Bernard Stonehouse/Maria Pia Casarini

CIP-Titelaufnahme der Deutschen Bibliothek

Stonehouse, Bernard:
Unternehmen Polarstern: d. Bordbuch d. Antarktis-Expedition/
Bernard Stonehouse; Maria Pia Casarini. [Übers. von Thomas Stegers]. –
Düsseldorf; Wien; New York: ECON Verl., 1988
Engl. Orig.-Ausg. u. d. T.: Stonehouse, Bernard: Antarctic expedition
ISBN 3-430-18801-6
NE: Casarini, Maria Pia:

Copyright © 1988 der deutschen Ausgabe by ECON Verlag GmbH,
Düsseldorf, Wien und New York
Alle Rechte der Verbreitung, auch durch Film, Funk und Fernsehen, foto-
mechanische Wiedergabe, Tonträger jeder Art, auszugsweisen Nachdruck
oder Einspeicherung und Rückgewinnung in Datenverarbeitungsanlagen aller
Art, sind vorbehalten.
Lektorat: Wolfgang Drescher
Gesetzt aus der Times der Fa. Linotype
Satz: Computersatz Bonn GmbH, Bonn
Papier: Papierfabrik Schleipen GmbH, Bad Dürkheim
Druck und Bindearbeiten: Bercker, Kevelaer
Printed in Germany
ISBN 3-430-18801-6

Inhalt

Vorwort

Polarforschung ist zur Routine geworden. Der Wettlauf zum Pol, der vor achtzig Jahren die Welt faszinierte, ist vorbei: In jedem Sommer fahren Forschungs- und Versorgungsschiffe und sogar Touristendampfer ins Südpolarmeer. Eine einzelne Expedition zählt da wenig, auch wenn sie wichtige Mosaiksteine zur Kenntnis der antarktischen Lebensgemeinschaften oder zum Verständnis der globalen Zusammenhänge von Ozean und Atmosphäre unter dem Einfluß der antarktischen Eismassen liefert. Die Entdeckung des Ozonlochs war nicht eine einmalige spektakuläre Forschertat, sondern das Ergebnis zwanzigjähriger stetiger Messungen auf der britischen Überwinterungsstation Halley.

Aus der Routine ragen von Zeit zu Zeit besondere Unternehmen heraus, die der Forschung eine neue Richtung geben. Solche Fortschritte sind heutzutage nicht mehr das alleinige Verdienst einzelner mutiger und ideenreicher Persönlichkeiten, sondern sie werden ermöglicht durch neue, kostspielige Forschungsgeräte, die von Wissenschaftlergruppen gezielt eingesetzt werden.

Die Winterexpedition 1986 der »Polarstern« ins Weddell-Meer war ein solches Ereignis. Alle technischen Voraussetzungen waren gegeben für einen neuen Schritt in der Polarforschung: Das deutsche Polarforschungsschiff »Polarstern« war speziell für Arbeiten im winterlichen Packeis gebaut worden. Es ist groß genug, um fünfzig Wissenschaftlern verschiedener Disziplinen Arbeits- und Lebensmöglichkeiten an Bord zu bie-

9

ten. Hubschrauber standen bereit, Forschergruppen auf dem Eis abzusetzen und Vergleichsmessungen in einigem Abstand vom Schiff durchzuführen. Meß- und Sendebojen waren konstruiert worden, die auch fernab vom Schiff über Monate meteorologische und ozeanographische Meßdaten zusammen mit Positionsangaben der driftenden Eisschollen über Satellitenfunk melden können. Die chemische Analysentechnik war so stark verfeinert und automatisiert worden, daß Spurengase und Radioisotope im Meer kontinuierlich erfaßt werden konnten. Für Beobachtungen unter dem Eis stand moderne Fernsehtechnik zur Verfügung.

Bald nach der Indienststellung der »Polarstern« Ende 1982 lud das neugegründete Alfred-Wegener-Institut für Polarforschung zur Planung eines internationalen Unternehmens im winterlichen Weddell-Meer ein. Die Fülle der eingehenden Projektvorschläge und der Anträge auf Teilnahme war überwältigend. In langen, manchmal hitzig geführten Diskussionen entwickelte sich ein gemeinsames Forschungskonzept und ein Team, in dem auch die bedeutendsten amerikanischen und britischen Kenner des Südpolarmeers mitwirkten. Damit waren auch die personellen Voraussetzungen gegeben, um grundlegende Fragen der Klimaforschung, Ozeanographie und antarktischen Meeresbiologie gemeinsam anzugehen.

Das Südpolarmeer umfaßt etwa ein Zehntel des Weltmeeres. Die im Jahresgang schwankende Eisbedeckung – im Winter 20 Millionen Quadratkilometer (das 40fache der Nordsee) gibt ihm seine Eigenart. Über diesen winterlichen Packeisgürtel wußten wir bis dahin sehr wenig. Offen waren die Fragen:

○ Wie bildet sich der Packeisgürtel im Herbst und Winter im Energieaustausch zwischen Ozean und Atmosphäre, und wie löst er sich im Frühjahr wieder auf?

○ Wie entstehen im Winter die großen eisfreien Gebiete (Polynyen) mitten im offenen Ozean und an den Küsten des antarktischen Kontinentes?

○ Welchen Einfluß haben Gefrieren, Schmelzen und Drift des Eises auf die kleinräumigen Prozesse und Strukturen in der

Wassersäule, und welche Bedeutung haben sie für die groß-
räumigen Meeresströmungen und die Zirkulation der Luftmassen?
○ Welche Rolle spielen Packeis und Polynyen für die Lebensgemeinschaften des Südpolarmeeres? Wie wirkt sich der
winterliche Lichtmangel aus? Wie erfolgt die Umstellung
von winterlicher Ruhe zu sommerlicher Hochproduktion?

Großräumige Satellitenaufnahmen hatten uns im letzten Jahrzehnt Hinweise zur Dynamik des Packeisgürtels gegeben, es
fehlte aber an direkten Beobachtungen. Einige ozeanographische und biologische Daten verdankten wir den Besatzungen
vom Eis eingeschlossener Schiffe, vor allem Filchners
»Deutschland« (1912) und Shackletons »Endurance« (1913)
und neuerdings den kurzen winterlichen Vorstößen sowjeti-
scher und amerikanischer Forschungsschiffe. Aber noch nie
hatte sich ein Forschungsschiff während eines ganzen Winters
frei im winterlichen Packeisgürtel bewegt.

»Polarstern« hatte ihre 4. Sommerkampagne in der Antarktis
absolviert, als sie am 6. Mai 1986 zum ersten der drei winterlichen Fahrtabschnitte von Punta Arenas in Feuerland auslief.
Hauptarbeitsgebiet sollten die Gewässer um Elephant Island
und die Spitze der Antarktis-Halbinsel sein. In diesem Seege-
biet untersucht die Bundesforschungsanstalt für Fischerei seit
1975 regelmäßig die Bestände an Krill und Fischen. Nun galt
es, erstmalig die Verbreitung des Krills im Winter zu untersuchen. Frißt er, oder schrumpft er vor Hunger unter dem Eis?
Wie entwickeln sich die im Sommer geschlüpften Larven weiter? Auch physiologische Arbeiten standen auf dem Programm, denn »Polarstern« verfügt wie kein anderes Forschungsschiff über Aquarienräume und Kühlcontainer, in denen Meerestiere unter konstant niedrigen Temperaturen gehalten werden können.

Behutsam wurden Krill, Fische und andere Tiere gefangen
und für Wachstums-, Ernährungs- und Stoffwechselversuche in
die Aquarien überführt. Viele Tiere überlebten an Bord auch
den folgenden Südsommer und die Heimfahrt durch die

11

Tropen, so daß wir jetzt in Bremerhaven an einer Vielzahl lebender Antarktistiere weitere Versuche durchführen können.

Der nächste Fahrtabschnitt und damit die erste Hälfte des Winter-Weddell-See-Projekts 1986 (WWSP 86), von dem dieses Buch berichtet, begann am 27. Juni in Bahia Blanca, Mittelargentinien, und endete am 17. September in Kapstadt, das bereits im Juli einmal angelaufen werden mußte, um einen erkrankten amerikanischen Wissenschaftler abzusetzen. Im Mittelpunkt dieser Reise stand die systematische zweimalige Untersuchung des Packeisgürtels auf einem Nord-Süd-Schnitt entlang des Greenwich-Meridians. Die Eisgrenze wurde auf der Anreise bei etwa 59° S und auf der Heimreise sieben Wochen später 300 km weiter nördlich angetroffen.

Sobald das Schiff die Zone dicker großer Eisschollen erreicht hatte, wurden Bohrtrupps ausgesetzt, um Eiskerne für eisphysikalische und -biologische Untersuchungen zu gewinnen. Der Kapitän hatte ein Verfahren entwickelt, mit dessen Hilfe er das Schiff mit der Backbordseite so fest ins Eis legte, daß eine Gangway ausgebracht werden konnte, während auf der Steuerbordseite ein Eisloch neben der Bordwand entstand, durch das Wasserschöpfer, Sonden und Planktonnetze bis in große Tiefen abgesenkt werden konnten.

Im Vordergrund der Arbeiten dieses ersten Teiles des Winter-Weddell-See-Projekts standen physikalische und chemische Arbeiten zur Struktur und Dynamik des Wassers, des Eises und der darüberliegenden Luftschichten. Um die Messungen entlang der Fahrtroute des Schiffes flächenhaft auszudehnen, wurde auch von Hubschraubern aus Ozeanographie getrieben. Sendebojen wurden auf Eisschollen verankert. An drei Stellen driftete das Schiff mehrere Tage lang mit dem Eis, um die Dynamik der Meereisbewegungen im einzelnen studieren zu können. Die»Polarstern« gelangte bis auf wenige Meilen vor die Küste Neu-Schwabenlands; dann mußte sie umdrehen, um nicht von den sich vor der Küste aufstauenden Eismassen eingeschlossen zu werden.

Der dritte Fahrtabschnitt begann Ende September. Er war vor allem biologisch orientiert, hatte aber auch physikalische, chemische und meteorologische Gruppen an Bord. Geographisches Ziel dieses Fahrtabschnittes war die schmale, auch im Winter zeitweilig eisfreie Zone, die Küstenpolynya, vor den Klippen des Schelfeises am Rande der östlichen Weddell-See. Um dorthin zu gelangen, mußte wieder der Packeisgürtel durchbrochen werden. Insgesamt hat die »Polarstern« zwischen Juli und Dezember viermal das Packeis durchquert und damit die Eisentwicklung während der ganzen Wintersaison bis ins Frühjahr hinein erfaßt.

In der inneren Weddell-See trafen wir schnell wechselnde Eisverhältnisse an, die Küstenpolynya konnte von einem Tag zum anderen aufreißen oder sich durch Winddrift und Frost wieder schließen. Aufgrund der Eiskarten der Wettersatelliten konnten wir uns getrauen, so weit nach Süden vorzudringen, daß wir die drei vom Filchner-Schelfeis abgebrochenen Eisinseln vom Hubschrauber aus vermessen und die mit ihnen driftende sowjetische Station »Drushnaya« lokalisieren konnten. Auf dem Rückweg trafen wir endlich schmelzendes Meereis im Packeisgürtel an und hatten damit schließlich das Frühjahr erreicht, bevor das Schiff am 14. Dezember in Kapstadt festmachte.

An den einzelnen winterlichen Fahrtabschnitten nahmen 137 Wissenschaftler und Techniker teil, 96 deutsche und 41 ausländische, einschließlich 8 Hubschrauberpiloten und -mechaniker. 28 Institute waren beteiligt, 12 deutsche und 16 ausländische. Da das Winterunternehmen zwischen zwei antarktischen Sommerkampagnen stattfand, d. h. das Schiff insgesamt 19 Monate fern von deutschen Häfen operierte, mußte die meiste Ausrüstung in Containern oder per Luftfracht zu den Zwischenhäfen in der Südhalbkugel transportiert und von dort mitsamt den gesammelten Proben wieder nach Europa gebracht werden. Fast das gesamte Forschungsteam und jeweils etwa die Hälfte der Besatzung wurden nach jedem Fahrtabschnitt ausgetauscht. Dies alles erforderte ein erhebliches Maß an logistischer Organisation, die vom Alfred-Wegener-Institut geleistet wurde – bis hin zur Bereitstellung von Fang- und Meßgeräten, Eisbohrern, Schneefahrzeugen und Polarkleidung. Den Betrieb des

Schiffes, die Bereitstellung der jeweils 43—45köpfigen Besatzung und die Sorge um das leibliche Wohl aller an Bord hatte das Institut der Fa. Hapag-Lloyd im Rahmen eines Bereederungsvertrages übertragen.

Finanziert wurde die Expedition aus dem Haushalt des Instituts, der zu 90 % vom Bundesforschungsministerium und zu 10 % vom Land Bremen getragen wird. Die auswärtigen und ausländischen Teilnehmer hatten an Bord freie Unterkunft und Verpflegung. Im Rahmen des Schwerpunktprogrammes »Antarktisforschung« steuerte die Deutsche Forschungsgemeinschaft die Reisekosten von Hochschulwissenschaftlern bei.

Seit zehn Jahren gibt es in der Bundesrepublik eine intensive Polarforschung. Sie fußt auf einer langen deutschen Tradition: Herrnhuter Brüder und friesische Walfänger lieferten im 18. Jahrhundert Beschreibungen Grönlands und des Nordpolarmeeres. In der zweiten Hälfte des 19. Jahrhunderts und bis zum Ersten Weltkrieg befuhren deutsche Entdecker die Meere der Arktis und Antarktis. Inseln, Kaps, Schelfeise und Meeresbuchten tragen dort deutsche Namen. Georg von Neumayer, Namenspatron der neuen deutschen Antarktisstation, war der Vorkämpfer für die wissenschaftliche Antarktisforschung als internationale Gemeinschaftsaufgabe. In der Zeit zwischen den Weltkriegen gab es die Expeditionen der »Meteor« und »Schwabenland« ins Südpolarmeer. Alfred Wegener, dem wir die Lehre von der Drift der Kontinente verdanken, starb 1930 auf dem grönländischen Inlandeis. Nach ihm wurde das Polarforschungsinstitut in Bremerhaven benannt, das 1980 als Zentrum der neuen deutschen Bemühungen um die Erforschung der Arktis und Antarktis gegründet wurde.

Anstöße zur Belebung der Polarforschung in der Bundesrepublik waren aus verschiedenen Richtungen gekommen: Die Außenpolitiker wollten ein deutsches Mitspracherecht hinsichtlich des Sechsten Kontinents sicherstellen, dazu bedurfte es der Aufnahme in die Konsultativrunde des Antarktisvertrages, was wiederum nur durch eine wesentliche Beteiligung an der Antarktisforschung zu erreichen war; die Wirtschaftspolitiker —

aufgeschreckt durch die Warnungen des Club of Rome, die erste Ölkrise und den Verlauf der Seerechtskonferenz – erhofften sich Klarheit über Rohstoffe in der Antarktis und über deren mögliche Nutzung; die Wissenschaftler sahen in den Polargebieten eine Fülle faszinierender Forschungsaufgaben. Inzwischen ist die außenpolitische Aufgabe weitgehend erfüllt. Die Bundesrepublik wurde zu einem wichtigen Partner im Bund der Antarktisstaaten und trägt zur Fortsetzung des Vertrages unter Betonung des Umweltschutzes erheblich bei. Die wirtschaftlichen Interessen an der Antarktis sind abgeklungen. Man weiß jetzt, daß die antarktischen Fischbestände wenig ertragreich sind und der Krill nur schwer rentabel zu nutzen ist. Noch viel aufwendiger und unsicherer wäre die Exploration und Gewinnung von mineralischen Rohstoffen auf dem antarktischen Kontinent und im Eismeer.

Die wissenschaftliche Seite der Antarktisforschung ist jetzt ganz in den Vordergrund gerückt. Es geht dabei nicht allein um eine bessere Kenntnis des Kontinents und des Südpolarmeeres, sondern um globale Probleme, z. B. der Klimaforschung und des Umweltschutzes.

Die gewaltigen Massen des antarktischen Inlandeises, die mehr als vier Fünftel des Süßwassers der Erde binden, und der von Monat zu Monat und Jahr zu Jahr in Struktur und Ausdehnung schwankende Meereisgürtel beeinflussen das Klima der Erde und bestimmen weltweit die Schwankungen des Meeresspiegels. Im Eis der Antarktis und in den Sedimenten des Südpolarmeeres sind die Klimaschwankungen vergangener Zeiten abzulesen. Der Vergleich der Lebensgemeinschaften der Polarmeere in Antarktis und Arktis liefert einen Schlüssel zum Verständnis der Evolution.

Wissenschaftliche Neugier und das Bemühen um die Beantwortung handfester Fragen, etwa nach dem CO_2-Problem oder der Gefährdung von Tiergemeinschaften, z. B. der Robben und Wale, liegen in der Polarforschung dicht beieinander. Das wird auch in dem Bericht über die Winterreise der »Polarstern« deutlich. Der Anstoß zu diesem Buch kam nicht von der deutschen Expeditionsleitung, sondern von einer neugierigen Italie-

15

nerin: Frau Pia Casarini-Wadhams wollte gern ihren Mann, den britischen Meereisforscher Peter Wadhams, auf dem ersten Teil der Expedition begleiten und sich dabei nützlich machen. Das Schreiben lag ihr als Literaturhistorikerin nahe, sie brachte Begeisterung und Unbefangenheit mit.

Für den zweiten Teil des Winter-Weddell-See-Projekts interessierte sich Bernard Stonehouse, ein erfahrener Polarbiologe, der bereits als junger Mann drei Jahre in der Antarktis verbracht hatte und später immer wieder dorthin zurückkehrte. Er hatte vorzügliche Bücher über die Tierwelt der Antarktis und Arktis geschrieben, und es lockte ihn, die neue Art der Polarforschung zu beschreiben, die nicht mehr von der Idee und dem Opferwillen einzelner großer Persönlichkeiten lebt, sondern vom Zusammenspiel vieler Wissenschaftler verschiedener Nationalität und vom Einsatz moderner Technik geprägt ist. Die Winterreise der »Polarstern« war dafür ein hervorragendes Beispiel.

Pia Casarini hat die Expedition mit den Augen einer Journalistin und Südländerin gesehen, Bernard Stonehouse als Wissenschaftler und Brite. Diese Unterschiede geben dem Bericht eine besondere Note, die auch in der Übersetzung aus dem Englischen erhalten blieb.

Expeditionsjournale von Ausländern schreiben zu lassen hat in der Seefahrt Tradition. Thomas Cooks zweite Weltumseglung, die 1878 erstmalig tief in das Südpolarmeer vordrang, wurde von Johann Reinhold Forster und seinem Sohn Georg beschrieben. Adalbert von Chamisso begleitete Otto von Kotzebue 1816 auf der Fahrt der russischen Bark »Rurik« ins nördliche Eismeer und in den Pazifik. Allerdings gibt es einen Unterschied zwischen damals und heute: J. R. Forster wurde von der britischen Admiralität und Chamisso vom russischen Zaren besoldet, während für die Autoren unseres Buches nur Essen und Logis frei waren.

Bremerhaven,   Prof. Gotthilf Hempel
im August 1988   Direktor des Alfred-Wegener-Instituts für
                 Polar- und Meeresforschung, Bremerhaven

16

Prolog
Drei Impressionen

1. Aus einer Höhe von dreitausend Metern strahlt die Antarktis an einem klaren, sonnigen Morgen in einem Weiß, wie es sich sonst nirgends auf der Welt findet. Wir fliegen über die Weddell-See, die ruhig unter einer dünnen, mit weißen und lindgrünen Eisbergen übersäten Eisdecke verborgen liegt. Rechter Hand ist das Wasser eisfrei, ein mit Zucker bestreuter Indigopool, der durch den Wind, der ununterbrochen vom Festland her weht, freigehalten wird. Dahinter erhebt sich dreißig Meter hoch eine Klippe aus kompaktem Schnee, die sich blau im dunklen Wasser spiegelt. Hinter der Klippe beginnt die Antarktis, der weiße Kontinent.

In der Ferne Berge, die wie Trugbilder schimmern, mit einer Kappe aus Eis oder in Eis eingehüllt, das in der klaren, sauberen Luft funkelt. Draußen herrscht Schweigen, Stille und Kälte. In unserem verglasten Cockpit dagegen ist es laut, eng und so warm, daß man Tomaten anbauen könnte. Wir sind zu viert, der Pilot, zwei Biologen und ein Meteorologe, und fliegen nach einer einstündigen Erkundung über das Eis im Eilflug auf das Schiff zu.

»Wale«, brüllt jemand durch das Dröhnen der Maschinen hindurch. Normalerweise ist es der Pilot, der sie zuerst erspäht, aber diesmal kam ihm einer der Biologen zuvor. In dem Indigoblau unter uns schwimmen dicht an der Oberfläche sieben lange, dunkelbraune Schatten. Von seinem runden Kopf bis zur breiten Schwanzflosse mißt der längste wohl zehn Meter, die anderen sind etwa sieben oder acht Meter lang und etwas schlanker. Wir sehen sie oft diesseits der Klippe, es sind Schnabelwale. Die Engländer nennen sie »Flaschennasen«, ein plumper Name für eine elegante, aber wenig bekannte Art von Zahnwalen. Einmal sahen wir sogar eine Gruppe von siebenundzwanzig Tieren. In einer kalten Welt wie dieser ist solch ein Bild voll Wärme und Leben immer ein willkommener Anblick. Wir drehen ein paar Runden, machen Bilder, beobachten noch zwei blaugraue Junge, die sich zwischen den anderen Tieren verstecken, und lassen sie und ihr sanftes Blasen an der Oberfläche zurück. Sie sind etwas fürs Tagebuch, etwas, von dem wir unseren Schiffskameraden erzählen können.

II. Die »Polarstern« ist in voller Länge im festen Eis einer kleinen Bucht eingeklemmt. Man feiert gerade eine Party, die »Polarkreistaufe«; alle sind auf dem Eis. Turmhohe Klippen zu drei Seiten, weiß, mit einem blauen Band versehen. Zur Rechten liegt eine vereiste Landzunge, von tiefblauen Höhlen durchstochen; sie hat keinen offiziellen Namen, und so nennen wir sie Neptune's Point, als Erinnerung an die Zeremonie, die sich dort abspielt. Den Polarkreis haben wir schon vor Wochen überschritten, aber bis jetzt hatten wir noch keine Gelegenheit, das zu feiern. Nun kündigen Gott Neptun und seine Jünger ihren Besuch an, um diejenigen zu taufen, die auf dieser Reise den Polarkreis zum ersten Mal kreuzen.

Es ist sonnig und kalt; wir haben alle warme Polarkleidung an. Manche haben sich sogar richtig fein rausgeputzt. Neptun, traditionell mit Fischernetz, Tauwerk und Seegras behangen, hat seine Rede gehalten, ebenso der schon betrunkene »Doktor der Theologie«, der ihn begleitet. Eine grün angemalte Leibgarde steht bereit mit Paddeln; ein Planktologe in Rindsleder, ein Glaziologe in Säcken und ein Bakteriologe mit einer Halskrause aus Plastik versuchen sich als Quallendarsteller. Ein Pirat, im normalen Leben Chemiker am Scripps-Institut für Ozeanographie, schleicht sich heran, ein Auge mit einer Klappe verdeckt, auf seiner Schulter ein Pinguin aus Styropor. Die Neulinge werden ein zweites Mal mit Schnee getauft, wie Schlittenhunde hin und her getrieben, ihr Kopf durch ein Loch in der Eisdecke ins Wasser getaucht, dann werden sie mit gegrillten Würstchen und Punsch aufgewärmt. In die Szene hinein marschieren sechs Pinguine – Kaiserpinguine, prächtige Vögel, über einen Meter hoch. In weißen Hemden, mit gelbem Kragen und in eleganten grau-schwarzen Fräcken, frisch und sauber aus dem Wasser kommend, haben sie uns erblickt, halten uns auch für Pinguine und gesellen sich zu uns. Pinguine sind sehr zutraulich. Sie haben noch nie Menschen gesehen und sind ohne jegliche Scheu. Von dem Zauber ziemlich unbeeindruckt, betrachten sie uns von oben bis unten. Einer schliddert rüber zu dem Loch im Eis und untersucht es aufmerksam; sie kennen eine viel einfachere Methode, sich kopfüber ins Wasser zu stürzen. Ein anderer sieht sich sehr genau das Seil an, mit dem die Neulinge zusammengebunden waren, und schreitet, nachdem er lange nachgedacht hat, darüber hinweg. Es könnte ja ein Riß im Eis sein, der durch die Flut entstanden ist, und da kann man nicht vorsichtig genug sein. Drei sehen sich die hin und her jagenden Schlittenhunde an und geben ab und zu einen krächzenden Kommentar dazu ab. Einer wandert zu dem Grill, erforscht eine Seite der »Polarstern«, für ihn eine dunkelblaue Klippe, findet nichts Interessantes und legt sich schlafen. Nach einer geraumen Zeit kommen sie wieder zusammen und vergleichen ihre Beobachtungen: Es sieht nur so aus, als handelte es sich bei uns Neuankömmlingen um Pinguine. Sie ziehen ihre Schlußfolgerungen: exzentrisch, harmlos, aber doch nicht ganz ihre Art. So schreiten sie schließlich davon, am Rande des Wassers entlang. Ohne es zu wissen, sind sie die wahren Herren der Antarktis und mit ihrem Schicksal ganz zufrieden.

III. Bei Nacht, in der Tiefe des antarktischen Eises und eingehüllt in dicken Nebel, stehen wir auf der Brücke. Weil alle vier Seiten verglast sind, hat man von ihr im allgemeinen die beste Aussicht. Heute nacht jedoch ist die Sicht schlecht, der Horizont nicht zu erkennen; heute tanzen keine Schneeflocken im Schein des Flutlichts, fliegen keine goldenen Sprenkel auf uns zu. Auch die leise Musik, die der wachhabende Offizier sonst

19

immer im Hintergrund hört, fehlt heute, ebenso der kurze, freundliche Gruß. Heute abend ist die Spannung geradezu spürbar. Ein spanisches Besatzungsmitglied, an Bord sind sieben, schaut durch sein Fernglas nach vorne. Wir kommen nur extrem langsam vorwärts, der Offizier geht rasch von der einen Seite der Brücke zur anderen, dann zu dem Radar mit seinem pulsierenden grünen Strahl, der einzigen Farbe in der Fastdunkelheit.

Als wolle er damit das Schiff auf einen sicheren Kurs zwingen, klammert sich die Hand des Steuermanns um das kleine Rad, das das traditionelle Steuer abgelöst hat. Alle haben Angst vor einem Zusammenstoß mit einem Eisberg. Laut letzter Radarzählung lagen siebenundachtzig Eisberge in unserer Nähe, aber für jeden auf dem Schirm erkennbaren Eisberg muß man zwei kleinere hinzurechnen, die der Schirm nicht erfaßt, die aber groß genug sind, um uns zu versenken. Auf dem Offizier und dem Steuermann lastet die ganze Verantwortung, das Leben von vierundneunzig Menschen ist in ihren Händen.

»Das reicht«, sagt der Offizier. »Wir bleiben über Nacht hier.« Der Versuch, blind weiterzukommen, ist vorbei. Wir können uns schlafen legen.

Das Eis ist zu gefährlich.

Vorbemerkung und Danksagung

Dies ist die Geschichte einer modernen Polarexpedition, dem *Winter-Weddell-See-Projekt.* Eine historische Fahrt, denn zum ersten Mal in der Geschichte der Erforschung der Antarktis operierte ein Schiff den ganzen Winter und Frühling im Packeis. 1986 führte das eisbrechende Forschungsschiff »Polarstern« aus Bremerhaven im antarktischen Packeis zahlreiche Untersuchungen im Meer, im Eis und in der Atmosphäre durch. Die frühen Expeditionen aus der heroischen Zeit der Polarforschung sind alle wohldokumentiert, über das, was bei einer modernen Expedition, die moderne Technologie verwendet, vor sich geht, gibt es jedoch nur wenige Berichte. Diese Arbeit erzählt solch eine Geschichte.

Die erste Hälfte des Buches (Prolog und Kapitel 1–6) stammt von Maria Pia Casarini, einer italienischen Sprachwissenschaftlerin, die mit dem englischen Polarozeanographen Peter Wadhams verheiratet ist und die während der ersten drei Monate der Fahrt, den Wintermonaten, an Bord war. Die zweite Hälfte (Kapitel 7–13) stammt von Bernard Stonehouse, einem Polarbiologen, der in den Frühjahrsmonaten mitfuhr.

Beide reisten als Gäste des Alfred-Wegener-Instituts für Polar- und Meeresforschung (AWI), das auch die Expedition organisierte. Wir danken seinem Direktor, Prof. Dr. Gotthilf Hempel (wissenschaftlicher Leiter der Sommerhälfte), und Prof. Dr. Ernst Augstein (wissenschaftlicher Leiter der Winterhälfte) dafür, daß wir die Gelegenheit hatten, an der Expedition teilzunehmen und darüber berichten zu dürfen.

Teil I
Juni bis September
(Von Maria Pia Casarini)

Kapitel 1
Der Auftrag

Nach einer achthundert Kilometer langen Fahrt im Nachtzug von Buenos Aires kamen wir am Morgen des 22. Juni, einem Sonntag, in Bahia Blanca an. Wir, das englische Team des *Scott Polar Research Institute* in Cambridge, aber auch alle anderen Teilnehmer der Expedition hatten eine halbe Weltreise unternommen, um in Argentinien an Bord der »Polarstern« zu gehen. Ein besonderes Erlebnis war der Blick vom Fenster des Schlafwagens auf den Sonnenaufgang über der Pampas. Langsam hellt sich diese grenzenlose, flache, fremdartige Landschaft auf, hier und da ein paar Bäume und Tiere, meist Rinder. Obwohl der Vortag der kürzeste Tag des Jahres auf der südlichen Hemisphäre war, schien die Sonne, und der Himmel war klar. Ein gutes Omen.

Zwei klapprige, alte Taxis fuhren uns durch die Vororte dieser argentinischen Provinzstadt; links und rechts der Straße einstöckige Häuser, dann ging es weiter über flaches Land zum Hafen. Nach einer langen, ergebnislosen Suche bei den Docks und einem Halt an der *Prefectura,* wo wir uns erkundigten, sahen wir endlich die »Polarstern«.

Das war sie also: blendend weiß im Technicolor-Sonnenlicht des südlichen Winters, majestätisch und mächtig. Ihre starken orangefarbenen Kräne hoben sich scharf vor dem blauen Himmel ab. »Wow«, mehr konnte ich nicht sagen, so überwältigt war ich von dem Anblick und dem Gedanken, daß dieses Schiff da vor mir uns zu den seltsamsten Abenteuern führen sollte. Ein Schiff dieser Größe und Bauweise hatte ich noch nie aus solcher Nähe gesehen; das größte Schiff, auf dem ich bisher gefahren war, war die Fähre von Genua nach Sardinien gewesen.

Gespannt stieg ich die Gangway hoch, oben erwartete mich mit einem freundlichen Lachen Ernst Augstein, der wissenschaftliche Leiter unserer Expedition, den wir schon seit einigen Jahren kannten. Es war eine Erleichterung, nach so vielen neuen befremdlichen Eindrücken ein vertrautes Gesicht wiederzusehen. Er führte uns zum Chefsteward Dieter Peschke, damit wir einchecken und die Schlüssel für unsere Kabinen in Empfang nehmen konnten. Unser Heim für die nächsten Monate war klein, aber gemütlich und hatte zwei richtige Fenster, nicht diese Bullaugen, wie ich erwartet hatte. Schnell machten wir uns mit der Ausstattung unserer mit Teppichboden ausgelegten Unterkunft vertraut: ein beiges Sofa, es sah bequem aus, davor ein Schreibtisch, ein kleiner Kühlschrank (in der Antarktis!), eine zweite Arbeitsfläche und zwei Bücherregale, eins über der Arbeitsplatte, das andere bei den Kojen, dazu Telefon und Radio. Die Kojen waren fast so groß wie richtige Betten, zwischen der unteren und der oberen war viel Platz. Und erst das Badezimmer! Vom Boden bis zur Decke gekachelt, in einem geschmackvollen beigen Muster, klein, aber räumlich so geschickt ausgenutzt, daß ein großes Waschbecken darin Platz hatte − darüber ein Spiegel −, eine Duschwanne mit einem orangefarbenen Rundumvorhang, eine Toilette und zwei kleine Regale am Rückschott, der Rückwand in nautischer Terminologie. So viel jedenfalls konnte ich in der Zeit entdecken, die man braucht, um seine Sachen für eine Übernachtung auszupacken. Wir konnten noch nicht an Bord bleiben, denn die Crew wechselte gerade.

Die Wissenschaftler setzten in den nächsten Tagen mit einem kleinen Boot zum Schiff über und verbrachten den Tag damit, ihr Laboratorium aufzubauen und den Container auszupacken. Ich blieb an Land in Bahia Blanca, um Briefe zu schreiben und für jeden die letzten Einkäufe zu erledigen, wobei ich mir große Mühe gab abzuschätzen, was wir in den drei einsamen Monaten wohl gebrauchen könnten. Eine Gitarre für Musikabende stand auch auf der Liste.

Am 24. Juni gingen wir an Bord, zusammen mit mehreren anderen Teilnehmern. An der Paßkontrolle der Militärbasis trafen wir auf eine ganze Busladung Deutsche, von denen wir einige erkannten und begrüßten. Das Seeklima war belebend, die Luft gut, und als wir bei hellem Sonnenschein zum Schiff übersetzten, hatten wir Gelegenheit, es von außen mal genauer anzusehen.

Mit einer Länge von 118 m und einer Breite von 25 m sieht die »Polarstern« gedrungen und eckig aus. Der Rumpf ist dunkelblau, der Name hebt sich in weißen Buchstaben ab; der Schiffsaufbau sieht aus wie eine Burg und ist weiß, die Lastkräne, die Rettungsboote und die Bootskräne sind hellorange. Der Schornstein ist ebenfalls orange, mit einem riesigen erleuchteten Schild versehen, auf dem das Zeichen des Alfred-Wegener-Instituts zu erkennen ist, eine blaue bipolare Welt auf weißem Hintergrund und ein blauer Polarstern. Das Schiff hat den für Eisbrecher typischen unterhöhlten Bug und entlang der Wasserlinie dicke, verstärkende Stahlplatten, deren dunkler Anstrich nach diversen Zusammenstößen mit dem Eis schon etwas angeschlagen und rostig war. Soviel konnten wir ausmachen, als wir uns der »Polarstern« näherten; später erfuhren wir, daß sie einen Tiefgang von 11 m, vom Kiel bis zur Wasseroberfläche, und einen Doppelrumpf mit wasserdichten Kammern hat. Dies ist eine Sicherheitseinrichtung für den Fall, daß das Eis den äußeren Rumpf durchbohrt. Vier starke 5000-PS-Motoren gestatten es ihr, sich auch durch eine meterdicke Eisschicht langsam voranzuschieben.

Das Umsteigen vom Beiboot ins Schiff nahm viel Zeit in Anspruch, denn wir mußten eine lange Metalleiter hinaufklettern, die über dem offenen Wasser an der Bordwand hing. Das Wetter war so schön, daß wir uns entschlossen, an Deck zu bleiben und uns das Schiff näher anzusehen. Ich war gespannt darauf, den Ort zu erkunden, der für die nächsten drei Monate unser Heim sein sollte. Wir gingen systematisch vor und benutzten dazu die Stahltreppen, mit denen die Decks von außen verbunden sind. Wir fingen mit dem C-Deck an, wo einem sofort der Hubschrauberlandeplatz auffällt. Er nimmt die ganze Breite

27

des Achterschiffs ein. Direkt davor, in die Deckaufbauten integriert, befindet sich der Hangar, er bietet Platz für zwei Hubschrauber, wenn deren Flügel zusammengeklappt sind. Daneben steht ein riesiger zylinderförmiger Behälter mit einem großen Schild: »Rauchen verboten«. Er enthält den Wasserstoff, mit dem die Ballons, an denen meteorologische Radiosonden hängen, gefüllt werden.

Eine Treppe tiefer liegt Deck D, das ein offenes Vorderdeck hat, auf dem meteorologische Instrumente aufgebaut sind. Auf dem hinteren Teil von Deck E — wieder eine Treppe tiefer — werden die meisten ozeanographischen Arbeiten durchgeführt; hier werden die Netze und Wasserschöpfer ins Meer gelassen. Von einer großen Rampe am Heck aus lassen sich auf offener See Schwimm- und Grundschleppnetze für biologische Untersuchungen auswerfen und wieder einholen. Dieser offene Raum hat eine direkte Verbindung mit den gut ausgestatteten Laborräumen, dem Computerraum, dem Kartenraum mit dem Kopiergerät, den Dunkelkammern und den biologischen Labors. Der Frachtraum nimmt fast das ganze Vorschiff ein, er ist bis oben hin voll mit ordentlich aufgestellten Containern, Stapeln von Kisten, Bojen und Fendern.

Wir setzten unsere Erkundung fort und kletterten hoch aufs A-Deck. Hier führen zwei Gänge nach Backbord und Steuerbord, dazwischen liegen die Computerlabors, der Funkraum und die meteorologischen Meßräume. Über eine kleine Treppe gelangten wir auf das Peildeck, einen offenen Raum oberhalb der Brücke, auf dem merkwürdig geformte Antennen wie Borsten in den Himmel ragen. Der Mast, der sich in der Mitte erhebt, trägt die Hauptsendeantenne und ganz oben eine Plattform, aber auch hier das Schild: »Verboten«. Etwas später fanden wir einen sichereren Weg zum Krähennest, dem höchsten Ausguck auf dem Schiff, und zwar über eine Leiter im Hauptmast.

Das Peildeck wieder runter, durch eine dicke Eisentür, eine kleine Treppe hoch — und wir standen auf der Brücke. Was den Besucher zunächst überrascht, ist die Größe des Raumes, in dem die Instrumente in einzelnen Blöcken angeordnet sind.

In dem mittleren Block ist das Navigationssystem untergebracht, zwei Radarschirme, das Steuer, der Satellitenempfänger, der Computerschirm und eine ganze Reihe Fernsehschirme. In der rechten Ecke steht ein Pult mit dem VHF-Radio. In einem anderen Block sind alle Kontrollsysteme für den Maschinenraum untergebracht und ein Kassettenrecorder, der über Lautsprecher mit jeder Kabine verbunden ist. Links in einer Ecke ist eine Sitzgruppe, und dann ist da noch eine Abteilung mit zwei großen Kartentischen und Bücherregalen in einer Nische neben einer kurzen Treppe, die runter auf Deck A führt. An drei Seiten der Brücke verläuft eine eindrucksvolle Fensterreihe, alle doppelverglast, die einen ungehinderten Panoramablick auf die Welt draußen zuläßt.

Auf dem Weg zur Kabine auf dem B-Deck bleiben wir einen Moment bewundernd vor dem »Blauen Salon« stehen, einem bezaubernden großzügigen Raum mit blauem Teppichboden. Er ist Bibliothek und Konferenzraum in einem, mit einem riesigen runden, polierten Tisch und Stühlen auf einer Seite, einer Bar, kleineren Sofas und Lehnstühlen, um einen niedrigeren Tisch gruppiert, auf der anderen. Ganz unerwartet finden wir in einer Ecke einen grünen Kachelofen, und was noch überraschender war, es gibt sogar eine elektronische Orgel. Es ist der Raum, in den man sich zum ruhigen Arbeiten und zur Entspannung zurückzieht.

Bei unserem ersten Mittagessen an Bord hatte ich Gelegenheit, mit einem weiteren wichtigen Bereich auf dem Schiff Bekanntschaft zu schließen. Um 11.30 Uhr versammelten wir uns in der Messe 2 auf dem C-Deck, einem freundlichen, holzgetäfelten Raum mit einem blaugrünen Teppichboden und sechs rechteckigen Tischen für je acht Personen, dazu weiße Tischdecken und hellblaue Platzdeckchen. An den Wänden hingen Bilder von alten deutschen Polarexpeditionen. Wir reihten uns in die Warteschlange ein und ließen unsere Teller mit einem köstlichen Fisch füllen, der ganz sicher in der Bahia Blanca gefangen worden war.

Den Kaffee nahmen wir in dem angrenzenden Raum zu uns, der mit bequemen beigen Sofas und Sesseln und niedrigen

Tischen ausgestattet war. Dann ging die Erkundungstour weiter. Ein Stück den Flur entlang befindet sich das Schiffshospital: ein Untersuchungszimmer, ein Krankenzimmer. Dann ein großer Raum mit Konferenzsesseln, dessen Wände mit Karten der Südpolarregion bedeckt sind. Es ist ein Kino, das auch als Vortragsraum benutzt werden kann, komplett mit Podium, Dia- und Overhead-Projektor. Wir benutzten nun die Haupttreppe, um die anderen Decks zu erreichen. Auf Deck C liegt die Messe 1, lange Tische mit gemusterten Plastiktischdecken; hier nimmt ein Großteil der Mannschaft die Mahlzeiten ein. Sie ist mit der Schiffsbar, dem »Zillertal«, verbunden, einem einladenden Raum mit Bänken an drei Wänden, rechteckigen Tischen und vielen Stühlen. Daneben liegt die Küche, in der Schiffssprache Kombüse genannt. Mit dem Wort verbindet sich immer die Vorstellung von einem engen Raum, in dem man sich kaum rühren kann. Davon konnte jedoch bei diesem riesigen Areal aus Regalen, Arbeitsflächen, Spülbecken, Herden, Kühlschränken und Backöfen, alles aus rostfreiem Stahl, keine Rede sein. Auf diesem Deck befinden sich auch die meisten Unterkünfte der Besatzung. Jeder hat eine Einzelkabine, was bei ihrem vierundzwanzigstündigen Dienstplan auch notwendig ist. Alle Kabinen liegen über der Wasserlinie und haben Tageslicht.

Dann wurde ich zu einer Fahrt mit dem Lift zu den unteren Decks eingeladen. Hatte die »Polarstern« noch mehr Überraschungen auf Lager? Das sollte ich schon sehr bald erfahren. Auf Deck F befinden sich die Werkstätten, die Tiefseewinde und der Lagerraum mit der Theke, an der man zollfrei einkaufen kann. Schließlich ging es durch eine ganz gewöhnliche Tür, und wir standen plötzlich in einer Welt, die uns jede Polarregion vergessen ließ: Swimmingpool, Sportraum mit Trainingsgeräten, Sauna und Sonnenbank! Das reichte für die ersten Stunden an Bord. Das Labyrinth aus Fluren, Treppen und Galerien verwirrte mich so, daß ich mit dem Lift hoch zum B-Deck fahren mußte. Die Tür lag direkt gegenüber unserer Kabine; ich konnte mich also gar nicht verlaufen.

Letzte Vorbereitungen

Wir hatten noch einen Tag bis zu unserer Abfahrt, und weil es einen regelmäßigen Fähr- und Busservice gab, nutzten ein paar von uns die Gelegenheit, noch einmal an Land zu gehen. Man telefonierte mit der Familie oder schickte Postkarten; ein einfacher Spaziergang durch einen Park oder sich auf einer Bank zu sonnen hatte plötzlich einen Reiz, den man sonst nicht verspürte.

An Bord wurde in der Zwischenzeit fieberhaft gearbeitet. Die gesamte Ausrüstung mußte aus den Kisten und Containern ausgepackt und an den dafür bestimmten Stellen wieder aufgebaut werden. Obwohl die Labors der »Polarstern« hervorragend ausgestattet sind, war die Menge der Instrumente an Bord doch erstaunlich, und es bedarf sorgfältiger Überlegungen auch der erfahrensten Wissenschaftler und Techniker, einen praktischen Arbeitsbereich aufzubauen.

Um sieben Uhr am nächsten Morgen, dem 26. Juni, war unser Standort noch immer derselbe, und nichts deutete auf irgendwelche Aktivitäten hin. Es war noch dunkel. Sicher gab es für diese Änderung im Plan einen guten Grund. Und tatsächlich wurden wir kurz darauf über Lautsprecher vom Kapitän informiert, daß die Flut in der Bucht durch ablandigen Sturmwind der Stärke acht nicht ausreiche, um die Barre vor der Bucht passieren zu können. Wir durften allerdings auch nicht mehr an Land gehen, denn die argentinischen Zollbeamten hatten uns schon abgefertigt. Die Stimmung war mies. Aber es blieb keine Zeit, uns gegenseitig zu bedauern, denn Ernst Augstein berief für neun Uhr eine Versammlung ein.

Wir trafen uns in dem Vortragssaal auf Deck C. Es war das erste Mal, daß alle einundfünfzig Expeditionsteilnehmer zusammen waren, und mit einigen anwesenden Offizieren und Mitgliedern der Besatzung waren wir sogar noch mehr. Augstein, lächelnd und freundlich wie immer, hieß uns willkommen – auf englisch, die Sprache, die für die meisten während der Fahrt das Hauptverständigungsmittel wurde –, dann gab er das

Wort an Kapitän Lothar Suhrmeyer weiter. Der sprach zunächst auf deutsch, übersetzte dann selbst ins Englische und erklärte den Grund für die Verzögerung genauer: Die »Polarstern« hat einen ungewöhnlich tiefen Tiefgang von 10,9 m, und die Flut, mit der wir an den Sandbänken vorbeigekommen wären, wurde durch nordnordöstliche Winde daran gehindert, in den Kanal und die Bucht zu strömen. Die Abfahrt wurde daher auf den nächsten Tag, den 27. Juni, verlegt.

Daraufhin stellte uns der Kapitän die anwesenden Besatzungsmitglieder vor, die Nautiker Peter Zehler, Jan Stehr und Lorenz Korn, den Chefingenieur Klaus Müller, die Schiffsärztin Elger Utta und die Stewardessen Margarethe Feigler und Roswitha Lieboner. Dann folgte eine Fülle von Informationen, die die tägliche und wöchentliche Routine betrafen, die Essenszeiten, die Öffnungszeiten der Kleinkram- und Getränkeläden, den Zeitplan für Sauna und Solarium – nur zwei Wochentage waren für Damen reserviert – und die besonderen Regeln für die Abfallbeseitigung. Die »Polarstern« ist ein wirklich sauberes Schiff. Alle Abwässer und Abfälle werden vor der Entsorgung verarbeitet. Ein Ofen vernichtet alles brennbare Material, Dosen und Flaschen werden zerkleinert. Alles nicht brennbare wird gesammelt und aufbewahrt und im nächsten Anlaufhafen deponiert. Jetzt wurde mir auch klar, warum in jeder Kabine zwei Abfalleimer standen: einer für Papier, der andere für sonstige Abfälle.

Dann betrat wieder Ernst Augstein das Podium und bat jeden, sich vorzustellen und zu erzählen, womit er sich beschäftige; eine gute Gelegenheit, herauszufinden, wer wer war, und sich neue Gesichter einzuprägen. Ich erhielt schließlich die Aufgabe, eine Liste mit den Namen der Teilnehmer zu erstellen, mit ihrer Kabinennummer, Labornummer und Telefonnummer, dazu die Notrufnummer und die Nummern der Brücke, des Sprechzimmers der Ärztin und des Maschinenraums. Schließlich verkündete Ernst den Plan für die kommenden Tage: um sieben Uhr jeden Abend eine wissenschaftliche Konferenz; eine Reihe von Seminaren über die wichtigsten Bereiche der während der Fahrt durchgeführten Untersuchungen (physikalische Ozeanographie, Chemie, Meereis, Biologie und Mikrobiologie, Meteorologie). Auf diese Weise sollte jeder Einsicht in die verschiedenen Programme erhalten. Eine gute Gelegenheit, sich während der Fahrt zur Eisgrenze, etwa bei 60° S, 12° W, zu beschäftigen. Die Entfernung betrug etwa 2255 Seemeilen, eine Fahrt von ungefähr einer Woche.

Bevor wir auseinandergingen, ergriff noch ein großer Amerikaner das Wort, Arnold Gordon aus New York, der Leiter des physikalisch-ozeanographischen Teams und Vertreter der amerikanischen Gruppen an Bord. Als Experte für das Südpolarmeer, das er schon häufig bereist hatte, hatte er im Herbst 1981 an der Fahrt des sowjetischen Eisbrechers »Mikhail Somov« im Weddell-Meer teilgenommen. Es war eine historische Fahrt, weil sowohl Amerika als auch die Sowjetunion wissenschaftlich beteiligt waren und weil die »Somov« für kurze Zeit bis 62° 30′ S vorgedrungen war, so weit wie kein anderes Forschungsschiff vor ihr im Winter. Arnold sprach sehr überzeugend und enthusiastisch über das epochale Forschungsprogramm unserer Reise, über die Bedeutung des Südpolarmeeres für die Atmosphäre und die möglichen Entdeckungen während der Fahrt, die alle vorherigen Vermutungen umstoßen könnten. Sein ausgeprägtes Vorstellungsvermögen wirkte anstekkend und erhöhte noch unsere Spannung auf dieses einzigartige Abenteuer.

Nach der Versammlung bestellte man uns zur Übung an die Rettungsboote. Als das Notsignal ertönte – sieben lange Pfeiftöne, gefolgt von einem kurzen –, mußten wir unsere Schwimmwesten, die im Sofa jeder Kabine verstaut waren, hervorholen, zum nächsten Notausgang laufen und uns auf dem Hubschrauberlandeplatz versammeln. Jan Stehr, der Zweite Offizier, der während der Fahrt für unsere Sicherheit verantwortlich war, rief jeden namentlich auf und erklärte uns dann, wie man die beiden Rettungsboote zu Wasser ließ.

Nach dem Mittagessen, ein hervorragender Eintopf und frisch gebackenes Brot, fing ich mit meiner Arbeit an und stellte das kleine Telefonbuch zusammen. Rüdiger Schott, ein Ozeanograph des AWI, der sich von einer früheren Fahrt damit auskannte, bot freundlicherweise seine Hilfe an, die Liste auf dem VAX-Bordcomputer fertigzustellen. Fast alle waren kooperativ, und am Abend war die Liste fertig und ausgedruckt. Ein unternehmungslustiger Matrose, nicht wissend, daß mein Mann ebenfalls an Bord war, hatte mich sogar schon »zu einem Glas Rotwein bei Kerzenlicht« eingeladen. Nicht schlecht, daß man noch gefragt ist.

Die Ausreise

Am Freitag, dem 27. Juni, um acht Uhr legten wir ab. Mit einer Geschwindigkeit von sieben Knoten fuhren wir gegen die Strömung im Kanal, vorbei an ein paar vertäuten Tankern. Bei der Ausfahrt aus der Bucht ging die Sonne über dem Wasser auf, ein feuerroter Ball, der schon bald in den Wolken verschwand. Nach monatelangen Vorbereitungen und Warten wurde es jetzt ernst; es gab keine Rückkehr mehr.

Hinter der Aufregung und dem Reiz des Neuen verbargen sich jedoch auch Zweifel und Ängste: Welche Auswirkungen würden die Dunkelheit, die Kälte, die Isolation, der beengte Raum und das dichte Zusammenleben auf uns haben? Die Wärme aber der Menschen, die diese Erfahrung mit mir teilen sollten, gab mir eine beruhigende Sicherheit, und ein entspannendes Wohlgefühl durchströmte mich. Es würde schon alles gutgehen.

Es gab noch eine Menge zu entdecken auf der »Polarstern«. Eine ganze Reihe von Fernsehschirmen hatte es mir angetan, auf denen dieselbe Information zu lesen war und die über das ganze Schiff verteilt waren, auf der Brücke, in den Labors auf Deck E, im Computerlabor auf Deck A, wo auch mein Computer stand, und sogar in einigen Kabinen. Sie waren mit dem VAX-Computer verbunden, und man erhielt auf einen Blick eine ganze Fülle von Informationen, die alle fünf Sekunden auf den neuesten Stand gebracht wurden: das Datum und die Greenwich-Zeit, die Position des Schiffes nach Breiten- und Längengrad, die Geschwindigkeit in Knoten (nautische Meilen pro Sekunde), der Kurs, die Wassertiefe, vom Kiel aus gemessen und über ein Echolot ermittelt, Luft- und Wassertemperatur, Luftdruck, Feuchtigkeit und Taupunkt und schließlich Windgeschwindigkeit und -richtung. Es war faszinierend zu beobachten, wie sich die Werte für die Meerestiefe veränderten, je weiter wir uns von der Küste fortbewegten und der Meeresboden unter uns abfiel. Ich zeichnete schnell ein Diagramm auf, um unsere Fortschritte festzuhalten, damit ich mir über die Veränderungen, die draußen vor sich gingen, ein besseres Bild machen konnte. Am Nachmittag erhöhte sich die Geschwindigkeit auf stolze 18 Knoten, und alle vier Maschinen wurden eingesetzt, um den verlorenen Tag aufzuholen. Bei Sonnenuntergang lag die Geschwindigkeit noch bei 15 Knoten; auf unserem Südostkurs hatten wir 40° S, 60° W erreicht, und die Temperatur betrug milde 11° C. Man fühlte sich eher wie auf einer Kreuzfahrt als auf einer Expedition in die Antarktis.

Unter einem bewölkten Himmel bahnten wir uns in der Dunkelheit den Weg in den Süden.

Arbeitsbeginn

Pünktlich nach dem Frühstück am nächsten Morgen fing ich mit meiner Arbeit an. Es war ein bißchen komisch, weil es ein Samstag war, aber es war von Anfang an klar, daß jeder Tag ein Arbeitstag war, und das galt für alle an Bord. Da saß ich also und sollte einen Bericht über die drei Monate auf See schreiben. Die ergiebigste Art und Weise, Informationen zu erhalten, bestand darin, die Wissenschaftler und Techniker selbst nach ihrer Arbeit zu fragen und Interviews durchzuführen, die ich auf Band aufnehmen wollte. Die ganze wissenschaftliche Arbeit, die gleichzeitig von mehreren Gruppen in ganz unterschiedlichen Bereichen durchgeführt wurde, miteinander in Beziehung zu setzen erschien mir äußerst schwierig, und das Tonband sollte dabei eine Art »Sicherheitsnetz« bilden, um mich zurechtzufinden.

Ich fing mit Joey Comiso an, einem Wissenschaftler der US National Aeronautics and Space Administration (NASA), den ich schon aus Cambridge kannte. Joey, dessen vollständiger Name Josefino Cacas Comiso lautet, kommt eigentlich von den Philippinen, ging aber nach Amerika, um in Berkeley Physik zu studieren. Er beschäftigt sich mit *Radiometrie*, einem neuen Bereich der Fernerkundung. Dieser Fachbereich interpretiert Höchstfrequenzdaten, die von mit Radar ausgestatteten amerikanischen Satelliten auf die Erde geschickt werden. Im Gegensatz zur Infrarotstrahlung dringen Mikrowellen auch durch Wolken und sind so in der Lage, unabhängig vom Wetter Daten zu gewinnen. Die Radiometer auf dem Nimbus-7-Satelliten, der während unserer Fahrt gerade in Betrieb war, zeichnen bei unterschiedlichen Frequenzen die Temperatur der Leuchtdichte, das sogenannte Emissionsvermögen, von Schnee und Eis auf. Diese Daten werden dann an die NASA weitergegeben, die sie in helle, farbige Bilder umwandelt, aus denen man die Konzentration und die Art der Eismassen ersehen kann.

Um die von dem Satelliten gesendeten Daten immer genauer auswerten zu können, braucht man einen Satz vergleichbarer Daten. Joey hatte daher ähnliche Radiometer wie die auf Nimbus 7 an Bord, die für die erste Zeit Grundmeßdaten über dasselbe Gebiet liefern konnten. Er zeigte mir die helleuchtenden Bilder der Weddell-See, die im antarktischen Winter des Jahres 1976 aufgenommen worden waren und aus denen die Region als eine große eisfreie Wasserfläche erkennbar war. Seine Forschung sollte Voraussetzungen für die Interpretation der Satellitendaten im Winter überprüfen. Ein wichtiger Beitrag auf einem neuen Gebiet der Wissenschaft, das mir eher wie Science-fiction vorkam.

Ich war noch ganz schwindelig von den Zahlen aus dem All, als ich mich auf den Weg machte, mir einen Einblick in die *Spurenstoff-Chemie* zu verschaffen. Dazu konnte ich keinen besseren Wissenschaftler finden als Wolfgang Roether, der mir gleich einen Intensivkurs darüber anbot. Als Professor für Physik an der Universität Heidelberg − im April 1987 wechselte er an die Universität Bremen, die Verbindungen mit dem AWI hat – leitete Wolfgang am Institut für Umweltphysik eine eigene Arbeitsgruppe. Er erklärte mir sehr einleuchtend, daß es sich bei den *Tracern* um winzige Mengen chemischer Elemente oder Verbindungen handelt, die sich im Ozean befinden, entweder als natürliche Bestandteile oder durch den Menschen – in Form von Umweltverschmutzung – eingeführt. Da sie sich mit dem Wasser des Ozeans vermischen, läßt sich mit ihrer Hilfe die Bewegung der Wassermassen verfolgen. Bei den Wasserstoffbombentests vor zwei Jahrzehnten zum Beispiel wurde Tritium in der Atmosphäre freigesetzt, das dann aus der Luft auf die Oberfläche des Ozeans fiel. Das Wasser bewegte sich mit der Strömung und mischte sich mit Wasser aus tieferen Schichten – das Vermischen von Meerwasser wird hauptsächlich durch Temperaturunterschiede zwischen zwei Schichten verursacht –, so daß es noch heute möglich ist, Tritiumkonzentrationen als Spur zu verfolgen und so mehr über die Bewegung der Wassermassen zu erfahren. Während der Fahrt sollten noch andere Spurenstoffe gemessen werden: Kohlenstoff 14, Argon 39, Freon, Krypton 85, Helium 3, Radon, Radium 226 und Radium 228.

Der antarktische Ozean ist schon deswegen so interessant, weil der Austausch von Oberflächenwasser und tieferen Ozeanschichten hauptsächlich hier vonstatten geht; und zwar, so nimmt man an, im Winter. Die Wissenschaftler wollten also möglichst viele dieser Tracer analysieren, um mit ihrer Hilfe ein neues Bild von den Vermischungsvorgängen im Ozean entstehen zu lassen.

Wolfgang nahm mich mit in sein Labor auf Deck E, wo Hans-Georg Junghans, der Techniker aus Wolfgangs Gruppe, der für die Kohlenstoff-14-Analyse verantwortlich war, an einer unglaublich komplizierten Maschine arbeitete. Man sah nur Röhren, Schläuche, Druckmesser und Glasbehälter. Auf dem Gang zum Frachtraum stand eine Reihe großer, dicker Aluminiumzylinder, die etwa zwei Meter hoch waren; die sogenannten Gerard-Flaschen, von denen jede über 250 Liter Meerwasser aufnehmen konnte.

Beim Arbeitsessen schließlich saß ich neben Steve Ackley,

der mir etwas über das *Meereis-Programm* erzählte. Dieses Programm war eines der wichtigsten unserer Fahrt, denn das Meereis bestimmt oder beeinflußt die meisten Prozesse, die sich im Südpolarmeer abspielen. Steve, ein amerikanischer Wissenschaftler, der für das US Cold Regions Research and Engineering Laboratory (CREL) in Hanover, New Hampshire, arbeitet, hatte ebenfalls an der Expeditionsfahrt mit der »Mikhail Somov« im Oktober 1981 teilgenommen. Damals war es eine große Leistung, bis 62° 30′ S vorzustoßen, diesmal wollten wir vom eisfreien Wasser bis zur antarktischen Küste vordringen, eine Fahrt, die durch die ganze Weite des Packeises führte. Mehrere Aspekte sollten dabei untersucht werden, angefangen bei der Dichte und wie sie sich über den Eisgürtel verteilt, bis zur Analyse der Eisstruktur. Das verlangte wiederum eine enge Zusammenarbeit mit der Sea Ice Group des Scott Polar Research Institute (SPRI), der Gruppe meines Mannes, und mit Manfred Lange und seinen Leuten vom Alfred-Wegener-Institut (AWI).

Ein Experiment, durch das man herausfinden wollte, wie sich das Packeis, die Atmosphäre und der Ozean gegenseitig beeinflussen, war von besonderer Bedeutung. Es sollte die durch Wind und Strömungen im Ozean hervorgerufene Verformung der Eisschichten aufzeichnen. Verantwortlich für dieses Experiment, das fünf Tage dauern und dreimal während der Fahrt wiederholt werden sollte, war Keith Alverson, ein einundzwanzigjähriger Physikstudent der Princeton University, der schon des öfteren während der Sommermonate für CREL gearbeitet und auch an Reisen in die Arktis teilgenommen hatte. Auf dieser Fahrt sammelte Keith Daten für Bill Hibler, einen Wissenschaftler, der sich mit der Entwicklung eines numerischen Computermodells beschäftigte, mit dem man Eisbewegungen im Südpolarmeer voraussagen konnte.

FS »Polarstern«

Es wurde mir immer deutlicher, daß die wissenschaftliche Fachkenntnis, die auf dieser Fahrt vereint war, allerhöchstes Niveau hatte, aber ich wollte auch mehr über das Schiff erfahren, das diese ganzen Forschungen erst möglich machte. Ein Besuch auf der Brücke stellte sich in dieser Hinsicht als sehr ergiebig heraus, denn der Kapitän und seine Offiziere waren mitteilsam und nahmen mich freundlich auf.

Die »Polarstern«, so berichteten sie mir, wurde von den Howaldtswerken − Deutsche Werft in Kiel gebaut; der Innenausbau erfolgte nach Plänen der Hamburgischen Schiffsbauversuchsanstalt in der Nobiskrug-Werft in Rendsburg. Eigentümer ist das Bundesministerium für Forschung und Technologie, betrieben wird sie jedoch vom Alfred-Wegener-Institut, das für Fahrplan, Einsatzbereich und für das wissenschaftliche Programm verantwortlich zeichnet. Das Institut hat einen Vertrag mit der Reederei Hapag-Lloyd, die das Schiff unterhält und auch die Besatzung stellt. Auf unserer Fahrt bestand die Crew aus vierundvierzig Mitgliedern, denn das anspruchsvolle Programm sah eine Auslastung der Betriebsanlagen rund um die Uhr vor. Der größte Teil der Besatzung wechselt nach jedem langen Fahrtabschnitt, da Hapag-Lloyd in Hamburg über fast drei vollständige Mannschaften verfügt.

Am 27. Dezember 1982 begann die »Polarstern« mit einer Fahrt von Bremerhaven über Kapstadt in die Antarktis ihr Leben zur See, wurde dann bis 1985 während des Sommers in der Arktis und während des südlichen Sommers in der Antarktis eingesetzt; immerhin eine Entfernung von 6000 Seemeilen auf einer 22tägigen Fahrt zwischen Bremerhaven und Kapstadt. Allerdings wird ihre Zeit draußen auch gut genutzt. Im Oktober 1985 verließ sie Deutschland, um in der Weddell-See geologische und geophysikalische Untersuchungen durchzuführen und wie jedes Jahr die deutsche *Antarktis-Forschungsstation Georg von Neumayer* mit Nachschub zu versorgen.

Dann begann das wissenschaftliche Programm für das Jahr

1986. Anfang Mai 1986 lief sie von Punta Arenas, dem Hafen in Chile, der Kap Hoorn am nächsten liegt, in die Bransfield-Straße aus, zu einer Fahrt, die die Bundesforschungsanstalt für Fischerei in Hamburg unter dem Codenamen *Antarktis V/1* organisiert hatte. Von dort ging es zurück nach Bahia Blanca, wo wir zustiegen, um an dem Winter-Weddell-See-Projekt teilzunehmen. Diese Fahrt hatte den Codenamen *Antarktis V/2*. *Antarktis V/3* sollte schließlich zehn Tage nach unserer Ankunft in Kapstadt beginnen, »am 17. September um 10.00 Uhr«, wie der Kapitän ankündigte. Ein ausgefüllter Terminkalender.

Die »Polarstern« erfüllt mehrere Funktionen, und das macht sie zu einem einzigartigen Schiff. Sie ist Eisbrecher, Passagierschiff, Forschungsschiff und Frachtschiff zugleich. Die Lastkräne können zusammengeklappt werden, wenn sie nicht im Einsatz sind; sie werden ausgefahren, wenn Ausrüstung und Fracht aufs Eis oder auf Eisklippen an der Seite gehievt werden sollen. Und mit dem Hubschrauber an Bord lassen sich Arbeiten durchführen, die sonst nicht möglich wären.

Die »Polarstern« ist das Forschungsschiff der 90er Jahre schlechthin!

Teststation 09/156

Um 19.00 Uhr trafen wir uns alle im Kinoraum. Bei unserer ersten Zusammenkunft dort hatten wir noch vor Anker gelegen, jetzt kannte man schon einige Namen, und auch die Gesichter wurden einem vertrauter. Eine Tagesordnung wurde festgelegt, der Wetterbericht machte den Anfang. Das Seewetteramt des Deutschen Wetterdienstes in Hamburg hat immer einen Meteorologen an Bord der »Polarstern«, der wertvolle Informationen über die Wetterverhältnisse sammelt und somit unsere Kenntnisse über das Polarklima erweitert. Werner Rabe zog eine Karte des Gebietes hervor, auf der die Isobaren und die Hoch- und Tiefdruckgebiete eingezeichnet waren, und sagte – in gutem Englisch – für die kommenden zwei, drei Tage starke Winde aus nordwestlicher Richtung voraus.

Der Hauptpunkt der Sitzung bestand darin, die Teststation, die für den folgenden Tag, Sonntag, den 29. Juni, geplant war, zu diskutieren. Mit Station bezeichnet man den Zeitabschnitt, in dem das Schiff seine Fahrt unterbricht, damit wissenschaftliche Untersuchungen durchgeführt werden können. Jede Station kann unterschiedlich lang sein und wird von der Brücke fortlaufend numeriert. Die Ausrüstung zu testen war eine Übung von größter Wichtigkeit, denn so konnten fehlerhafte Instrumente noch vor Beginn der Arbeit ausgetauscht oder repariert werden. Laut Plan sollte um 8.30 Uhr mit der ozeanographischen Ausrüstung begonnen werden; um 10.00 Uhr sollte dann der Hubschrauber mit einigen Instrumenten an Bord starten.

Am Ende der Sitzung wurden wir über die Sprechanlage informiert, daß es im Laufe des Abends in der »Zillertal-Bar« auf Deck D Freibier geben würde. Alle strömten in Scharen herbei, froh über die Gelegenheit, auf solch angenehme Weise mit den anderen Fahrtteilnehmern zusammenzukommen.

Am Sonntagmorgen waren alle sehr beschäftigt auf Deck E, und es gab keine Gelegenheit für Fragen. Exakt um 8.30 Uhr stampfte die »Polarstern« bei 40° 26′ S, 51° W, und die erste Sonde wurde in den Ozean hinuntergelassen. Die beste Aussicht auf den Probelauf hatte man vom Windenleitstand, dem verglasten Kontrollraum, von dem aus man die Steuerbordseite von Deck E überblicken konnte. Dort wurde die Ausrüstung über Bord gehoben. Arnold Gordon, Ernst Augstein und eine ganze Traube von Wissenschaftlern aus der physikalisch-ozeanographischen Gruppe aus Lamont und dem AWI verfolgten die Digitalanzeiger und Computerausdrucke einer langen Reihe von Aufzeichnungsgeräten. Im Wasser befand sich das sogenannte *CTD*, das bis auf eine Tiefe von 5200 m herabgelassen wurde, um Leitfähigkeit (*C*onductivity), Temperatur (*T*emperature) und Tiefe (*D*epth) der Wassersäule zu messen. Zum Sondensystem gehört ein Flaschenkranz aus 10-Liter-Flaschen, mit denen sich Wasser aus unterschiedlichen Tiefenschichten schöpfen läßt. Die ganze Testeinheit war an einem Kabelseil befestigt, das über Flaschenzüge mit den Win-

41

den an Deck verbunden war und von der Schiffswand etwa zwei Meter abstand.

Im Kontrollraum saß Bootsmann Reinhold Schwarz, dem die Amerikaner bei der Polartaufe den Namen »Blackie« gegeben hatten, ein achtunggebietender Deutscher mit dunklen Augenbrauen und einschüchterndem Auftreten. Durch die Fenster konnte er die Winden und das Deck in voller Breite beaufsichtigen; sein Arbeitsplatz war zusätzlich von mehreren Bildschirmgeräten umgeben. Über ihm schwebte der Schirm der Fernsehübertragung, der die Stelle zeigte, an der die Instrumente auf das Wasser trafen oder wieder hervortauchten, in Augenhöhe beleuchtete Armaturen, die die Ruderposition anzeigten, die Geschwindigkeit der Maschinen und andere Schiffsbewegungen. Eigentlich stand das Schiff nicht völlig still, es benötigte einige Maschinenkraft, um den Effekt des Windes auszugleichen. Es kam nämlich darauf an, das Kabel in senkrechter Position zu halten, denn keiner wollte am Schluß mit 5000 m verheddertem Kabel dastehen. Blackie, seine Hand an dem Hebel, mit dem die Winden betätigt werden, starrte auf den Schirm, der die Tiefe anzeigte, und hielt über Lautsprecher Kontakt mit der Brücke und den Leuten auf Deck unter ihm.

Inzwischen hatte ein Gabelstapler acht Gerard-Flaschen, jede stand auf einer Holzpalette, zum offenen Teil des Ganges befördert und sie neben den Durchgang gestellt. Jetzt wartete man nur noch darauf, daß auch der CTD aus dem Wasser auftauchte. Wir Zuschauer durften uns derweil an einem ausgezeichneten argentinischen Filetsteak erfreuen, vollendet zubereitet, mit Champignons und Weinsauce, gefolgt von einem Schokoladenpudding.

Wir kehrten gerade noch rechtzeitig zurück an Deck E, um zu sehen, wie die Gerard-Flaschen an Deck gerollt, in bestimmten Abständen am Stahlseil der Winde befestigt und dann ins Wasser gelassen wurden.

Am frühen Nachmittag hatten sich die Wolken verzogen, der Himmel war klar, die Sonne schien, und die Windgeschwindigkeit von 60 Stundenkilometern, die den geplanten Testflug des Hubschraubers verhindert hatte, war auf 25 Stundenkilometer zurückgegangen. Der französische *Twinstar* wurde aus dem Hangar gerollt, und der Pilot Gunter Mahler fing an, den Motor warmlaufen zu lassen. In dem hellen Südlicht, vor der dunkelblauen, mit Schaumkronen übersäten See, bot der weiß-orangefarbene Hubschrauber ein eindrucksvolles Bild. Albatrosse umkreisten das Schiff.

Nach dem Start lief ich rüber zur Brücke, von der aus Ernst Augstein und einige andere den Flug durch Ferngläser verfolgten. Volker Lundstrom, einer der Hubschraubertechniker, hielt den Funkkontakt mit dem »Heli«, wie er allgemein genannt wurde, aufrecht, und Vernon verfolgte den Flug auf dem Radarschirm. Man wollte die Instrumente testen, die vom Hubschrauber aus eingesetzt werden sollten: eine Kamera für Schwarzweiß-Luftaufnahmen, eine Zeilenabtastkamera, um die Gesamtkonzentration der Eisschicht abzuschätzen, und ein Impulsradar, um ein Profil der Eisdicke zu erstellen.

Der erste Flug führte nur etwa 25 km vom Schiff weg, und ich spürte eine gewisse Erleichterung, als Heli wieder sicher auf dem Deck aufsetzte. Die Passagiere stiegen aus und fühlten sich ganz krank vor Hitze; ihre Überlebensanzüge waren luftdicht abgeschlossen. Ich kehrte gerade noch rechtzeitig zurück auf Deck E, um zu sehen, wie die letzte Gerard-Flasche aus einer Tiefe von 4500 m auftauchte und das Multinetz, ein merkwürdig aussehendes Instrument aus fünf einzelnen miteinander verbundenen Planktonnetzen, heruntergelassen wurde. Es ging auf 600 m Tiefe, gefolgt vom ODEC, einem tragbaren CTD, das normalerweise vom Hubschrauber aus eingesetzt wird.

Station 09/156 endete um 16.47 Uhr Schiffszeit, das heißt drei Stunden nach Greenwich-Zeit. Während das Schiff sich weiter durch die Wellen kämpfte, gingen wir essen und anschließend zur wissenschaftlichen Konferenz, mit dem beruhigenden Gefühl, daß die Ausrüstung in Ordnung war und daß sich nur ein paar kleine Probleme herausgestellt hatten, von denen aber keines unlösbar war. Die erneut ausgesprochene Einladung zum Freibier im »Zillertal« bildete den angenehmen Abschluß eines erfolgreichen Tages: Hannelore Witte aus der physikalisch-ozeanographischen Gruppe des AWI hatte Geburtstag. Am späten Abend verschlechterte sich das Wetter rapide, die Windgeschwindigkeit betrug 50 km/h, und laut Wettervorhersage sollte es einen Sturm der Stärke 9 geben. Wir mußten uns auf echtes Südpolarmeerklima gefaßt machen.

Die wilden Vierziger

Als die großen Segelschiffe noch aus Holz waren, wurde die Gruppe der Breitengrade, die wir gerade durchquerten, »*the roaring forties*«, die »wilden Vierziger«, genannt. Vor dem Bau des Panamakanals waren die Schiffe aus Europa auf ihrem Weg zur pazifischen Küste Amerikas gezwungen, um Kap Hoorn herumzusegeln. Da liegen romantische Assoziationen nahe, man stellt sich entfernte Länder und einen waghalsigen Kampf gegen die Elemente vor. Ähnliche Gedanken beschlichen uns jetzt. Innerhalb eines Tages wich das trügerische Gefühl, daß man sich auf einer Kreuzfahrt befand, der Erkenntnis, daß wir inmitten eines der stürmischsten Meere der Welt waren.

Je weiter wir auf unserem Südostkurs vorankamen, desto tiefer sank die Lufttemperatur; die Monitore zeichneten unser Fortkommen auf: 46°, 47°, 48° S. Der Ozean erteilte uns eine erste Lektion im Durchschütteln; es reichte für die meisten, ihre Pillen gegen Seekrankheit zu nehmen.

Trotzdem mußte die Arbeit weitergehen. Am Montag fand die Auswertung der Wasserproben der Teststation 09/156 statt. Alle hatten ihre Instrumente an Bord auf die phantasievollste Weise an den Tischen befestigt, eine bunte Vielfalt aus Seilen, Schnüren, Gummizügen und Gurten. Nachdem die Ausrüstung vollständig überprüft worden war, konnten die Wissenschaftler jetzt darangehen, sich Gedanken über den Plan für die Routineexperimente zu machen. Das Ziel bestand darin, die effektive Nutzung der zur Verfügung stehenden Zeit noch zu verbessern.

Während die »Polarstern« sich von den Wellen schaukeln

ließ, hatte ich die Gelegenheit, durch ein weiteres Gespräch mit dem Kapitän mehr über das Schiff zu erfahren. Kapitän Suhrmeyer empfing mich in seiner Kajüte, die vorne auf der Steuerbordseite auf Deck B liegt. Ein dunkles, holzgetäfeltes Arbeitszimmer mit Teppichboden, Sofa, Sessel, einem Couchtisch, einem großen Schreibtisch und Bücherregalen, nebenan die Schlafkajüte. Ein paar Fähnchen, unter anderen auch der Nationen, die das antarktische Abkommen unterzeichnet hatten, standen in Sockeln auf einem Ecktisch, sie wirkten wie Farbtupfer in dem Raum.

Der Kapitän trug keine Uniform, sondern einen marineblauen Pullover und gab mir kurz und knapp einige Zusatzinformationen über die »Polarstern«. Normalerweise sind Eisbrecher sehr unbequeme Schiffe; ihre gedrungene Gestalt und der runde Unterbau bringt sie in seichteren Gewässern leicht zum Rollen und Stampfen. Nicht so dies Schiff, sein tiefer Rumpf ist nicht konkav, sondern elliptisch. Es ist auf der Welt das erste Wasserfahrzeug, das diese Bauweise hat. Für die Bequemlichkeit aller Teilnehmer und die Sicherheit der wissenschaftlichen Geräte sorgen außerdem Stabilisatoren, einziehbare Stummelflügel, die das Rollen kompensieren und die Schwankungen bei schwerem Seegang um 65 bis 70 Prozent vermindern.

Gerade als er sagte, die »Polarstern« scheue keinen Seegang, brach die erste wirklich hohe Welle über uns weg, und mit einem Krachen fielen die Fähnchen auf den Boden. »Das ist noch gar nichts«, meinte der Kapitän, »vielleicht gerade mal eine Schlagseite von fünf Grad.«

Von Vorteil war außerdem, daß sich die Fahrtüchtigkeit während der ersten Woche noch durch die Treibstoffmenge an Bord erhöhte, die das Schiff schwerer und stabiler machte. Bei Abfahrt waren es 3100 Tonnen, was bedeutete, daß die »Polarstern« einhundert Tage lang unterwegs bleiben konnte, ohne aufzutanken, denn bei einer Durchschnittsgeschwindigkeit von 10–12 Knoten verbraucht sie 30 Tonnen pro Tag. Als wir am ersten Tag auf See mit Höchstgeschwindigkeit fuhren und alle vier Maschinen liefen, erhöhte sich der Verbrauch entsprechend auf 72 Tonnen.

45

Kapitel 2
Auf dem Weg zur Eisgrenze

Nach schwerem Seegang und heftigen Winden folgte mit unserer Einfahrt in den antarktischen Ozean am frühen Morgen des 2. Juli überraschenderweise zunächst eine Flaute. Die Arbeitsbedingungen gestalteten sich so angenehmer. Die fieberhaften Aktivitäten der Wissenschaftler während der ersten Tage mündeten in einen weniger strengen und gleichmäßigeren Arbeitsablauf; ein Teil der Programme war sogar schon angelaufen. Die Lamont-Gruppe, die sich mit physikalischer Ozeanographie beschäftigte, begann mit einer Reihe XBT-Beobachtungen. XBTs sind Einweg-Tiefseethermographen (*expendable bathythermographs*), Instrumente, die vom Heck aus ins Wasser geschossen werden und mit denen man ein Temperaturprofil bis zu einer Tiefe von 750−900 m erstellen kann. Sie sind billig und effektiv und können eingesetzt werden, ohne daß das Schiff seine Fahrt unterbrechen muß. Bruce Huber erläuterte mir, daß die XBTs mit einem der Computer auf Deck D verbunden sind. Wenn das Instrument ausgesetzt wird, wickelt sich in der bazookaförmigen Hülse ein dünner Kupferdraht von einer Spule ab. Ist die Spule abgewickelt, meist nach 8 bis 10 Minuten, bricht der Draht ab, und das Instrument geht verloren. In der Zwischenzeit jedoch hat es Daten geliefert, die man anderweitig nur bei gestopptem Schiff erhalten könnte. Schiffszeit ist teuer. Die Lamont-Gruppe hatte 228 XBTs an Bord und wollte, bis zur Eisgrenze, alle zwei bis drei Stunden einen aussetzen.

Auch die Meteorologen waren schon dabei, Daten zu sammeln, wie mir Christian Wamser vom AWI erzählte, als ich ihn in seinem verglasten, computerbestückten Büro auf dem A-Deck interviewte. Sein besonderes Interesse galt den physikalischen Prozessen, die in der Grenzschicht vonstatten gehen, der etwa 1000 m hohen Region der untersten Erdatmosphäre. Sie wird deswegen so genannt, weil sie die Grenze zwischen der oberen Erdatmosphäre und der Erdoberfläche bildet, wo die Windgeschwindigkeit durch Bodenreibung verlangsamt wird. Die wichtigsten Instrumente waren noch nicht bereit, denn der Sturm hätte ihre empfindlichen Sensoren leicht beschädigen können, aber Christian wurde schon über Radiosonden mit einigen Informationen versorgt.

Er erläuterte, daß während dieser ersten Periode nur eine Radiosonde pro Tag gestartet wird; später, sobald wir die Eisgrenze erreicht hatten, würde er bis zu acht Stück am Tag einsetzen. Die Radiosonde steckt in einer kleinen Plastikbox, 15×8×10 cm, die an einem wasserstoffgefüllten Ballon hängt. Dieser trägt sie hoch bis in die Stratosphäre. An einen Empfänger an Bord sendet die Radiosonde ununterbrochen Daten über Lufttemperatur, Druck und Feuchtigkeit, Windgeschwindigkeit und Windrichtung, aus denen sich dann eine Kurve aufzeichnen läßt. Wenn die maximale Höhe von 25 km oder mehr erreicht ist, platzt der Ballon, und die Radiosonde geht verloren, wie bei den XBTs. Es gibt keine andere Möglichkeit, diese Daten aus großer Höhe zu sammeln.

Die Arbeit Heinrich Hoebers vom Meteorologischen Institut der Universität Hamburg war eng mit dem Programm des AWI verbunden. Er war an Bord, weil er dreizehn Argos-Bojen aussetzen wollte, meteorologische Bojen, die Luft-, Schnee- und Eistemperatur messen, ferner Luftdruck, Windgeschwindigkeit und Windrichtung. Die Daten sollten über Empfänger und Satelliten an das Schiff und nach Hamburg weitergegeben werden. Indem er täglich ihren Verlauf aufzeichnete, erhielt er auch ein Bewegungsbild der Eismassen. Der Satellit, der dafür benutzt wurde, war der amerikanische NOAA-9, das Datenempfangssystem jedoch war französischer Herkunft und hieß Systeme Argos, daher der Name Argos-Bojen.

Werner Rabe wiederum führte schon seit längerem meteorologische Routinebeobachtungen durch. In Abständen von drei Stunden zeichnete er täglich einen ganzen Satz umfassender Beobachtungen auf, einschließlich Position, Geschwindigkeit und Kurs, Wolkendichte, Windrichtung und -geschwindigkeit, Lufttemperatur und Druck, sowie eine allgemeine Beschreibung der Wetterverhältnisse. Die Beobachtungswerte wurden in fünfstellige Zahlencodes zusammengefaßt und vom Bordfunker an die nächste Wetterstation an Land weitergegeben (für unser Gebiet war das Pretoria in Südafrika), wo sie in das weltweite Netzwerk der Wetterinformationen aufgenommen wurden. Außerdem wurden die Daten im VAX-Bordcomputer gespeichert. Werner beziehungsweise sein technischer Assistent Herbert Koehler empfingen über ein leistungsfähiges Radio in ihrem Büro ähnliche Datensets von Stationen in Südargentinien und der Antarktis. Sie bildeten die Grundbausteine für seine Wetteranalyse.

Werners Büro an Bord der »Polarstern« bestand fast nur aus einer beeindruckenden Ansammlung von Empfängern und rätselhaften Maschinen, aber es beeindruckte mich doch, als plötzlich mitten in unserem Gespräch ein dunkelgraues, schmales Stück Papier aus einer eleganten Maschine langsam ans Tageslicht kam. »Das ist nur das Satellitenbild«, sagte Peter beiläufig und fuhr gleich fort zu erklären, daß wir über den amerikanischen NOAA-Satelliten täglich ein Infrarotbild empfingen, auf dem das Schiff und das Gebiet, in dem es sich gerade aufhielt, zu erkennen war. Auch der sowjetische Polarsatellit »Meteor« schickte uns täglich ein ähnliches Bild. Später erfuhr ich, daß die Satelliten ihre Informationen als eine Serie codierter Ziffern übermittelten, die an Bord empfangen, von einem Computer interpretiert und dann als Bilder wieder ausgedruckt wurden.

Das Leben an Bord

So wie Werner Rabe sich schon seinen Arbeitsplatz eingerichtet hatte, paßten wir uns alle sehr schnell einem angenehmen Tagesrhythmus an Bord an. Für unser Wohl wurde bestens gesorgt, und so konnten wir anfangen, eine ganze Reihe von Annehmlichkeiten auch in Anspruch zu nehmen. Um 7.30 Uhr gab es Frühstück, Mittagessen um 11.30 Uhr und Abendessen um 17.30 Uhr. Eine Kaffeepause um 15.30 Uhr stellte eine willkommene Unterbrechung der nachmittäglichen Aktivitäten dar. Jeden Morgen ging erst Herr Peschke mit einem Staubsauger durch unsere Kabinen, dann wurde geputzt; Magarethe übernahm Deck A und B, Roswitha Deck C. Zweimal wöchentlich, montags und freitags jeweils um 18.30 Uhr, konnte man Spirituosen und Zigaretten einkaufen, dienstags und freitags Nichtalkoholisches und Bier. Montags, mittwochs und freitags gab es um 19.00 Uhr auf Deck D Toilettenartikel, Süßigkeiten, Schreibwaren, Filme und ähnliches zu kaufen. Der Waschsalon war täglich geöffnet von 6.00 bis 18.00 Uhr und wurde von Tzyh-Shyang Shyua aus Taiwan geführt. Die Bettwäsche wurde wöchentlich gewechselt, wir bekamen ein weißes Bettuch, einen Kissenbezug und einen Bettbezug, dazu Handtuch und Badetuch, alles fein säuberlich gebügelt. Unser Mann aus der Reinigung muß den ganzen Tag beschäftigt gewesen sein.

Zweimal täglich gab es zur Unterhaltung deutsche Videofilme, ein Angebot, das hauptsächlich von der Besatzung wahrgenommen wurde. Tom Manley aus Lamont schloß im Computerraum auf Deck A einen Fernseher an und stellte seine eigene Filmsammlung zur Verfügung. Die Musiker unter uns machten sich mit der wunderbaren elektronischen Orgel, einer Yamaha 70, vertraut. Wenn man abends am Blauen Salon vorbeikam, hörte man entweder Christian Wamser Bach spielen oder phantasievolle Eigenkompositionen von Michael Scheduikat oder aber Wolfgang Roethers Klavierinterpretationen.

Die ersten Eisberge

In der Nacht vom 3. auf den 4. Juli erreichte der Sturm eine Geschwindigkeit von 45 Knoten, fast 80 km/h, und kurz nach dem Frühstück gab der Kapitän an alle die Warnung aus, Deck E nicht zu betreten, das von einzelnen Wellen bereits überspült wurde. Die Luft war geladen, und wir fuhren durch einen Grand Canyon aus Wellen, hart wie Granit, durchzogen von weißen Schaumkanälen. Die Spannung auf der Brücke stieg noch, als wir bei 53° 39′ S, 29° 37′ W durch die regenverhangenen Fenster unseren ersten Eisberg entdeckten. Er war etwa 300 m lang, ein unregelmäßiger, träger, weißer Hügel. Für mich und die wenigen anderen, die noch nie einen Eisberg gesehen hatten, war das ein großer Augenblick.

Als wir uns zum Mittagessen hinsetzten, waren es schon vier, grau und unheimlich unter einem finsteren Himmel, vom Sturm gezeichnet; hoch brandeten die Wellen gegen sie. Während wir uns auf Südostkurs durch 12 bis 15 Meter hohe Wellen schlugen, wurden es immer mehr. Wir versammelten uns fast alle auf dem A-Deck, um diese furchteinflößende, sich ständig verändernde Szene zu beobachten. Die Kameras klickten. Petra Mursch, eine große, schlanke Technikerin aus der Meereisgruppe des AWI, erzählte mir, daß Eisberge für sie wie Geisterschiffe seien, die sie sich schon als Kind vorgestellt hätte, wenn sie Märchen über Schiffswracks oder vermißte, aufgegebene Schiffe las. Elisabeth Schlosser, eine leidenschaftliche Bergsteigerin, sah in ihnen dagegen ganz solide Berge und nach den Tagen inmitten der Wasserwüste eine willkommene Abwechslung.

Der Sturm hielt den ganzen Tag über an, aber wir hatten den 4. Juli, und nichts konnte die Amerikaner davon abhalten, ihren Nationalfeiertag gebührend zu begehen, was sie nach Polarsitte auch taten und Getränke spendierten. Es wurde eine lebhafte, fröhliche Party, sogar mit Gitarrenmusik und internationaler Folklore. Arnold Gordon trug ein grelles Hawaiihemd und stellte sich vor einem Poster, auf dem eine tropische Szene mit Palmen zu sehen war, in Pose – ein schriller Kontrast zur Welt da draußen.

Um Mitternacht verließ ich die Party, um die bedrohliche Umwelt, durch die wir fuhren, von der Brücke aus zu beobachten. Peter war da und verfolgte die Eisberge, benutzte den Radarschirm, um sie zu zählen, sie abzumessen und ihre Position festzuhalten, wenn sie vorbeiglitten. Die Strahlen der drei Suchscheinwerfer der »Polarstern« erleuchteten einen Schneesturm, der um uns herum tobte. Die Sicht hatte sich erheblich verschlechtert, die Geschwindigkeit wurde auf 7 Knoten gedrosselt. Der wachhabende Matrose, ein Spanier, schaute durch sein Fernglas, der Offizier schritt langsam vom Fenster zum Radar und wieder zurück zum Fenster und suchte das weiße wirbelnde Gestöber vor ihm ab. Sogenannte *Growler*, kleine Eisberge, der Schrecken aller Schiffe im Polargebiet, können bei schwerer See auch vom Radar nicht erfaßt werden. Noch immer begleiteten Vögel das Schiff, geblendet vom Licht. Sie sahen aus wie geisterhafte weiße Schatten, wenn sie vorbeiflogen und gegen den Wind ankämpften. Ein weißer Sturmvogel flog krachend gegen den offenen Teil von Deck D, versuchte qualvoll, sich wieder zu fangen, aber gab dann seinen Kampf auf.

Zurück nach Kapstadt

Am nächsten Morgen hatte die »Polarstern« noch immer mit schwerer See zu kämpfen. Ich hatte gerade damit angefangen, Peter Schlosser, einen der Spurenstoff-Chemiker aus Heidelberg, zu interviewen, als uns über Lautsprecher eine Mitteilung des Kapitäns erreichte. Wie immer war sie zuerst in Deutsch. Peter hörte gespannt zu und sagte dann erstaunt:»Wir fahren zurück.« Dann folgte die englische Übersetzung. Ein Wissenschaftler war erkrankt, und wir machten kehrt und fuhren Richtung Kapstadt. Jeder sollte bitte seine Ausrüstung sicherstellen, hieß es in der Mitteilung weiter, im nächsten Augenblick erfolge eine 90°-Drehung.

Wir verschoben unser Gespräch und eilten die Haupttreppe hoch, um Näheres zu erfahren. Fragen wurden gestellt, Kommentare abgegeben, es wurde spekuliert, die Leute machten sich Sorgen; dann gab Ernst Augstein eine Erklärung ab. Arnold Gordon hatte sich ein Augenleiden zugezogen; es sah ganz so aus, als hätte sich die Netzhaut gelöst. Doktor Utta hatte sofort erkannt, daß Arnold an Bord nicht behandelt werden konnte, und hatte in Hamburg und New York ärztlichen Rat eingeholt. Die Antwort lautete, daß die einzige Möglichkeit, sein Augenlicht zu retten, darin bestehe, ihn so schnell wie möglich in ein gut ausgestattetes Krankenhaus zu bringen, wo eine Laser-Operation durchgeführt werden konnte. Kapstadt war genauso weit entfernt wie Argentinien, aber günstige Wind- und Strömungsverhältnisse würden die Fahrt nach Südafrika verkürzen. Bei 55° 40' S, 23° 30' W wechselten wir also unseren Kurs auf Nordosten, wieder weg vom Eis.

Aber auch in solch einem kritischen Moment wie diesem wurde die wissenschaftliche Arbeit nicht vergessen. Heinrich Hoeber faßte spontan den Entschluß, eine von seinen Argos-Bojen auszusetzen, damit er mit dem Sammeln von Daten anfangen konnte. Am frühen Nachmittag setzte er sie auf offene See aus.

Auf der Konferenz, die später einberufen wurde, sah man besorgte Gesichter. Bedeutete diese Verzögerung eine ernsthafte Gefährdung unserer Programme? Das war die Frage, die alle bewegte. Ernst, auch in Notsituationen ein hervorragender Leiter, versicherte, daß nur ein paar Veränderungen notwendig seien, und bat die Gruppenleiter zu sich in seine Kajüte. Er teilte uns außerdem mit, daß wir am Freitag, dem 11. Juli, in Kapstadt, das immerhin 2000 Meilen entfernt war, einlaufen würden und der Hubschrauber, sobald das Festland im Flugbereich lag, mit Arnold vorausfliegen sollte. Wir würden acht Stunden zum Nachbunkern brauchen und dann wieder Richtung Süden aufbrechen, wo wir am 17./18. Juli die Eisgrenze zu erreichen hofften.

Während der nächsten Tage hielten wir unseren Nordostkurs mit 15 Knoten, und es sah so aus, als ob die anfängliche Enttäuschung über die Zwangspause einer gewissen Erleichterung wiche. Alle hatten mehr Zeit, die Instrumente vorzubereiten, die Pläne zu verbessern und sich, was am wichtigsten war, nach den Wochen emsiger Vorbereitungen, die der Fahrt vorangegangen waren, endlich einmal zu entspannen. Es war üblich an Bord, seine Kabinentür tagsüber offenzulassen, es sei denn, man wollte sich zurückziehen. Ein hoher Prozentsatz geschlossener Türen ließ darauf schließen, daß die Leute jetzt die Zeit nutzten, Schlaf nachzuholen. Trotzdem wurde während der ganzen Zeit natürlich auch gearbeitet. Dank ruhigerer See konnte das XBT-Programm wiederaufgenommen und so lange fortgesetzt werden, bis das Schiff 45° S erreichte. Als wir die Polargrenze bei 48° S, 7° W überquerten, hatten wir eine Serie von Aufzeichnungen, aus der der Übergang von kalten zu wärmeren Gewässern sehr gut erkennbar war.

In den chemischen Labors auf Deck E war man auch aktiv. David Chipman, er gehörte zu der Gruppe aus Lamont, hatte seine Instrumente in einer Ecke am Ende der vier miteinander verbundenen Labors auf der Backbordseite aufgebaut. Seine Aufgabe bestand darin, den Kohlenstoffdioxydgehalt im Meer zu analysieren. Normalerweise holte er sich seine Proben von dem Flaschenkranz, der an der CTD befestigt war. Im Augenblick nahm er CO_2-Messungen an der Wasseroberfläche vor und holte dazu immer, wenn sich unsere Position um ein Grad verändert hatte, über das Pumpsystem unter Wasser seine Proben ein. Durch den Verbrauch fossiler Brennstoffe nimmt der CO_2-Gehalt in der Atmosphäre zu. Diesem Anstieg wirkt die Absorption durch die Weltmeere entgegen. Davids Forschungen zielten darauf ab, mehr über den Austausch von CO_2 zwischen dem Meer und der Atmosphäre zu erfahren und die Prinzipien zu verstehen, nach denen der Prozeß ablief.

Joe Jennings, Chemiker an der School of Oceanography der Oregon State University, stand in engem Kontakt mit David. Er sammelte Proben aus dem Oberflächenwasser und untersuchte sie auf Nährstoffe und gelösten Sauerstoff. Er erklärte mir, daß das Vorhandensein dieser Chemikalien im Meerwasser von entscheidender Bedeutung für das Wachstum kleiner Organismen sei. Seine Ergebnisse waren daher auch für die Biologen relevant.

Der allgemeine Wunsch nach Neuigkeiten aus der weiten Welt ließ sich mit Hilfe der beiden Bordfunker Franz Wiese und Horst Geiger leicht erfüllen. Wir kamen auf die Idee, die Nachrichtensendung des BBC World Service aufzunehmen, vorausgesetzt, der Empfang war gut. Ich machte dann eine Zusammenfassung der Tagesnachrichten und heftete sie ans Schwarze Brett in der Teeküche. Ein kleiner Beitrag, damit man sich nicht ganz so isoliert vorkam.

Auch unsere »Mini-Universität« wurde mit einem Vortrag über Meteorologie von Christian Wamser und Heinrich Hoeber fortgesetzt, dann folgte Gerhard Dieckmann vom AWI; er sprach über Eis-Flora und -Fauna, die winzigen Lebewesen, die im Packeis leben.

Rüdiger Schott fing an, Deutschstunden zu geben für diejenigen unter uns, die diese Sprache nicht verstanden. Eine Initiative, die wir alle sehr begrüßten.

Am 9. Juli, zwei Tage vor unserer Ankunft in Kapstadt, interviewte ich Arnold Gordon in seiner abgedunkelten Kajüte. Obwohl er sich nicht bewegen durfte, hatte Arnold seine Zeit damit verbracht, mit seinen Kollegen, die er so ungern verließ, ständig über die Arbeit zu diskutieren, die jetzt auf sie zukommen würde. Seine Enttäuschung war offensichtlich. Seit Jahren galt sein besonderes Interesse dem Südpolarmeer und der Weddell-See. Diese erste Gelegenheit, im Winter in dieses Gebiet zu fahren, jetzt doch nicht wahrnehmen zu können, das war schwer für ihn zu akzeptieren.

Es wirkte anregend, ihm zuzuhören; klar und präzise erklärte er die Geheimnisse der Meeresströmungen, die Struktur des Ozeans und die Wechselwirkung zwischen Meer und Eis. Er betonte, daß das Südpolarmeer für das globale Klima eine wichtige Rolle spiele und daß seine Prozesse jedes andere Meer und jedes andere Land auf der Erde beeinflußten. Er erläuterte seine Theorie, daß das tiefe Meer eine Wärmequelle darstelle, die das Eis zum Schmelzen bringe und für die geheimnisvollen

eisfreien Stellen im Meer verantwortlich sei. Am Tag darauf
sah ich noch einmal nach ihm. Er hatte zahlreiche Besucher,
diskutierte, gab Ratschläge und schmiedete Pläne. Die Wissenschaftler gingen ein und aus und nutzten die letzte Gelegenheit,
mit diesem großartigen Experten zu sprechen. Seine Ab-
schiedsworte an sie lauteten:»Denkt daran, die Ergebnisse dieser Fahrt werden die Wissenschaft für die kommenden einhundert Jahre beeinflussen.« Was für ein Statement!

Um 5.30 Uhr am nächsten Morgen wurde Arnold auf eine
Bahre gelegt, die Leitern herunter zum Helikopter-Deck getragen und dann vorsichtig in den Twinstar gelegt. Mit Gunter
Mahler am Steuer, in Begleitung von Dr. Utta und Tom Manley, stieg die Maschine im ersten Licht der Morgendämmerung
auf. Die südafrikanische Luftwaffe schickte eine Dakota, die
den Hubschrauber eskortieren sollte; sie umkreiste das Schiff
im Tiefflug. Eine zweite Dakota mit Reportern an Bord mußte
wegen Maschinenschaden umkehren. Die kleine Staffel flog
zum Militärflughafen Ysterplaat, wo schon ein Krankenwa-
gen wartete, der Arnold auf dem schnellsten Weg ins Groote-
Schuur-Krankenhaus brachte. Dort sollte er sofort operiert
werden.

Am späten Abend kamen wir in Kapstadt an, nachdem wir
einen Tag lang bei warmem, sonnigem Wetter in unglaublich
blau schimmerndem Gewässer gekreuzt waren, begleitet von
Seerobben, grauen und weißen Sturmvögeln, Tölpeln und, wie
mir die Experten versicherten, gelbnasigen Albatrossen. Als
wir bei Dämmerung in den Hafen einliefen, hießen uns die
Lichterketten von Kapstadt, die die Berge herunter bis zur Küste verlaufen, und der riesige dunkle Klumpen des Tafelberges
willkommen.

Sobald der Zoll uns abgefertigt hatte, gegen 21.30 Uhr Orts-
zeit, gingen die meisten sofort an Land. Wieder festen Boden
unter den Füßen zu haben stellte eine angenehme Unterbrechung dar. Ein paar gingen zielstrebig auf die Telefone zu, andere machten sich auf den Weg zum Tafelberg. Ernst Augstein
und Bruce Huber besuchten Arnold im Krankenhaus. Wir vom
SPRI bestellten uns in einem italienischen Restaurant ein

55

Schlemmermahl, Langusten, Meeresfrüchte und Makrelen, und tranken dazu gekühlten Blanc de Blanc aus Paarl. Wir fanden eine Bar, die ganz im Stil eines englischen Pub eingerichtet war, mit rotem Doppeldeckerbus und einem Art-deco-Café, das bis zwei Uhr morgens geöffnet hatte. Danach schlenderten wir durch die milde südafrikanische Nacht, sogen den Duft der Blumen und Pflanzen ein, ein Genuß, den man fast vergessen hatte.

Zurück an der Anlegestelle, das Schiff erleuchtet, ein wunderschöner Anblick in der nächtlichen Dunkelheit, bummelten wir noch auf dem Deck, um nur ja keinen Moment dieser denkwürdigen, unerwarteten Unterbrechung zu versäumen. In der Ferne flackerten die Lichter der Stadt und spiegelten sich in dem ruhigen, dunklen Wasser des Hafens wider.

Wir legen ein zweites Mal ab

Um fünf Uhr, nach dem Bunkern, legte die »Polarstern« wieder ab. Die meisten hatten wenig oder gar nicht geschlafen, als wir uns in der Morgendämmerung auf dem A-Deck versammelten und die Stadt hinter uns am Horizont verschwand.

Wir waren wieder unterwegs, schoben uns durch eine träge Dünung. Über den Bug spritzte die Gischt auf Deck, für kurze Zeit tauchte die schwarze Flosse eines Zwergwals auf. Die Sonne ging in ihrer ganzen orangefarbenen Pracht auf und schuf eine wilde, abstrakte Wolkenlandschaft.

Man könnte meinen, auf so einer 3000 Meilen weiten Reise und bei zwei Monaten ohne Land in Sicht sei man von der Außenwelt völlig abgeschlossen, aber das ist nicht der Fall. Dank der modernen Technik blieben wir mit der Welt, die wir soeben verlassen hatten, auch weiterhin in Kontakt. Doug Martinson, ein Modellbauer aus Lamont, hatte seit unserer Abfahrt aus Argentinien versucht, über *Telemail* eine Satellitenverbindung herzustellen. Telemail ist ein elektronisches Kommunikationssystem, das von Teilnehmern in der ganzen Welt genutzt wird und über normale Telefonverbindungen Daten übermitteln kann, in unserem Fall über das Inmarsat-Satellitentelefon. Auf diese Weise konnten Signale, die in den Bordcomputer eingegeben wurden, in Lamont empfangen und von dort aus an andere Empfänger in den USA und anderswo weitergereicht werden. In Kapstadt hatte Doug gerade Telcor-Beschleuniger zugeschickt bekommen. Mit diesen unentbehrlichen Instrumenten ist eine noch schnellere Kommunikation zwischen dem Computer an Bord und dem in Lamont möglich.

Dann gab es natürlich noch das Satellitentelefon, ein kleines Tastentelefon, das auf einem Schreibtisch im Funkraum stand. Für zwanzig Mark in der Minute konnte uns der Funker über das Satellitensystem sofort verbinden, er brauchte nur eine lange Ziffernfolge zu wählen. Aber wenn man schon nur auf diese Weise seinen Kontakt zur Familie, die so weit entfernt war, aufrechterhalten konnte, dann war einem nichts zu teuer.

Trotz hohem Seegang und starkem Wind gingen wir mit wiedererwachtem Enthusiasmus daran, den Tagesablauf neu zu organisieren. Ernst Augstein stellte eine ganze Reihe von Seminaren zu den einzelnen wissenschaftlichen Disziplinen auf die Beine. Die Tatsache, daß einige der besten Wissenschaftler der Welt an Bord versammelt waren, bot eine einmalige Chance: Steve Ackley erzählte uns etwas über die Struktur und die Eigenschaften der Eismassen, Vernon Squire etwas über Dynamik. Peter Wadhams, mein Mann, hielt einen Vortrag über Eisberge, Joey Comiso lüftete die Geheimnisse der passiven Mikrowellenradiometrie, und Doug Martinson führte uns in die Probleme des eindimensionalen Computermodells des Südpolarmeeres ein. Ernst hielt seine Vorträge über Ozeanographie und Meteorologie auf deutsch. Auch die Weltsprachen hatten wir nicht vergessen, zu den Deutschstunden kam noch ein Kurs in spanischer Konversation hinzu, den Raúl Guerrero gab. Wieder ein Beweis für den internationalen Geist an Bord: Deutsche, Amerikaner und Italiener lernten Spanisch, ihr Lehrer war Argentinier, und der Unterricht wurde auf englisch abgehalten.

Langsam entstand ein enges Netz aus freundschaftlichen Beziehungen, und man nutzte jede Gelegenheit zum Gespräch, beim Kaffee, während der Mahlzeiten, nach den wissenschaftlichen Konferenzen, an der Bar oder wenn man sich nur einfach so über den Weg lief. Jeder einzelne Mensch war genauso wichtig wie die Arbeit, die er zu erledigen hatte. Von jedem einzelnen hing es ab, ob die Fahrt ein Erfolg oder ein Fehlschlag werden würde.

Die Weight-Watcher

Am Sonntagmorgen stattete ich dem Club der Weight-Watcher meinen ersten Besuch ab. Nicht daß ich Gewichtsprobleme hätte, aber Dr. Utta hatte mir erzählt, daß es schon zu einem geselligen Ereignis geworden sei, wenn sich der Club jeden Sonntagmorgen von 9.00 bis 9.45 Uhr in einer der Werkstätten auf dem F-Deck traf. Der Club bildet sich auf jeder Fahrt von neuem und wird traditionell von Schiffsingenieuren geleitet. Die Regeln sind einfach. Man *muß* nicht beitreten, wenn man nicht will, aber wenn man erst einmal auf der Liste steht, muß man jede Woche antreten und sich wiegen lassen. Das Gewicht wird aufgeschrieben, und jedesmal muß man vorhersagen, ob man bis zum nächsten Sonntag abnehmen oder zunehmen wird. Wenn die Vorhersage zutrifft, auf ein halbes Kilo genau, kostet das nichts, hat sich das Gewicht jedoch verändert, hat man also mehr abgenommen oder zugenommen, dann kostet das eine Mark Strafe. Auch wenn man eine Wiegung versäumt, zahlt man eine Mark. Am Ende wird das Geld aufgeteilt, eine Hälfte geht an eine Gesellschaft zur Rettung Schiffbrüchiger, die andere ist für eine Abschiedsparty bestimmt.

Dieses merkwürdige allwöchentliche Treffen war zweifellos eine sehr beliebte Einrichtung. Als ich um 9.15 Uhr ankam, stand schon eine vergnügte Gruppe draußen vor dem Raum und sah sich eine graphische Darstellung an der Wand an, auf der noch die Gewichte der Teilnehmer der letzten Fahrt eingezeichnet waren. Auf einem neuen Bild, das gerade mal eine Woche alt war, standen die Gewichtsangaben der neuen Passagiere. Die Leute machten mir Platz, und ich reihte mich in die kleine Schlange in der Schlosserwerkstatt ein. Hein Gröhn, einer der Ingenieure, nahm die Messungen mit einer Laufgewichtswaage vor, die von der Decke hing. Ein Brett und eine Schlinge ersetzten die Waagschale. Jedes Clubmitglied wurde gewogen, Hein trug das Gewicht in ein Buch ein, verglich es mit dem der vorherigen Woche und verkündete dann sein Urteil. Diejenigen, die richtig geschätzt hatten, durften gehen, die anderen mußten einen krächzenden Chor über sich ergehen lassen –»Mark, Mark, Mark!« –, bis sie ihre Schuld beglichen hatten.

Jetzt war ich an der Reihe, und ich setzte mich in die Schlinge, hängte sie an den Haken der Waage, und Hein justierte die Gewichte. »Sechsundvierzig Kilo«, verkündete er. Das löste einen Beifall aus, denn es war bei weitem das niedrigste Gewicht, das an dem Morgen gemessen wurde. Hein brummte freundlich, daß er die Kurve wohl nach unten erweitern müsse, wenn ich auch noch draufpassen sollte. Ich sollte doch gefälligst bis zur nächsten Woche etwas zunehmen und nicht an Deck gehen, der Wind könnte mich fortblasen. Ich mußte an die hervorragende Küche der »Polarstern« denken und schätzte daher, daß ich zunehmen würde. Der Kapitän, der wissenschaftliche Leiter, die Köche, Ozeanographen, Stewardessen, die Wissenschaftler, die Matrosen, Elektriker und Ingenieure, alle wurden nacheinander gewogen. Zu jedem gaben Hein und die Umstehenden einen Kommentar ab, und das Sparschwein wurde schwerer und schwerer. Es war ein absolut sicheres Mittel, Geld für einen guten Zweck zusammenzukriegen, und stellte außerdem eine beliebte Abwechslung dar.

Im Maschinenraum

Derselbe Hein Gröhn führte uns später gemeinsam mit dem Chefingenieur Klaus Müller durch den Maschinenraum. Wir mußten tief ins Schiff steigen, eine Leiter, die vom F-Deck nach unten führte, zunächst in den hellerleuchteten Kontrollraum. An einem großen Pult waren Bildschirme, Monitore, Schalter und Anzeigen in einem Halbkreis angeordnet. Alles, was mit dem Antriebssystem zu tun hatte, war deutlich erkennbar, dank der 24 Schaltfelder, die jedes Teil der Maschinen überwachten. An den Wänden waren die Anzeigen für die Tanks, den Treibstoff und den Ballast. Die Maschinen, hochautomatisiert, können entweder von diesem Raum oder von der Brücke aus gesteuert werden. Es gibt insgesamt 800 Alarmvorrichtungen, die jeden nur denkbaren Fehler anzeigen. Während wir uns gerade unterhielten, setzte ein hoher wimmernder Ton ein, und an einer der Anzeigen leuchtete eine Lampe auf. »Ein Alarm«, sagte Gröhn und tippte ein paar Befehle in das Computerterminal ein. Auf dem Schirm erschien sofort die Fehlerbeschreibung – ein Öldruck lag außerhalb seines Toleranzbereiches.

Gröhn erklärte weiter, daß es vier Hauptmaschinen gäbe, von denen jede 5000 PS habe und bei 80 Prozent der Höchstleistung am besten ausgelastet sei. Wenn alle vier Maschinen im Einsatz sind, läßt sich eine Höchstgeschwindigkeit von bis zu 16 Knoten erreichen, aber der Treibstoffverbrauch ist dann enorm. Schon mit zwei Maschinen läßt sich die Marschgeschwindigkeit von 12 Knoten erreichen, die im Verbrauch viel sparsamer ist; und nur eine Maschine bringt das Schiff auf 7 Knoten.

Die »Polarstern« verfügt über zwei Schiffsschrauben, die von elektrischen Generatoren und Motoren angetrieben werden. Der Neigungswinkel der Schiffsschrauben läßt sich jedoch nach vor- oder rückwärts verändern. Bei herkömmlichen Schiffen wird der Wechsel von vorwärts nach rückwärts dadurch erreicht, daß man die Maschinen anhält und dann erneut startet, diesmal mit der Schraube in die entgegengesetzte Richtung. Die »Polarstern« dagegen wendet lediglich die Flügel und kann das ganze Manöver in 32 Sekunden durchführen, ein großer Vorteil, wenn sie im Eis steckenbleibt und sich ihren Weg durch wiederholtes Rammen gegen die Eiswand bahnen muß.

Herr Müller erkärte uns die Anzeigen an der Wand: Der Treibstoff, bei Abfahrt 3000 Tonnen, wird in Tanks gelagert, die sich in dem doppelten Boden des Schiffes befinden und die mit Heizspiralen ausgestattet sind. Dann zeigte er uns die Anzeigen für das elektrische System. Die Generatoren können drei verschiedene Voltstufen erzeugen: 660 für die Hauptschalttafel, 380 für die Klimaanlage und ähnliche Dinge und 220 für den »häuslichen Gebrauch«. Er zeigte uns außerdem noch die Temperaturfühler und die Rauchmelder zur Feuerfrüherkennung.

Wir gingen durch eine Tür, vorbei an Kammern, ausgelegt mit elektrischen Kabeln und Schaltern, und gelangten dann in den eigentlichen Maschinenraum, ein Gewirr aus Gängen, Metalleitern und dröhnenden Maschinen, alles peinlich sauber. Ohne sich an dem Lärm zu stören, zeigten uns die Techniker die Klimaanlage, die Entsalzungsanlage, die täglich 25 Tonnen Frischwasser produziert, die Müllverbrennungsanlage, die täglich drei Stunden in Betrieb ist, und die Pumpe, über die gefiltertes Wasser in den Swimmingpool geleitet wird. In der Nähe des Bugs befinden sich die Luftdüsen, deren Preßluft gelegentlich als »Schmiermittel« beim Eisbrechen eingesetzt wird.

Durch eine Seitentür konnte man den Platz zwischen den beiden Schiffsrümpfen erkennen, die wichtigste Sicherheitsvorkehrung des Schiffes. Am Bug ist die Stahlhülle 56 mm dick, an den Seiten 42,5 mm und hinten 30 mm, die innere Hülle ist 25 mm dick. In dem Platz dazwischen konnten wir die Innenbordseite der Stabilisatoren erkennen, sieben Meter unterhalb der Wasserlinie. Der Rumpf ist mit einer Farbschicht überzogen, die extrem teuer ist, dafür aber brauchte sie in bisher vier Jahren auch nicht erneuert zu werden.

Ich war erstaunt, wie wenig Menschen in den Maschinenräumen arbeiteten. Das hochautomatisierte Schiff braucht bei jeder Wache nur zwei Ingenieure und zwei Techniker. Und woher diese tadellose, lupenreine Sauberkeit, wo doch Maschinenräume eigentlich immer ölverschmiert sind? Nun, meinte Hein, das erledigen jeden Morgen zwei Männer in anderthalb Stunden.

Kapitel 3
Das Winter-Weddell-See-Projekt

Am Donnerstag, dem 17. Juli, acht Uhr, unterbrach die »Polarstern« bei 57° S, 0° 15′ O ihre Fahrt, um den ersten wissenschaftlichen Auftrag des Winter-Weddell-See-Projektes (WWSP) wahrzunehmen. Die Lufttemperatur betrug −3° C, der Himmel war grau und verhangen, die Wassertemperatur war auf −1,2° C gerutscht, und ausnahmsweise war die See ruhig, und es wehte kein Wind. In der Nacht vorher hatte es etwas geschneit, und auf Deck lag eine feine Schneeschicht. Eine beachtliche Menge Fahrtteilnehmer in voller Polarkleidung und mit den vorgeschriebenen Schutzhelmen aus Plastik versammelte sich auf dem offenen Teil vom E-Deck, um diesen entscheidenden Moment mitzuerleben.

Eine von den Argos-Wellenreiterbojen sollte ausgesetzt werden. Sie unterscheiden sich von Heinrich Hoebers meteorologischen Bojen, aber benutzen für die Datenübermittlung dasselbe französische Argos-Satellitensystem. Es war ein englisches Projekt der Scott-Polar-Gruppe, in Zusammenarbeit mit dem Institute of Oceanographic Sciences in Wormley, Surrey. Die Boje sollte in der Nähe der Eismassen auf offener See treiben und Daten über Wellenhöhe und -periode sammeln, während ihre wechselnde Position Auskunft über Meeresströmungen geben sollte.

Die Boje, ein Meter im Durchmesser und etwa anderthalb Meter hoch, wurde von einem Besatzungsmitglied an Deck gerollt, an einem Kran befestigt und etwas angehoben. Dann sollte sie an einem Stahlrahmen verschraubt und ins Wasser gelassen werden. Hier tauchte bereits das erste Problem auf. Als sich Stuart Moore in seinem orangefarbenen Polaranzug, wie alle anderen Leute vom SPRI auch, und mit dem Schraubenschlüssel schwingend der Boje näherte, sah er, daß die Muttern verschwunden waren. Er mußte zurück zum Labor und Ersatzmuttern holen, eine Verzögerung, die dem Kapitän und Augstein offensichtlich deutlich mißfiel. Schiffszeit ist teuer, etwa eine Mark pro Sekunde, und keiner wollte daher Zeit vergeuden.

Als die Boje schließlich zusammengebaut war, setzte sich Wolfgang Hopp, der zweite Bootsmann, in den Kran, hievte sie über das offene Heck und setzte sie unter vielen besorgten Blicken sanft aufs Wasser auf. An dem Sockel hing ein einhundert Meter langes Seil und eine Art Treibanker, zehn Meter lang und geformt wie ein Segel. Vernon, an einer Sicherheitsleine hängend und sich vorsichtig vorwärts robbend, stieß das aufgerollte Seil, an dem das Gewicht hing, über die Bordtaufe ins Wasser. Durch das Segel, das sich in einer Tiefe von einhundert Meter entfaltete, war die Boje gezwungen, den Bewegungen der Meeresströmung zu folgen, und konnte nicht vom Wind fortgetrieben werden.

Unmittelbar danach wurde am Heck auch die Seegangsboje ausgesetzt. Sie sollte frei herumtreiben und die Wellenbewegungen messen. Das Instrument, das Form und Größe eines Autoreifens hat, zeichnet die Bewegungen der Wellen auf einem Band auf; ein Beschleunigungsmesser mißt den Hub, zwei Tiltmesser messen das Nicken und Rollen der Boje. Über einen eingebauten Kreiselkompaß wird die Orientierung der Boje abgelesen, so daß die anderen Sensoren die tatsächliche Richtung der Wellen messen können. Diese Bojen stammten von demselben Institut wie die Argos-Bojen, dem IOS, und gehörten der Scott-Polar-Gruppe.

Nach etwa vierzig Minuten wurde sie wieder eingeholt. Ein Schlauchboot mit Außenbordmotor, bemannt mit Bootsmann »Blackie« Schwartz und José Abreu Dios, einem der Spanier aus der Besatzung, wurde vom E-Deck mit einem Kran über Bord gehievt und aufs Wasser gesetzt. Der starke Motor röhrte, als sie auf die Boje zuhielten, die ein Stück fortgetrieben war. Geschickt zogen sie sie in ihr Boot, das dann wieder auf der Steuerbordseite des Schiffes an Bord gehoben wurde. Aus sicherer Entfernung hatten ein paar seltene Zuschauer die ganze Prozedur verfolgt: Gruppen kleiner Pinguine. Wahrscheinlich handelte es sich um Adeliepinguine, auf jeden Fall waren es die ersten Pinguine, die wir sahen.

Um 9.30 Uhr, sobald das Schlauchboot wieder an Bord war, setzte die »Polarstern« ihre Fahrt fort. Stuart kümmerte sich um die Boje. Er spritzte sie mit Süßwasser ab und ließ sie auf dem Gang auf Deck E abtropfen. Ich hatte erwartet, daß er sie sofort öffnen würde, gespannt auf das Band mit den wertvollen Daten. Statt dessen ließ er sie einfach stehen und ging in sein Labor. Warum? Die Boje müßte sich erst zwei, drei Stunden aufwärmen, erklärte Stuart, andernfalls würde durch den Temperaturunterschied zwischen der kalten Boje und den wärmeren Außentemperaturen Wasserdampf kondensieren, was für die empfindliche Elektronik des Systems verhängnisvoll sei.

In schneller Fahrt steuerte die »Polarstern« auf ihr nächstes Ziel zu, 58° 30′ S, 1° W, während die Ozeanographen weiter jede Stunde eine XBT ins Wasser jagten, um Aufzeichnungen über die Veränderungen der Wassertemperatur in den oberen 700 Metern zu erhalten. Es war schon dunkel, als wir um 17.00 Uhr die Position für die erste ozeanographische Station nach dem Probelauf für die Instrumente am 29. Juni erreichten. Station 237 sollte zwölf Stunden dauern. Es war geplant, je eine CTD in Oberflächenwasser und in große Tiefe zu fahren, sowie zwei Sätze Gerard-Flaschen. Auch war ein Fang mit dem Multinetz vorgesehen. Bei einer flachen CTD wird die Einheit 700 m tief heruntergelassen, während bei einer tiefen CTD beinahe der Meeresboden berührt wird, das Drahtseil also fast in seiner ganzen Länge von 5400 m heruntergelassen und Wasser aus unterschiedlichen Tiefenschichten zur Analyse entnommen wird.

Im Windenleitstand verfolgten Doug Martinson, Gunnar Flenner und Hannelore Witte die Aufzeichnungsinstrumente, gemeinsam mit Bruce Huber, der nun, nachdem Arnold Gordon nicht mehr an Bord war, für das Programm verantwortlich zeichnete. Auf Deck E, bei starkem Flutlicht, verfolgten der Erste Offizier Zehler und zwei Besatzungsmitglieder die Arbeiten, während sich Tom Manley und Jay Ardai aus der Lamont-Gruppe, Rüdiger, Raúl und Peter Schlosser an der Rosette mit den CTDs zu schaffen machten, sie vorsichtig am Draht befestigten und sie dann gespannt mit den Augen verfolgten, als sie über Bord gehoben wurde und in der Dunkelheit des Ozeans verschwand. Auf jedem lastete Verantwortung, jeder mußte bei seiner Arbeit so sorgfältig wie möglich vorgehen, um die Instrumente auf keinen Fall zu beschädigen. Auf den Diagrammen und Computerschirmen erschienen sofort die Daten, und ich ließ die Wissenschaftler mit ihrer Aufgabe allein.

Mit dem Beginn der wissenschaftlichen Experimente änderte sich der Lebensrhythmus an Bord spürbar: Das Mittagessen wurde nicht mehr gemeinsam eingenommen, die Ozeanographen kamen hintereinander hereingestürmt, schnappten sich etwas von dem exzellenten chinesischen Essen und liefen wieder davon. Für einen kleinen Plausch bei einer Tasse Kaffee hatte niemand mehr Zeit.

Endlich im Eis

Am 18. Juli, nach Beendigung von Station 234, befand sich das Schiff mit einer Geschwindigkeit von 10 Knoten auf südlichem Kurs. Gegen 7.00 Uhr bei 58° 46′ S, 1° W traf die »Polarstern« in völliger Finsternis auf Eis: ein Feld aus winzigen Eisschollen, 10 bis 20 cm im Durchmesser; kleinen durchsichtigen Scheiben, in der Mitte etwas dicker, die, ohne sich zu berühren, auf einer flachen, ruhigen, schwarzen Meeresoberfläche vorbeiglitten, bewegt nur durch eine niedrige, langsame Dünung. Kurz darauf befanden wir uns wieder in eisfreiem Wasser. Um 8.30 Uhr stieg der Twinstar auf, um nach der Eisgrenze Ausschau zu halten; mittlerweile war die gesamte Wasseroberfläche mit Scholleneis bedeckt und glitzerte in dem schwachen Licht der Morgendämmerung.

Bei 59° unterbrach das Schiff seine Fahrt für eine CTD-Station, bei der wieder eine Nick- und Rollboje ausgesetzt werden sollte. Diesmal holte sie Bob Masom mit dem Schlauchboot wieder ein und brachte gleichzeitig eimerweise Scheibeneis für Manfred Lange und Steve Ackley mit, die die Struktur der Eismassen untersuchen wollten. Wie üblich spielte sich alles auf dem E-Deck ab, wo die CTD aus dem Wasser auftauchte, die Boje abtropfte und sich die Biologen auf ein Experiment vorbereiteten. Ich folgte ihnen nach Backbord. Gerhard Dieckmann und seine Doktorandin Annette Barsch versenkten an einem 30 m langen Kabel eine brennende Elektrolampe und nahmen dabei mit einem Amperemeter mehrere Messungen vor. Sie interessierten sich für die Lichtdurchlässigkeit des Wassers, eine wesentliche Voraussetzung für Planktonwachstum. Dann ließ Gerhard ein Planktonnetz etwa 60 m tief ins Wasser und holte innerhalb kürzester Zeit 75 cl Wasser mit lebenden Kreaturen ein, die wir mit bloßem Auge sehen konnten. Wir gingen sofort in ihr Labor, das durch eine Tür direkten Zugang zum Deck hatte. Unter dem Mikroskop entdeckte ich den ganzen Reichtum der Kieselalgen, kleine, merkwürdige, faszinierende Planktonpflanzen mit runden, eckigen oder ovalen durchsichtigen Körpern. Was für ein Einblick in das Wunder der Natur! Die Frage, auf die die beiden Wissenschaftler eine Antwort finden sollten, lautete, ob dieses Leben, ob überhaupt Leben auch während des dunklen antarktischen Winters innerhalb der Eismassen zu finden sein würde.

Um drei Uhr nachmittags, bei einem herrlichen, rosafarbenen Sonnenuntergang, fuhr die »Polarstern« weiter bis 59° 30′ S, der Position, auf der wieder eine Tiefen-CTD-Station gemacht werden sollte. Ich begab mich auf die offene Brücke auf Deck A. In dem abnehmenden Licht über uns kreisten ein paar Vögel. Es waren keine Albatrosse mehr oder Kaptauben, sondern wirkliche südpolare Tiere: der kleine, völlig weiße Sturmvogel und der etwas größere antarktische Sturmvogel, mit dunkleren und weißen Streifen an der Seite. Die Lufttemperatur betrug −6,8° C, die Eisschollen wurden dicker und größer, weil die matschige Eissuppe langsam festfror. Einige dieser Schollen waren bereits zusammengefroren und erreichten einen Durchmesser bis zu einem Meter.

Die Wissenschaftler richteten einen Beobachtungsposten ein, von dem aus sie stündlich die Position des Schiffes festhielten, die atmosphärischen Parameter und eine Beschreibung der Eismassen und der Eislandschaft, in der sich das Schiff gerade befand. Tagsüber machten sie auch Schwarzweißaufnahmen. Bei dieser anstrengenden Arbeit wechselten sich die deutsche, amerikanische und englische Gruppe einmal pro Tag ab. Am ersten Tag waren die Amerikaner dran.

Hubschrauberflug

Während der Nacht kam die »Polarstern« gut voran, hielt mit zwei Maschinen eine Geschwindigkeit von zehn Knoten und erreichte am Samstag, dem 19. Juli, um acht Uhr morgens 60° 45′ S. Man plante einen Flug mit dem Hubschrauber, und Augstein erlaubte mir, mit Peter und dem Hubschraubertechniker Thomas Schulz aufzusteigen. Im Hangar bekam ich einen Schwimmanzug verpaßt, der mir einige Nummern zu groß war, aber ich hatte keine andere Wahl und mußte ihn anziehen. Ich setzte mich nach hinten, und dann ließ der Pilot die Maschine warmlaufen, eine Zeit, die mir endlos vorkam. Volker Lundström hörte genau hin, ob es irgendwelche ungewöhnlichen Geräusche gab. Das Warten machte mich ziemlich nervös, aber schon bald nahm die mir gebotene Szenerie meine ganze Aufmerksamkeit gefangen. Die Dämmerung brach an, ein orangefarbener Streifen schob das Schiefergrau des Himmels vor sich her. Das Scholleneis war noch gröber geworden, über einen Meter im Durchmesser maßen nun die Scheiben. Es war jetzt ganz weiß und nicht mehr durchsichtig, aber die einzelnen Scheiben schwammen noch immer unabhängig voneinander auf dem Wasser.

Um 9.15 Uhr stiegen wir auf und flogen im Tiefflug Richtung Süden. Die Morgenluft war klar. Ich kam mir vor wie bei der Premiere eines Films von großer wissenschaftlicher Bedeutung.

Die Schollen gefroren, so daß sie immer größer wurden, erst 20 bis 40 m im Durchmesser, dann langsam 200 m. Je weiter südlich wir flogen, desto mehr wurde aus der Eisschicht eine riesige gleichförmige Decke, die nur durch gezackte Wasserrinnen unterbrochen wurde. Bei 61° 26′ S stieg der Hubschrauber ab, blieb dicht vor einer Scholle in der Luft stehen und blies den Schnee fort. Peter öffnete die Tür und sprang raus, während wir die Rettungsleine hielten, die er sich um die Taille gewikkelt hatte. Er sollte testen, ob das Eis ihn tragen würde − was es auch tat −, und ein Loch durch die Scholle bohren, um die Dicke festzustellen. Sie betrug 30 cm. Wir kehrten wieder um und wiederholten das Ganze bei 61° 10′ S. Hier war das Eis 25 cm dick, aber immer noch stark genug, das Gewicht des Hubschraubers zu tragen. Vernon und Stuart konnten also nach uns mit Wolfgang Radlinger am Steuer des Bölkow losfliegen, um ihre Wellenuntersuchungen durchzuführen, bei denen sie Beschleunigungsmesser auf die Eisschollen setzten, um Höhe und Richtung der Wellen zu messen.

Nachdem wir unsere Aufgabe erfüllt hatten, flogen wir zurück zum Schiff, das bei 61° S seine Fahrt unterbrochen hatte. Eine von Hoebers meteorologischen Bojen sollte ausgesetzt werden. Selbst in dem dünnen Scholleneis konnte man noch ihr Kielwasser erkennen, es glitzerte in der hellen Sonne.

Unsere Beobachtung hatte erstmalig bestätigt, daß die große Eisdecke des Südpolarmeeres aus einzelnen Schollen zusammenwächst und nicht einfach durch flächenhaftes Gefrieren, wie auf einem Süßwassersee, entsteht. Während ich noch diesem spannenden Gedanken nachhing, drehte sich mir mit einemmal der Magen um, als Mahler auf 3000 m stieg und dann wieder in einer Spirale nach unten flog. Er zeigte auf das Eis: Plötzlich stieg Wasserdampf auf, dann streckte ein Zwergwal seinen Kopf aus dem Eis und verschwand daraufhin wieder schnell. Ein Beweis, daß es in dem Wintereis doch Leben gibt.

Am Sonntagmorgen bahnten wir uns unseren Weg durch eine riesige Eisdecke, die nur gelegentlich von Wasserrinnen unterbrochen war. An den etwas erhöhten Rändern konnte man immer noch die Umrisse der einzelnen Eisschollen erkennen. Mühelos hielt das Schiff die Geschwindigkeit von 11 Knoten bei, aber es kam jetzt ein neues, ganz leichtes, ununterbrochenes Zittern im Schiff hinzu, ähnlich wie in einem Flugzeug, das in einen Sturm geraten ist. Der wolkenverhangene Himmel war fast so weiß wie der Schnee und das Eis auf dem Meer; Himmel und Erde flossen scheinbar ineinander.

Ich ging auf die Brücke, wo Holger Weidel sich in einer Ecke einen Beobachtungsposten eingerichtet hatte. Holger studierte an der Universität Kiel und sollte während der Fahrt die Tierwelt beobachten und Zählungen vornehmen. Außer dem, was aus den frühen Aufzeichnungen von Shackleton, Filchner und anderen, die mit dem Packeis drifteten, hervorgeht, weiß man so gut wie nichts über die Verbreitung von Walen, Robben, Pinguinen und Vögeln während der Wintermonate. Er hatte eigentlich vorgehabt, sich im Krähennest einzurichten, ganz oben auf dem Hauptmast über Deck A, einem gemütlichen, kleinen Raum, ausgestattet mit Schreibtisch und Computermonitor. Man erreichte ihn von der Brücke aus über eine senkrechte Leiter im Mast. Um das Krähennest herum lief jedoch eine Art Laufsteg, der die Sicht stark behinderte. Von der Brücke aus konnte er dagegen bis auf immerhin dreihundert Meter in jede Richtung jedes Lebenszeichen von Vögeln, Robben und Walen erkennen und die Entfernung mit einem Laser-Entfernungsmesser abschätzen. Er mußte seine Beobachtungen während der Tagesstunden durchführen, denn, so erklärte er mir, nachts gehen Robben und Pinguine im Wasser auf Jagd und suchen sich ihre Nahrung, hauptsächlich Krill, der bis dicht an die Wasseroberfläche kommt. Gerade als wir uns unterhielten, sahen wir ganz nahe vor uns einen angriffslustigen Seehund, der grimmig in unsere Richtung knurrte. Es handelte sich um eine Krabbenrobbe (Lobodon carcinophagus), und Holger war ganz aufgeregt.

Von der Brücke aus konnte ich auch zum ersten Mal sehen, wie sich das Schiff durch das Eis bewegte. Anders als konventionelle Eisbrecher, die quasi auf das Eis hochrutschen und es dann mit ihrem Gewicht brechen, verfügt die »Polarstern« über einen konkaven Rumpf, der das Eis unter die ihn umgebende Hülle nach Steuerbord und Backbord schiebt und so eine deutlich erkennbare Fahrrinne hinterläßt. Es ist bisher auf der Welt das einzige Schiff dieser Bauweise, wie mir der Kapitän bestätigte, und sie hat sich als äußerst praktisch erwiesen.

Bei 62° S unterbrach das Schiff wieder einmal seine Fahrt, um den ersten von Doug Martinsons »Drifters« auszusetzen. Es sind nach seinen Angaben angefertigte Bojen mit einer Kette aus einzelnen Sensoren, die 150 m tief hinuntergelassen werden, um Druck, Temperatur und Salzgehalt des Wassers zu messen. Auf dem oberen Teil der Boje befinden sich meteorologische Sensoren und ein Argos-Sender. Die Batterien halten etwa ein Jahr, und der Nutzen einer solchen Boje liegt darin, daß sie die sich verändernden Bedingungen der Wassersäule, mit dem Oberflächenstrom treibend, über einen bestimmten Zeitraum aufzeichnet.

Unter den neugierigen Blicken einiger Zaungäste bestiegen Doug, Tom Manley und Jay Ardai den sogenannten »Mummy Chair«, eine orangefarbene Box, 4×2 m groß, die an den Kran gehängt wurde und mit der die Gruppe sicher und ein Stück vom Schiff entfernt aufs Eis gesetzt wurde. Sie schaufelten den Schnee zur Seite und bohrten ein Loch, durch das die Sensorenkette geführt wurde, dann setzten sie den Rest der Boje zusammen und verbanden sie mit der Kette. Weil die Eisdecke nur 50 cm dünn war, neigte sich die Boje fast um 10 Prozent und sah am Ende, nach drei Stunden Arbeit, wie der schiefe Turm von Pisa aus.

Doug war bestürzt. Die Atmosphäre auf Deck E war dagegen ganz entspannt; die Leute machten ihre Witze und lachten, während wir mit der Gruppe auf dem Eis den Kontakt hielten. Rick van Woy, ein Kalifornier vom Scripps-Institut, spazierte in seiner Lieblingskleidung an Deck herum: ein kurzärmeliges Baumwollhemd mit Blumenmuster, Shorts und Sandalen. Welch amüsanter Kontrast! Er stellte sich neben Heinrich Hoeber in Pose, der die passende Kleidung hatte: gefütterter Overall, Wollmütze und Stiefel. Dann zog er sich mit der Bemerkung, es sei doch etwas kühl, in sein Chemielabor zurück, um

Freone zu analysieren. Jemand meinte, Doug dagegen sähe immer wie aus dem Ei gepellt aus, selbst wenn er auf dem Eis arbeitete. Sein orangefarbener Overall war tatsächlich tadellos und elegant.

Wehe, wenn der Jiffy aussetzt!

Langsam wurden auch die Stationen zur Routine; alle dreißig Meilen, egal, ob bei Tag oder Nacht, hielten wir für die ozeanographische Arbeit an, tagsüber auch für die Eisstationen.

Am Montag, dem 21., verkündeten Bruce und die Leute aus Lamont aufgeregt, daß man während der Nacht bei einer Tiefe von 200 m einen Temperaturanstieg im Wasser festgestellt habe. Sie vermuteten, daß sie auf eine Strömung gestoßen waren, deren wärmeres Wasser aus der Tiefe des Ozeans aufstieg und, wie Arnold Gordon meinte, die eisfreien Stellen in dieser Region verursachte. Weil sie das Phänomen weiter untersuchen wollten, hielt das Schiff jetzt alle fünf Meilen an, um eine »flache« CTD durchzuführen, stieß aber doch nur auf Wassermassen, die lediglich 0,3° C wärmer waren. Am Ende ergab sich daraus aber kein signifikantes Bild.

Das Interesse der Wissenschaftler war jedoch verständlich. Drei Jahre lang, von 1973 bis 1976, war jedesmal im Winter auf den Satellitenbildern der Region eine riesige eisfreie Fläche zu erkennen gewesen, die sogenannte *Weddel-Polynya*. Nur die Wärme des Ozeans konnte für eine eisfreie Stelle diesen Ausmaßes verantwortlich gemacht werden. Aber dann war sie verschwunden und seitdem nicht wieder aufgetaucht.

Die nächste Eisstation fand bei 62° 53′ S statt, bei fürchterlichen Wetterverhältnissen; Schnee, Nebel, keine Sicht, der Wind blies mit einer Geschwindigkeit von 70 km/h, die Temperatur betrug −8° C. Der »Mummy Chair« setzte diesmal eine besonders große Gruppe aus, dazu Bohrausrüstung, Kernbohrer, Eisboxen, Metallboxen und rote Fähnchen. Elisabeth Schlosser gehörte ebenfalls zu der Gruppe, sie war eine zurückhaltende, ruhige Studentin der Meteorologie der Universität

71

Innsbruck. Sie sollte die Albedo der Eisoberfläche messen, das Verhältnis aus insgesamt auftreffender und zurückgestrahlter Strahlung. Ihre besten Meßergebnisse erzielte sie bei starker Bewölkung, denn die Strahlung aus dem Himmel ist gleichmäßig, und sie konnte sich über so ein Wetter nur freuen. Sie war das erste Mal auf See.

Andere waren nicht so erfreut über das Wetter. Heinrich Houber mußte seine Idee, eine seiner meteorologischen Bojen mit Hilfe des Hubschraubers auszusetzen, aufgeben; die Boje wurde erst während der Eisstation ausgesetzt.

Ansonsten ließ sich die Abfolge, die man sorgfältig in dem bequemen »Blauen Salon« ausgearbeitet hatte, ohne Schwierigkeiten in die Wirklichkeit umsetzen. Die Mächtigkeit der Eisschollen neben dem Schiff sollte durch Bohrungen ermittelt werden, die in Abständen von einem Meter auf zwei im rechten Winkel zueinander stehenden Linien vorgenommen werden sollten. Die deutsche Eisgruppe steckte die Linien auf dem Eis ab, markierte die Abstände der Bohrlöcher mit einer Meßlatte und stellte an den Endpunkten der Linien rote Fähnchen auf. Dann folgten Steve, Manfred und die SPRI-Gruppe und bohrten abwechselnd die Löcher. Sie benutzten dazu einen fünf Zentimeter starken Augur, der von einem Jiffy-Benzinmotor angetrieben wurde. Wenn der Jiffy erst einmal lief, war er in wenigen Sekunden durch die etwa einen Meter dicke Eisdecke. Aber wehe, wenn er ausging! Endlose Versuche mit dem Startzug waren dann nötig, bevor er wieder lief.

Nach der Bohrung folgte die Vermessung. Der Verantwortliche holte feierlich sein Bandmaß hervor, das an einem Meßstab aus Messing befestigt war, und ließ es das Loch hinab. Dann las er die Dicke der Eisscholle ab, den Tiefgang und den Durchmesser der obersten Schneeschicht. Zuletzt folgte der »Aufzeichner«, dessen Arbeit am unangenehmsten war. Er mußte die Zahlen, die ihm der Vermesser zubrüllte, aufschreiben, und das ohne Handschuhe, damit die Zahlen hinterher auch lesbar waren.

Der nächste Teil des Rituals bestand darin, einige »Kerne zu ziehen«. Der Jiffy-Antrieb wurde auf den Kernbohrer gesetzt;

eine Röhre, um die herum eine scharfe, spiralförmige Schneide verläuft. Wenn die Röhre ins Eis getrieben wird, stanzt sie eine Säule, den »Kern«, aus der bis zu einem Meter dicken Eisscholle. Dieser wird anschließend vorsichtig aus der Bohrkernröhre herausgeholt, in eine röhrenförmige Plastiktüte gesteckt und gekennzeichnet. Bohrarbeiten bei solchen Wetterverhältnissen sind unangenehm, und wenn die Leute nach Einbruch der Dunkelheit wieder an Bord gehievt werden, sehen sie abgekämpft und völlig erschöpft aus.

Es hatte wieder einen Durchbruch gegeben: Mit Hilfe von Peters Impuls-Radar hatte man ein Profil der Eisdicke erstellen können. Dem Hubschrauberpiloten war es gelungen, mit der klobigen Antenne über die Linien der Bohrlöcher zu fliegen und so den Radar zu eichen. Es war recht aufregend, das Ergebnis anschließend auf Papier zu sehen, die schwarzen und weißen Streifen, die die Oberfläche, das Eis und das Wasser darunter anzeigten. Auf den ersten Blick erscheint es leicht, mit Hilfe eines Radargerätes so ein Profil zu erstellen – immerhin hat man mit Radar schon die 2000 m dicke antarktische Eiskappe ausgelotet. Mit Meereis verhält es sich allerdings anders. Es enthält eine große Anzahl winziger Zellen flüssiger Sole, jede ein starker elektrischer Leiter, der die Radarstrahlung verstreut und absorbiert. Das Eis kann nur mit einem sehr kurzen starken Impuls durchschossen werden, der nicht länger als eine Nanosekunde dauert, eine milliardstel Sekunde, und der genügend Energie durch das Eis schickt, um vom Boden wieder reflektiert zu werden. Einer der großen parabolischen Zylinder, die auf den Kufen festgezurrt waren, war der Sender dieser Impulse, der andere der Empfänger. Peter saß hinten und bediente die Elektronik. Das große Problem mit diesem System lag darin, daß der Radar so dicht wie möglich an die Oberfläche gehalten werden mußte, um genügend Energie durch das Eis zu schicken, damit man noch ein Echo erhält. Der Hubschrauber mußte in einem Abstand von zehn Metern über den Boden fliegen, und das so langsam wie möglich, beides Dinge, die ein so umsichtiger Hubschrauberpilot wie Mahler nur äußerst ungern tat.

73

Die Temperatur war inzwischen auf $-15°$ C gesunken, aber dafür hatte der Wind aufgehört. Nach allen Seiten erstreckte sich eine weiße Decke. Die Leute gingen mit Kameras von einem Deck zum anderen und freuten sich über den schönen Tag, den man noch am Vortag nicht erwartet hatte. Ernst hatte die zeitliche Abfolge der ozeanographischen Stationen so geplant, daß eine noch in den frühen Morgenstunden gemacht werden konnte, bevor während des Vormittags die Arbeiten auf dem Eis begannen.

Man konnte jetzt auch über die Gangway aufs Eis gelangen, sie wurde auf Steuerbord am Heck vom E-Deck ausgelegt, und viele waren schon auf dem Eis. Ich zog mich passend an, holte meine Fotoausrüstung und folgte ihnen. Zum ersten Mal in meinem Leben trat ich auf Meereis. Es war wie ein sonniger Urlaubstag in den Bergen. Dr. Utta grinste vor Freude, Roswitha, der Kapitän, wir alle spazierten in dieser unbekannten Welt, die einem doch auf merkwürdige Art bekannt vorkam, ein weites, ausgedehntes Feld; die Schneedecke war noch ganz frisch und etwa 20 cm hoch. Aber unter unseren Füßen, unter einem halben Meter Eis, lag der tödliche Ozean, fast 5000 m tief.

Eisstation

Vernon und Stuart arbeiteten nicht mit den Bohrgruppen, sondern schleppten ein Set Aluminiumkästen aufs Eis, in denen sich Beschleunigungs- und Neigungsmesser befanden, die sie zur Wellenmessung benötigten. Vierzig Minuten lang zeichneten sie Umfang und Richtung der langen Dünung auf, die das Eis ganz leicht hob und senkte; eine Bewegung, die kaum spürbar war. Wenn die Station länger dauerte, hatten sie auch Zeit, eine Rosette mit Dehnungsmessern aufzustellen, verläßliche Instrumente, die seit den siebziger Jahren die Hauptstütze der Meereisgruppe waren. Die Rosette bestand aus drei Dehnungsmessern, die wie ein Mercedesstern im Winkel von $120°$ zueinander angeordnet waren. Sie wurden fest auf dem Eis verschraubt und zeichneten die Dehnung der Eisdecke auf, die sich aus der Dünung unter ihr ergab. Es sind hochempfindliche Instrumente, die auch noch Wellenhöhen unter einem millionstel Millimeter messen können.

Im Grunde sind die Instrumente sehr einfach aufgebaut: Ein Draht wird zwischen einen fixen Endpunkt und einen Hebel gespannt, der einen Umformer in Bewegung setzt; dieser wiederum erfaßt die durch die Dehnung der Eisdecke verursachten unterschiedlichen Abstände zwischen den beiden Enden des Meßgerätes. Für die Berechnung der Wellenhöhe benötigten sie außerdem die Dicke der Eisdecke, was wiederum ganz gut in das Bohrprogramm paßte.

Auch die Gruppe, die sich um die Kernbohrungen kümmerte, war sehr fleißig. Manfred Lange entnahm der Eisdecke zwei dicht nebeneinander liegende Bohrungen, jeweils 4 Zoll im Durchmesser. Die eine wurde später in einem Kühlcontainer an die »Eisbibliothek« des Alfred-Wegener-Institutes nach Deutschland geschickt, die andere an Bord zerlegt und untersucht. Gerhard Dieckmann nahm dreizöllige Bohrungen vor, auch davon war eine für die »Eisbibliothek«, die anderen beiden sollten biologisch untersucht werden. Er führte aber auch gleich vor Ort einige Messungen durch. Einen Kern legte er in einen Behälter, in den auf einer Linie in Abständen von fünf Zentimetern Löcher eingestanzt waren. Durch die Löcher führte er ein dünnes Thermometer und erhielt so über die ganze Länge des Kerns ein Temperaturprofil. Mit einem Amperemeter maß er die Lichtintensität im Bohrloch und im Meerwasser darunter bis zu einer Tiefe von zehn Metern.

Aber das war noch nicht alles. Rufe vom Schiff aus ermahnten uns, nicht zu nahe unter die Hochfrequenz-Strahlenmeßgeräte zu kommen, die draußen an großen Streben auf der Backbordseite von Deck A befestigt waren. Joey und David wollten, daß die Stelle möglichst unberührt bliebe, damit sie bei fünf verschiedenen Frequenzen von 6, 10, 18, 37 und 90 GHz die Hochfrequenz-Leuchtdichten-Temperatur des Schnees messen konnten. Anschließend kamen sie zu uns aufs Eis, um die Schneedecke zu messen, den Durchmesser und die Temperatur einmal an der Oberfläche und dann an der Kontaktstelle zum Eis. Dann entnahmen sie noch fünf Kerne an der gleichen Stelle, um mehr über Dichte und Salzgehalt von Schnee und Eis zu erfahren. So ließ sich ein Zusammenhang zwischen den Hochfrequenz-Meßdaten und den Eigenschaften der Schneedecke herstellen.

Die Mikrobiologen Horst Weyland und Elisabeth Helmke nutzten ihre Kerne für bakterielle Untersuchungen. Sie interessierten sich hauptsächlich für Eis, das eine bräunliche Färbung hat, die darauf schließen läßt, daß das Eis biologisch aktiv ist.

Ich beteiligte mich an der Arbeit und half bei den Bohrarbeiten. Ich war nicht die einzige, die das tat; wenn andere mit ihren Arbeiten fertig waren, kamen auch sie dazu und halfen. Steve Ackley bediente den Jiffy-Bohrer. Wenn er nicht fliegen mußte, half Rob, ein starker und drahtiger Typ, mit dem Handbohrer aus; Vernon und Stuart kamen dazu, als sie mit ihren Aufzeichnungen fertig waren, und Manfred Lange und Michael Scheduikat, als sie ihre eigenen Kernbohrungen beendet hatten. Auch Peter arbeitete mal an dem Bohrer, und Anette schrieb stundenlang Meßdaten über die Eisdichte auf, bis ihre Finger fast erfroren waren.

Kapitel 4
Das schwimmende Laboratorium

Am 23. Juli gerieten wir auf unserem Zickzackkurs Richtung Süden bei 64° S in eine wolkenverhangene, windige Wetterzone, mit einem sagenhaft niedrigen Luftdruck von 952 Millibar. Diesmal zog die Eisstation keine Touristen an, obwohl sich bei den Bohrungen einige interessante Phänomene beobachten ließen: Das Eis in diesem Gebiet war dünner, durchschnittlich nur 47 cm stark; das Wasser war wärmer als üblich, und die Lufttemperatur betrug lediglich $-7°$ C. In solchen Momenten zeigte es sich, wie nützlich es war, Gruppen unterschiedlicher wissenschaftlicher Ausrichtung an Bord zu haben, die die Dinge diskutieren, vergleichen und gemeinsam Hypothesen aufstellen konnten.

Jetzt, als der Zeitplan für die Stationen etwas weniger streng war, fiel uns auch auf, daß wir schon lange nicht mehr in der »Zillertal-Bar« zusammengesessen hatten. Man brauchte einen Anlaß, und die englische Gruppe hatte einen, der wie gerufen kam: die königliche Hochzeit von Prince Andrew und Sarah Ferguson. Nach den ersten hektischen Arbeitstagen tat es gut, sich mal wieder zu unterhalten, zu lachen und sich wieder als Gemeinschaft fühlen zu können. Ich unterhielt mich gerade aufs angenehmste mit Steve Ackley und trank meinen Cola-Rum, der letzte Schrei an Bord, als ich plötzlich eine starke Erschütterung spürte. Ich habe doch gerade erst ein Glas getrunken, dachte ich bei mir, aber da kam auch schon Augstein und verkündete zu unserer Verblüffung, daß wir uns mitten in einem Sturm befanden.

Ein so starker Sturm, daß die »Polarstern« mitten im Eis schaukelte? Wie war das möglich? Wir lagen doch mitten im Packeis, 500 km von der Eisgrenze entfernt, bei 64° 09' S. Ich rannte zusammen mit den anderen auf die Brücke, wo uns ein ganz ungewöhnliches Schauspiel erwartete. Eine riesige Dünung hob das Eis in die Höhe, schob sich weiter darunter her und brach schließlich durch die Decke. Wir konnten sehen, wie sich der Schaum auf dem Wellenkamm bildete und die weißen Kräuselungen leuchteten, sobald das Scheinwerferlicht darauf fiel.

Diese mächtigen, langen Wellen brachten das Schiff zum Schwanken, sieben Grad nach jeder Seite, und wir befürchteten, daß die CTD-Kabel, die bis auf eine Tiefe von 5200 m heruntergelassen worden waren, durch die Bewegungen des Schiffes, verbunden mit dem Druck der zerborstenen Eisdecke gegen den Schiffsrumpf, beschädigt werden könnten. Die Wellenperiode betrug 18 Sekunden, für das Südpolarmeer schon ungewöhnlich lang, denn die immer noch bis zu zwei Meter hohen Wellen waren ja schon durch eine fünfhundert Kilometer breite Eisdecke gedämpft worden. Man konnte sich also vorstellen, was für ein Sturm am nördlichen Eisrand, auf dem offenen Meer, wütete, und wir konnten von Glück sagen, daß wir so weit davon entfernt waren.

Selbst auf dem Radarschirm ließ sich die Dünung erkennen; jeder einzelne Wellenberg sah aus wie ein langer schnurgerader Balken, der quer über den Schirm wanderte, und hatte nach unseren Messungen eine Geschwindigkeit von 60 Knoten. Die Schollen zerbrachen in gezackte Stücke, sie schoben sich übereinander, sie überschlugen sich, und der schwarze Ozean hob sie und uns in die Luft und ließ uns wieder fallen. Ich war völlig versunken in den Anblick dieser sich ständig verändernden Landschaft. Die Radarmessungen dauerten die ganze Nacht, und das Interesse an diesem erstaunlichen Phänomen war so groß, daß der Strom der Wissenschaftler, die auf die Brücke kamen, um sich das anzusehen, zu bewerten und zu kommentieren, nicht abreißen wollte.

Im Laufe des Morgens ließ die Dünung nach, und während

die »Polarstern« weiter ihrem Südkurs folgte, konnten wir die Auswirkungen des Sturms sehen, der das Eis mit einer Gewalt zertrümmert hatte, die auch die Experten an Bord überraschte. Anstelle der regelmäßigen abgerundeten Eisscheiben sah man jetzt in unregelmäßige Muster zerborstene Schollen und offene Rinnen. Eine der Nick- und Rollbojen konnten wir sogar in einer riesigen, fast zehn Kilometer breiten Polynia, die sich gebildet hatte, aussetzen.

Arbeiten mit dem »CTD-Fisch«

Die ständigen Veränderungen in unserer Umgebung beschäftigten mich während der ersten Tage im Eis derart, daß ich die anderen wissenschaftlichen Programme ganz vernachlässigte. Es war schon eine Erfahrung ganz besonderer Art, mit einem Schiff durch eine Landschaft zu reisen und dabei an eine Zugfahrt durch verschneite russische Steppen erinnert zu werden. Dann aber bot sich bei einer ausgiebigen ozeanographischen Station, die während der geselligeren Stunden – von Mittag bis Mitternacht – eingelegt wurde, die Gelegenheit, wieder etwas über die Arbeit der Ozeanographen dazuzulernen.

Im Windenleitstand erklärten mir die Wissenschaftler auf ihren Beobachtungsposten die Dinge, die draußen vor sich gingen. Ich war tief beeindruckt von ihrer Hingabe, der Liebe zu ihrer Arbeit und ihrer Fähigkeit, die Wissenschaft auch dem interessierten Außenseiter zugänglich zu machen.

Bruce Huber und Doug Martinson fingen mit ein paar Grundprinzipien der Ozeanographie an. In jedem tiefen Ozean, so sagten sie, ist das Wasser nicht überall gleich. Schon innerhalb eines vertikalen CTD-Profils zum Beispiel lassen sich viele Unterschiede in der Natur des Wassers feststellen. Der Ozean gliedert sich in verschiedene Schichten, das winterliche Südpolarmeer beispielsweise in drei. Ganz oben befindet sich das antarktische Oberflächenwasser, das in diesem Teil des Ozeans zum sogenannten Weddell-Wirbel gehört, einer Zirkulation im Uhrzeigersinn. Wir befanden uns im ostwärts gerichteten Teil des Stromes, der dann nach Süden abdreht und im Westen auf die antarktische Küste stößt. Weiter nördlich, über die Eisgrenze hinaus, verläuft die Bewegung des Oberflächenwassers gleichförmiger in Richtung Osten und formiert sich unter den dort herrschenden Winden – der antarktischen zirkumpolaren Strömung oder dem sogenannten *West Wind Drift* – auf 40–50° S ungehindert um den gesamten Planeten. Das Oberflächenwasser des Weddell-Wirbels hat eine Temperatur um den Gefrierpunkt und einen ziemlich niedrigen Salzgehalt, etwa 34 bis 34,5 Promille. Die Schicht dieses Wassers reicht bis in eine Tiefe zwischen 75 m und 150 m; sie wird auch als »durchmischte Deckschicht« bezeichnet, denn die durch den Wind verursachten Turbulenzen und Wellen vermischen die Wassermassen, was dazu führt, daß an jeder Stelle der Schicht, von der Oberfläche bis zum Boden, die gleichen Eigenschaften vorherrschen.

Unterhalb der Deckschicht liegt eine schmale Zone, in der mit zunehmender Tiefe auch die Dichte rapide wächst. Sie wird als Sprungschicht bezeichnet und stellt einen Übergang zur zweiten Schicht dar, dem sogenannten warmen Tiefenwasser oder auch zirkumpolaren Tiefenwasser. Diese Schicht macht den größten Teil der Wassermassen des Weltmeeres aus. Ihr Salzgehalt ist höher, bis zu 34,7 Promille, ebenso ihre Temperatur, bis zu 2° C. Sie bewegt sich langsam südwärts und steigt allmählich auf, um sich dann mit dem Oberflächenwasser zu vermischen.

Die dritte Schicht reicht bis zum Meeresboden und wird als Weddell-Bodenwasser bezeichnet. Ihre Temperatur ist sehr niedrig, unter 0° C, ihr Salzgehalt dafür aber sehr hoch, über 34,8 Promille. Diese Schicht kriecht langsam am Boden entlang Richtung Norden, vermischt sich dort mit darüberliegenden Schichten und verläßt das Polarbecken schließlich als Teil des antarktischen Bodenwassers, das sich in weiten Gebieten der Tiefsee des Weltmeeres nachweisen läßt. Bei seiner Wanderung Richtung Norden strömt das Bodenwasser durch Lücken in den untermeerischen, ozeanischen Gebirgsrücken und findet sich im Atlantischen und Pazifischen Ozean sogar noch nördlich des Äquators. Die Entstehung des Weddell-Bodenwassers aber ist noch unbekannt. Man vermutet, daß es sich im Winter in der Nähe der antarktischen Küste bildet, wenn sich warmes Tiefenwasser und das durch die Eisbildung salzhaltigere und kältere Oberflächenwasser mischen. Das neue Gemisch hat eine größere Dichte als die ursprünglichen Wassermassen, sinkt auf den Boden und bewegt sich dann sehr gemächlich Richtung Norden. Bislang hat jedoch noch niemand diesen rein hypothetischen Mechanismus, der für die Bodenwasserbildung verantwortlich sein soll, beobachten können, und man hoffte, daß unsere Expedition darüber Klarheit verschaffen würde.

Das Hauptanliegen der Forschung bestand darin, soviel Information wie möglich über das Polarmeer im Winter zu sammeln. Die CTD-Einheit war dabei das wichtigste Instrument.

Das CTD-Gehäuse ist ein Zylinder aus rostfreiem Stahl, in dem Sensoren zur Messung von Salzgehalt, Temperatur und Tiefe untergebracht sind. Mit einem weiteren Sensor läßt sich die Sauerstoffkonzentration messen. Die Tiefe wird nicht direkt gemessen, sondern lediglich der Wasserdruck, aus dem sich die Tiefe errechnen läßt. Ebenso verhält es sich mit der Leitfähigkeit, die durch eine elektrische Zelle gemessen wird und aus der sich der Salzgehalt errechnen läßt, vorausgesetzt, Temperatur und Tiefe sind bekannt. Die Leitfähigkeit hängt stark vom Salzgehalt ab, denn erst das wasserlösliche Salz befähigt Wasser, Elektrizität zu leiten.

Als die Ozeanographie noch in den Anfängen steckte, bestand eine »hydrographische Serie« aus mehreren an einem Draht befestigten Metallflaschen, den sogenannten Knudsen- oder Nansenschöpfern, die sich bei einer bestimmten Tiefe schlossen und umdrehten – daher auch der Name Kippschöpfer – und damit die Markierung auf einem Quecksilber-Thermometer auslösten. Der Salzgehalt ließ sich direkt durch eine chemische Analyse der Wasserprobe ermitteln.

Die elektrische Leitfähigkeit dagegen ist ein einfacherer Weg, den Salzgehalt zu messen, außerdem läßt sich ein kontinuierliches Profil erstellen. Aber auch die Apparatur hat ihre Grenzen. Sie darf zum Beispiel nicht zu schnell heruntergelassen werden, denn die elektrische Zelle braucht ihre Zeit, um auf die sich verändernden Wassereigenschaften zu reagieren. Alle Daten werden außerdem über ein zweites Kabel nach oben übermittelt, und die entsprechende Elektronik in dem »CTD-Fisch« reagiert empfindlich auf die extreme Lufttemperatur; auch sie braucht Zeit, um sich der wärmeren Wassertemperatur anzupassen. Das zweite Kabel übermittelt das Signal an den elektronischen Bauteil und trägt außerdem das Gewicht des CTD-Fisches und natürlich sein eigenes − und 5000 m Kabel wiegen eine ganze Menge.

Alle Daten werden von mehreren Instrumenten im Windenleitstand aufgezeichnet und dann zusammen auf ein großes Digitalband übertragen. Die Übertragungsrate beträgt 32 Einzelmessungen pro Sekunde. Ein altes Teletype-Terminal, von Ernst Augstein liebevoll »Dinosaurier« genannt, ein einfaches solides Instrument, das auch mal einen Stoß verkraften konnte und trotzdem noch funktionierte, druckte laufend den ermittelten Datendurchschnitt aus. Ein zweiter Datensatz wurde auf einer Kassette gespeichert, um das Verlustrisiko zu verringern; es handelte sich schließlich um äußerst wertvolle Daten.

Ein wichtiger und imposanter Teil der CTD-Einheit war die Rosette aus 24 Flaschen, die um den »Hauptfisch« herum an einem Rahmen hingen. Die Flaschen gehörten der Scripps Institution of Oceanography. Jede Flasche ließ sich über einen elektrischen Impuls, der über das zweite Kabel gesendet wurde, »kippen« beziehungsweise schließen. Dies geschah, sobald die Flaschen nach dem Wegfieren auf die Solltiefe langsam wieder stiegen; dabei konnten aus den schon aufgezeichneten Werten für Temperatur und Salzgehalt die Ozeanographen bereits erkennen, an welchen entscheidenden Stellen in der Wassertiefe Proben entnommen werden mußten. Die geschöpfte Wassermenge war nicht gerade gering, 10 Liter pro Flasche, aber für die verschiedenen chemischen Analysen brauchte man auch soviel.

Die CTD-Mannschaften teilten sich in zwei Schichten, damit jederzeit, Tag und Nacht, Station gemacht werden konnte. Die Schicht von Mittag bis Mitternacht leitete Doug Martinson, assistiert von Tom Manley, Raúl und Rüdiger; der Leiter der zweiten Schicht von Mitternacht bis Mittag war Bruce, er arbeitete zusammen mit Jay Ardai, Hannelore Witte und Gunnar Flenner.

Sobald die Rosette mit ihrem wertvollen Inhalt wieder an Bord war, wurde sie in den langen Flur auf Deck E getragen; draußen wäre das Wasser sofort gefroren. Der Flur wurde dann zu einem lebhaften Versammlungsort; wie die Vampire ihre Opfer saugten die »Wasserratten« die Flaschen aus. Es war ein eingespieltes Ritual, eine wohl aufeinander abgestimmte Abfolge von einzelnen Bewegungen wie bei einem Ballett. Es sei nicht immer so gewesen, wurde mir gesagt: »Sie hätten uns mal während der Teststation sehen sollen.«

Die Chemiker trugen grellgelbe oder grüne Plastikoveralls, dazu Gummistiefel und Gummihandschuhe. Kaum hatten sie mit der Entnahme der Proben aus den Flaschen begonnen, stand der Boden unter Wasser. Die ersten Proben waren für die Chemiker vom Scripps-Institut bestimmt, Rick van Woy und sein Assistent Matt Christiansen. Ihr Interesse galt den Freonen, wissenschaftlicher ausgedrückt, den Chlorfluormethanen, die durch den Kontakt mit Luft sehr schnell verunreinigt werden können. Diese Gase sind in der Atmosphäre weit höher konzentriert als im Meerwasser. Rick, der zu der Schicht von zwölf Uhr bis Mitternacht gehörte, benutzte zu diesem Zweck handgeschliffene Spritzen, an deren einem Ende sich ein Regulierhahn befand. Nachdem er aus jeder Flasche eine Probe entnommen hatte, legte er die Spritze in einen Eimer Meerwasser, um jeden Kontakt mit der Luft zu vermeiden. Sobald er sich der nächsten Flasche zuwandte, nahm Joe Jennings seinen Platz ein; er hatte sich einen eigenen Schemel mitgebracht, eine Plastikbox. Nachdem er seine Kolben ein paarmal ausgespült hatte, füllte er sie mit dem Wasser und spritzte sofort Magnesiumchlorid und eine Mischung aus Natriumjodid und Natriumhydroxid dazu, um weitere Reaktionen zu verhindern; das Jod verursachte sofort einen braunen Niederschlag. Das Wasser sollte auf aufgelösten Sauerstoff hin analysiert werden, und in dem Jodniederschlag fand sich eine Sauerstoffkonzentration, die im gleichen Verhältnis zur ursprünglichen Konzentration stand. Joe hatte das gleiche Problem wie Rick; Luft enthält mehr Sauerstoff als Meerwasser, und wenn beide in Kontakt kommen, dringt das Gas in das Wasser und würde so die Meßergebnisse verfälschen. Joe entnahm außerdem eine zweite kleinere Wasserprobe, um die Menge der Nährstoffe zu messen.

Danach kam David Chipman dran, der in seinen Halbliterflaschen den Teil- und Gesamtbetrag von Kohlendioxyd in Meerwasser messen wollte. In dem Wasser, was dann noch übrigblieb, sollte der Salzgehalt gemessen werden, um die Gültigkeit der auf Band gespeicherten Meßdaten aus der CTD-Station zu überprüfen.

Diese wichtigsten Proben wurden bei jeder CTD entnommen. Wenn die Leute aus Heidelberg dazukamen, war die Gruppe, die sich dann um die Rosette versammelte, allerdings noch größer. Wolfgang Roether, mit Wollmütze als Schutz gegen die Kälte, füllte seine Literflaschen, die dann zur Analyse auf Sauerstoff-18- und Tritiumisotope nach Deutschland zurückgeschifft wurden. Peter Schlosser, ein junger, brillanter Chemiker, Leiter der Heliumgruppe am Physikalischen Institut der Universität Heidelberg, brauchte aus jeder Flasche nur 40 Milliliter für seine Helium-3- und Helium-4-Messungen; Präzisionsanalysen, die es erforderlich machten, die Wasserproben mit zurück nach Heidelberg zu nehmen. Da Helium das sich am schnellsten verflüchtigende Gas ist, wurden die Wasserproben in dünne, ein Meter lange Kupferröhren verstaut, die vorher mit lautem Krach in ihrer ganzen Länge abgeklopft werden mußten, damit keine Luftblasen übrigblieben. Gerhard Bader und Hans-Dieter assistierten ihm dabei.

Chemische Analysen

Zunächst folgte ich Rick in sein Labor. Zwei Dinge erregten meine Aufmerksamkeit: eine Maschine, die nach Marke Eigenbau aussah und an der Thermoskannen, allerdings ohne

Schraubverschlüsse, befestigt waren; und ein großer schäbiger, aber gemütlich aussehender Polstersessel. Rick erzählte mir, daß er ihn für zehn Dollar in einem Laden der Heilsarmee gekauft hatte und daß er in dem Container des Scripps-Instituts mitgeliefert worden war. Seine Erläuterungen, daß es völlige Energieverschwendung sei, stundenlang vor der Maschine zu stehen, leuchteten mir ein. Die Maschine brauchte für jeden Meßschritt ein paar Minuten, und Rick hatte mehrere Wecker aufgestellt, so daß er zwischen den einzelnen Schritten Zeit genug hatte, jeweils eine halbe Taschenbuchseite zu lesen.

Freonmessung ist ein ganz neues Gebiet, denn erst seit etwa einem halben Jahrhundert ist der Mensch dabei, seine Umwelt durch diese Fluorchlorkohlenwasserstoffe zu verschmutzen. Sie finden Verwendung als Treibgas in Spraydosen und in flüssiger Form in Kühlschränken und Tiefkühltruhen. 1975 wurden die ersten Freonanalysen in der Atmosphäre durchgeführt, und erst seit 1983 wird auch der Freongehalt des Meerwassers gemessen. Dazu wird diese Maschine benutzt, die Ray Weiss, Ricks Vorgesetzter am Scripps-Institut, entworfen hat. Nur winzige Mengen dieser Freone — genauer: Freon 11 und Freon 12 — finden sich im Wasser; sie werden im Verhältnis eins zu einer Billion nachgewiesen. Mit Hilfe der Gas-Chromatographie sind diese Messungen sehr leicht durchzuführen, denn die Moleküle lassen sich gut trennen. Bei der Analyse wird durch etwa 70 Milliliter der Wasserprobe freonfreies Gas geschickt, so daß alle gelösten Gase aus der Probe entfernt und in einer sogenannten Kühlfalle bei −30° C aufgefangen werden können. Anschließend wird die so erhaltene Probe auf 100° C erhitzt und durch einen Gas-Chromatographen geschickt, der Gase je nach ihren physikalischen Eigenschaften trennt. Das Ergebnis vergleicht Rick daraufhin mit der Probe eines Standardgases und kann so am Ende mit großer Sicherheit den Freongehalt bestimmen.

Freone eignen sich sehr gut als Tracer, hauptsächlich aus drei Gründen. Sie sind biologisch und chemisch inaktiv und reagieren daher nicht mit anderen Substanzen. Zweitens sind sie ein sehr genauer Indikator für das Ausmaß vertikaler Wasserbewegungen und -vermischungen nahe der Wasseroberfläche, denn der Niederschlag atmosphärischer Freone im Oberflächenwasser erfolgt ja erst seit wenigen Jahrzehnten. Man war ganz erstaunt, als man feststellte, daß ein Großteil des Tiefenwassers der Weltmeere noch kein Freon enthält; es kann also Hunderte von Jahren dauern, bis das Oberflächenwasser in die Tiefsee vordringt. Drittens dauert die ganze Analyse nur sieben Stunden; und ihre Ergebnisse sind für die anderen Spurenstoffchemiker hilfreich, wenn es um die Frage geht, aus welcher Tiefe die Proben bei der nächsten Station geholt werden sollen.

Die Analyse der Freone im Meerwasser war nicht die einzige Aufgabe der Chemiker vom Scripps-Institut. Mit einem anderen Gas-Chromatographen analysierte man zweimal täglich den Freongehalt der Atmosphäre und jede halbe Stunde den Kohlendioxyd- (CO_2) und Stickstoffoxydgehalt (N_2O); ein Luft-Wasser-Apparat führte Messungen der Teilbelastung durch CO_2 und N_2O im Oberflächenwasser durch. Die Luft für die Probe wurde vom Bug des Schiffes aus, weil sie dort noch unverschmutzt ist, über eine in einen Plastikmantel gehüllte Metallröhre in das Labor geleitet, während das Oberflächenwasser durch eine Saugleitung hochgepumpt wurde.

Joe Jennings benutzte für die Analyse seiner Wasserproben verschiedene Maschinen im Naßlabor. Die Nährstoffe, Phosphat, Nitrat, Nitrit und Silikat lassen sich quantitativ bestimmen, indem das Waser durch einen Technicon-Autoanalysator geleitet und dort zu Verbindungen umgesetzt wird, die sich photometrisch messen lassen. Die vier sich daraus ergebenden Konzentrationen werden von einem Schreiber in einem Diagramm in vier verschiedenen Farben dargestellt. Je länger ich Joe bei der Arbeit half, was ich bis zum Ende der Seereise tat, desto vertrauter wurde ich auch mit der zweiten Analyse, der Titration gelösten Sauerstoffs. Ich verbrachte viele angenehme Stunden zusammen mit diesem kenntnisreichen, kompetenten und freundlichen Chemiker, der immer darauf achtete, daß ich nur ja meine tägliche Kaffeepause einhielt.

David Chipmans Aufgabe an Bord wiederum bestand darin, den Austausch von Kohlendioxyd zwischen dem Meer und der

Atmosphäre zu beobachten. Er bewahrte seine Proben bis zur Analyse in einem kalten Wasserbecken bei einer konstanten Temperatur auf, denn die Löslichkeit von Kohlendioxyd verändert sich bei jedem Grad Celsius um 4 Prozent. Darüber hinaus ist CO_2 kein inaktives Gas wie Freon, sondern reagiert mit Meerwasser und bildet Bicarbonat- und Carbonat-Ionen. David hatte zwei verschiedene Instrumentensets an Bord. Mit dem einen, dem sogenannten Coulomb-Meter, konnte man den Gesamtgehalt von CO_2, das heißt das aufgelöste Gas an sich und seine Ionenderivate messen, indem Säure dem Wasser hinzugefügt und die Lösung dann titriert wurde. Die ganze Reaktion dauerte nur 12 Minuten. Der Anteil an gelöstem CO_2 ließ sich mit Hilfe eines Gas-Chromatographen messen. Von Zeit zu Zeit analysierte David auch Luftproben, um das atmosphärische CO_2 zu messen. Die Teilbelastung durch CO_2 ist sehr wichtig, denn anhand der relativen Konzentration im Oberflächenwasser und der Atmosphäre läßt sich feststellen, ob Kohlendioxyd aus der Atmosphäre abgegeben wird. Die Klimatologen hoffen, daß CO_2 insgesamt vom Meer absorbiert wird, denn das würde den »Treibhauseffekt«, die Klimaveränderungen durch erhöhten CO_2-Gehalt der Atmosphäre, erheblich abschwächen. Beide Instrumente waren mit Computern verbunden, und David hatte die Anordnung so entworfen, daß das Fehlerrisiko möglichst gering gehalten wurde. Da er mit dieser Aufgabe ganz allein dastand, ließ ihm sein mörderischer Dienst kaum Zeit für Müdigkeit und Schlaf.

Wasserstation, zweiter Teil

Während ich noch das Schicksal der Wasserproben verfolgte, ging die ozeanographische Station weiter. Eine regelmäßige Rolle spielte das Multinetz, das wir schon bei der Teststation in Aktion gesehen hatten. Nicolai Mumm, seit Mai an Bord, war dafür verantwortlich, daß das Netz täglich ausgeworfen wurde, und nahm sich auch der Tiere an, die in den fünf bis zu 600 m tief herabgelassenen und in verschiedenen Tiefenschichten sich öffnenden Netzen gefangen wurden. Er sammelte das Zooplankton, Lebewesen, die sich mit der Strömung treiben lassen. Diese Tiere können sehr klein sein, nur wenige Mikrometer lang, aber auch die Größe von Quallen erreichen. Nicolai fing auch Krill, Hauptnahrungsquelle vieler Tiere der Antarktis, und widerlegte damit die Vermutung, daß es in dem Packeis des Weddell-Meeres keinen Krill gäbe. Er fror seinen Fang bei einer Temperatur von $-80°$ C ein, um in einer späteren Doktorarbeit die biochemische Zusammensetzung zu untersuchen.

Oft wurde auf Station auch das Apstein-Netz verwendet, ein kleines Fanggerät, dessen Maschen nur 20 Mikrometer im Durchmesser betragen und das per Hand ins Wasser gelassen wird. Es fängt die schwimmenden, einzelligen Pflanzen auf, die so etwas wie die Weiden des Ozeans sind.

Auf den meisten der länger andauernden Stationen wurde auch die Meeresströmung gemessen; mit einem Doppler-Sonarströmungsmesser, der zu der Ausrüstung der »Polarstern« gehörte und sich im »Moon Pool« befand, einem Röhrenschacht, der vom E-Deck ins Wasser führte. Gunnar Flenner war für die Datensammlung verantwortlich und bediente dieses Instrument während der Nachtstunden; Rüdiger Schott arbeitete tagsüber damit. Das Instrument sendet drei Sonar-Richtungsstrahlen mit einer Frequenz von 115 kHz und unterschiedlichen Neigungswinkeln in die Wassertiefe. Das Geräusch wird von kleinen Partikeln in der Wassersäule zerstreut und je nach Geschwindigkeit der Teilchen an den Sender mit leicht veränderter Frequenz zurückgeschickt. Bewegt sich das Wasser auf den Sender zu, nimmt auch die Frequenz des Echos zu — und umgekehrt. Dieses Phänomen wird als der Doppler-Effekt bezeichnet, benannt nach dem österreichischen Physiker J. C. Doppler, der das Prinzip 1842 zum ersten Mal aufstellte. Es ist identisch mit dem bekannteren Phänomen, daß die Tonhöhe des Pfeifsignales eines sich nähernden Zuges steigt beziehungsweise sinkt, je weiter der Zug sich entfernt. Mit dem Einsatz von insgesamt drei Strahlen lassen sich alle drei Bewegungskomponenten der Wasserpartikel in Form eines Tiefenprofils messen, wobei sich die Tiefe durch den Zeitverzug des Echos ergibt. Das Instrument kann bis zu einer maximalen Tiefe von 50–100 m betrieben werden, je nach Dichte der Partikel in der Wassersäule. Unser Südkurs führte uns inzwischen über 66° 34′ S bei 2° W hinaus. Wir hatten den antarktischen Polarkreis überschritten und waren alle zu Polarwissenschaftlern geworden, wie Ernst auf der abendlichen Konferenz scherzhaft meinte. Unser Aufenthalt war jedoch nur kurz; wir änderten unseren Kurs und bewegten uns nordöstlich auf das Gebiet der Maud-Rücken zu, das für das erste Meereisverformungsexperiment ausgewählt worden war und das wir am Montag, dem 28. Juli, erreichten.

Das Meereisverformungsexperiment

Meereis ist eine äußerst komplizierte Substanz: Unter dem Einfluß des Windes und der Meeresströmungen bewegt es sich nicht einheitlich wie ein starrer Körper, sondern reagiert auf diese Kräfte unter anderem dadurch, daß es seine Form verändert. Zu den Arten dieser Verformung gehören Rotation, bei der sich das gesamte Eisfeld dreht; Divergenz, bei der einzelne Schollen auseinandertreiben und sich offene Wasserstellen bilden; und Scherung, bei der sich nebeneinanderliegende Schollen in entgegengesetzte Richtungen bewegen und sich dabei oft Preßeisrücken und Rinnen bilden. Der Zweck des Experiments bestand darin, diese Bewegungen zu messen. Da die Prozesse nur sehr langsam ablaufen, wollten wir die Fahrt für fünf Tage unterbrechen, um verläßliche Daten sammeln zu können. In der Arktis hatten bereits über einen viel längeren Zeitraum ähnliche Experimente stattgefunden, aber dies war der erste Versuch, Meereisverformung auch in der Antarktis systematisch zu messen.

Die wichtigsten Instrumente, die dabei Verwendung fanden, waren die Mikrowellentransponder der kalifornischen Firma Del Norte. Ein Transponder reagiert auf jeden gesendeten Impuls, indem er ein Signal zurücksendet; unsere Hubschrauber zum Beispiel, die einen Transponder mitführten, fingen den Strahl vom Schiffsradar auf und schickten ihn dann wieder zurück an das Schiff. Auf diese Weise ließ sich ihre Spur deutlich aufzeichnen.

Das benutzte Del-Norte-Schema bestand aus insgesamt vier Transpondern; drei wurden in die Eckpunkte eines Dreiecks und das vierte in die Mitte gestellt. Eine sogenannte Master-Unit auf dem Schiff sendete alle fünfzehn Minuten einen Impuls mit niedriger Frequenz aus, worauf jede Einheit auf dem Eis mit eigener Frequenz reagierte, damit sie identifiziert werden konnte. Die Zeitdauer zwischen den einzelnen Signalen wurde aufgezeichnet und die Position mit einer Genauigkeit auf etwa einen Meter bestimmt. Durch Berechnung der Winkel und der Entfernungen ließ sich bestimmen, wie und in welche Richtung sich jede Station in bezug zu den anderen Stationen und zum Schiff fortbewegt hatte. Aber das war noch nicht alles. Zum ersten Mal sollte auch ein neues, weniger kostspieliges System ausprobiert werden, das für den gleichen Zweck wie bei dem Del-Norte-Schema mit Omegaempfängern arbeitete, aber dafür weniger genau war, mit Schwankungen von 10 bis 60 m. Helmut Tüg, der Chefelektroniker des Alfred-Wegener-Instituts, hatte die brillante Idee, die meteorologischen Radiosonden zu verwenden, die mit dem Navigationssystem Omega arbeiten, um ihre Position zu bestimmen. Mit diesem System arbeiten Schiffe und Flugzeuge in der ganzen Welt. Es basiert darauf, Phasen von Radiosignalen unterschiedlicher Frequenz zu vergleichen, die von acht sehr weit auseinanderliegenden Stationen auf dem Globus gesendet werden. Die Stationen, die wir in der Antarktis empfangen konnten, lagen in Argentinien, Liberia und auf Réunion. Mit der speziellen Digicora-Einheit an Bord konnte Helmut alle zwei Stunden über eine Periode von fünfzehn Minuten Informationen empfangen und daraus die Entfernung der Sonden und ihre relative Bewegung berechnen. Die einzige Einschränkung dabei ist die Entfernung, denn die maximale Reichweite einer Radiosonde beträgt 30 km, aber für unseren Zweck war das mehr als ausreichend. Der große Vorteil dieser Sonden liegt darin, daß sie billig sind und nur einmal verwendbar, so daß für eventuelle Bergung keine wertvolle Schiffszeit verlorengeht.

Es war eine recht anstrengende Arbeit, die ganzen Systeme aufzustellen, und wir fingen schon in der Nacht damit an. An den Seiten eines riesigen Dreiecks, 20 km im Durchmesser, wurden acht Omegasonden aufgestellt; innerhalb des Dreiecks befand sich das etwas kleinere Feld, das für die genaueren Messungen mit den Del Nortes bestimmt war. An jeder Stelle setzte der »Mummy Chair« eine Gruppe eifriger Arbeiter auf dem Eis ab. Sie gruben ein Loch, pflanzten einen Bambusstab und steckten obendrauf die Radiosonde. Diese Bambusstäbe sind das perfekte Material, um Störungen bei der Radiokommunikation auszuschließen. Die kleinen Radiosonden, ähnlich denen, die jeden Tag vom Schiff aus, an wasserstoffgefüllten Ballonen hängend, aufstiegen, sahen ziemlich komisch aus, wie sie oben auf den Bambusstäben steckten, aber sie eigneten sich hervorragend für die Aufgabe, die relativen Bewegungen der Eismassen ausreichend genau und ohne großen Kostenaufwand zu messen.

Das Del-Norte-System zu stationieren war ein bei weitem schwierigeres Unterfangen; auch hierfür wurde wieder der »Mummy Chair« eingesetzt. Jedes Teil mußte auf ein acht Meter hohes Stativ geschraubt werden, das erst vor Ort aufgestellt werden konnte. Als Zuschauer konnte man nur Mitleid mit den Leuten auf dem Eis haben, denn Temperaturen von $-26°$ C und ein schneidender Wind erschwerten ihre Aufgabe. Die Verschraubungen waren vereist, und die Wissenschaftler mußten Handschuhe tragen, sonst wären die Metallteile an ihrer Haut kleben geblieben. Ich werde nie das Bild vergessen, wie Steve Ackley in seinem riesigen, aufgeplusterten Parka auf das halb aufgestellte Stativ kletterte und mit ganzer Kraft dagegentrat, damit es endlich einrastete.

Gegen Abend waren die ersten erwünschten Daten unter Dach und Fach, als mich ein fassungsloser Hein Grohn mit einer Botschaft des Kapitäns überraschte: »Urlaub! Wir bleiben vier Tage liegen.«

Bei den »Wetterfröschen«

Begrüßt wurde diese Pause besonders von unseren »Wetterfröschen«, die sofort mit einer Reihe meteorologischer Untersuchungen begannen, vor allem mit den Doppler-Sodaren, Christian Wamsers Lieblingskindern. Als wir die Eisdecke erreichten, stellte er die Gestelle mit riesigen »Glocken« in vertikaler Richtung und leicht geneigt auf dem Vorderdeck auf. Wenn sich das Schiff auf Station befand, schickten sie in Zwei-Sekunden-Intervallen ein deutlich hörbares Akustiksignal von 1700 kHz in den Himmel; die »Glocke« diente nur als Reflektor, um das Signal zu konzentrieren. Die Energie wurde aus unterschiedlicher Höhe von der Atmosphäre zurückgestreut, und die Zeitverzögerung zwischen dem Ausstoß des Pfeiftons und dem Empfang des Echos gab dann die Höhe an. Das Echo hatte eine leicht veränderte Frequenz, denn das Luftpaket, das es reflektiert hatte, bewegte sich entweder auf die Quelle zu oder von ihr fort. Hier hatten wir wieder den Doppler-Effekt, und der Sodar ist auch das genaue atmosphärische Gegenstück zu dem Doppler-Strömungsmesser. Der Computer des Sodars errechnete aus der Veränderung in der Frequenz die Windgeschwindigkeit in verschiedener Höhe und drückte sie in Form einer Höhenfunktion aus. Durch die Verwendung von drei Sodarsystemen, die unterschiedlich ausgerichtet waren, ließen sich drei Komponenten der Windgeschwindigkeit messen – zwei horizontale und eine vertikale. Das Ergebnis war ein vollständiges Profil der Windbewegungen in der sogenannten Grenzschicht, der etwa 1000 m mächtigen Region direkt über dem Erdboden, der auf den Wind einen beträchtlichen Einfluß ausübt.

Ein weiteres fesselndes kleines Instrument war das Echo-Anemometer-Thermometer, das auf dem Ausleger eines Krans auf dem Vorderdeck montiert war. Der Kran wurde zur Seite geschwenkt und wies so wie ein Bugspriet nach vorne. Auf diese Weise konnte das Instrument den Wind messen, bevor die Strömung durch die Schiffsform zu stark verfälscht wurde. Das

Anemometer war so ausgerichtet, daß es auch kleinste und schnellste Schwankungen der Lufttemperatur und der drei Komponenten der Windgeschwindigkeit messen konnte. Diese Schwankungen werden durch kleine Wirbel im Luftstrom verursacht. Weiter oben in der Atmosphäre sind die horizontalen Komponenten (genannt U und V) und die vertikale Komponente (W) der Schwankungen gleich groß, während in der Grenzschicht weiter unten die W-Komponente kaum eine Rolle spielt, weil durch die Erdoberfläche die vertikale Bewegung der Luftteilchen erschwert wird. Durch eine genaue Analyse der Eigenarten der Schwankungen ist es möglich, die Auswirkung des Effekts, den der Erdboden auf die Windströmung hat, zu berechnen. Das Ergebnis wird als sogenannter »Luftwiderstandskoeffizient« ausgedrückt: Eine rauhe Oberfläche, zum Beispiel eine von starken Preßrücken durchzogene Eisdecke, hat einen hohen Luftwiderstandskoeffizienten, denn sie stellt für die Luftströmung, die über sie hinwegweht, ein größeres Hindernis dar als eine glatte Oberfläche, wie etwa eine unverformte Eisschicht oder eine ruhige Wasseroberfläche. Der Luftwiderstandskoeffizient ist sehr wichtig, denn er drückt außerdem die Energie der Eisbewegung als Reaktion auf den Wind aus: Auch hier gilt, daß eine rauhe Eisoberfläche, die einem Wind mehr Widerstand entgegenbringt, effektiver weggedrückt oder geschoben werden kann als eine glatte.

Christian schlug mir vor, doch einmal mit ihm auf den Bugkran zu kommen und die Instrumente zu überprüfen. Es war ein sonniger Tag; ich warf einen Blick auf den Monitor, der eine Außentemperatur von $-24°$ C und eine Windgeschwindigkeit von nur 1,9 m/s anzeigte. Ich schnappte mir einen schweren Parka und eine Kamera und folgte Christian nach draußen und kletterte dann, unter den wachsamen Augen des Offiziers auf der Brücke, die Eisenleiter hoch. Es war ein komisches Gefühl, diesen schmalen, über dem Eis schwebenden Eisensteg entlangzugehen. Christian wollte das Aufzeichnungsgerät einschalten, das dann durchschnittlich zwei Stunden in Betrieb blieb und pro Sekunde etwa 20 Werte ermittelte, und das Anemometer von dem Eis befreien, das sich mittlerweile gebildet hatte. Ein unerwartet starker Wind überraschte mich dort oben, gegen den ich mühsam ankämpfen mußte, um mich auf den Beinen zu halten.

Auf der Abendkonferenz stellte sich dann heraus, daß die Werte für die Windgeschwindigkeit auf den Computermonitoren falsch waren, weil das schiffseigene Anemometer, das sich ganz oben auf der Mastspitze befand, eingefroren war. Zum ersten Mal sahen wir Ernst ärgerlich und wütend; als guter und umsichtiger Leiter wußte er nur zu gut, daß bei so niedrigen Temperaturen eine falsche Information über den Windkältefaktor gefährliche Konsequenzen nach sich ziehen konnte. Der Wind, dem wir ausgesetzt gewesen waren, hatte die tatsächliche Geschwindigkeit von 14 m/s beziehungsweise 50 km/h, und die tatsächliche Temperatur hatte $-55°$ C betragen.

Nacht auf dem Eis

Die Tage des Verformungsexperiments gingen schnell vorbei; wir hatten abwechselnd mal sonniges, aber kaltes, dann wieder warmes, aber bewölktes Wetter. Tagsüber blieb die Gangway meistens draußen, so daß wir ohne große Umstände aufs Eis gehen konnten. Doktor Utta nannte das Experiment »Holiday on Ice«; der amerikanische Geochemiker spendierte uns vor lauter Freude, daß er endlich mal ein paar Tage ein normales Leben führen konnte, ein paar Drinks an der Bar.

Als am 1. August die Maschinen gestartet wurden, befanden wir uns auf der Position 65° 36′ S, 3° 12′ O. Am Nachmittag begannen wir mit der Bergung der Del-Norte-Transponder. Es ging schneller als die Aussetzung, denn sie ließen sich ja mit dem Signal jedes einzelnen Transponders aufspüren. Nur bei dem letzten, in völliger Dunkelheit, gab es Probleme. Ich gehörte zu der Gruppe, die draußen bei dem »Mummy Chair«, unserem Käfig, darauf wartete, daß das Schiff jede Minute die Position erreichen würde. Wir warteten und warteten in der kalten, klirrenden Nacht, während sich die »Polarstern« ihren Weg durch das Eis bahnte. Mit David Bell und Jay Ardai be-

94

fand ich mich in bester Gesellschaft. Beide hatten an dem AIDJEX-Experiment teilgenommen, einem amerikanischen Mammutprojekt in den siebziger Jahren, das die Verformung der arktischen Eisdecke untersuchen sollte. Jay hatte neun Monate in dem Camp gelebt; David war der Camp-Manager des Hauptlagers gewesen. Mit ihren Abenteuergeschichten vertrieben wir uns die Zeit.

Nach ein paar Stunden erblickten wir endlich das Stativ. Unter den Suchscheinwerfern an Bord sah es aus wie ein geheimnisvolles fremdartiges Gebilde auf dem Mond. An der Seite klaffte eine Rinne. Damit die Eisdecke unter dem Stativ nicht völlig auseinanderbrach, mußte die »Polarstern« in einiger Entfernung stoppen. Keith kam zu uns runter, und dann kletterten wir in den orangefarbenen Käfig, wurden in die Höhe gehoben und auf dem Eis abgesetzt.

Es war das erste Mal, daß ich bei Nacht einen Fuß aufs Eis setzte. Die anderen liefen auf das Stativ zu. Als ich ihnen auf dem von den Scheinwerfern erleuchteten Weg folgte, kam mir plötzlich die totale Fremdheit dieses Ortes und der Zeit zu Bewußtsein: Wir waren am Ende der Welt, in Dunkelheit gehüllt, bewegten uns auf einer hauchdünnen Eisschicht über einem riesigen unerforschten Ozean.

Die Rinne wurde immer breiter, und David warnte mich, ihr nicht zu nahe zu kommen. Meine Begleiter bauten das Stativ ab, zogen es schnell in den Käfig und atmeten schwer vor Erschöpfung in der eiskalten Luft. Jay lud die Batterien und den Transponder auf den Schlitten und hievte ihn dann ebenfalls in den Käfig. Auch wir kletterten nun rein und befanden uns wenig später wieder sicher an Bord. Das Erlebnis war vorüber, aber es blieb unvergeßlich.

Schnell zog ich mich für die Party um und setzte mich dann zu den anderen in die »Zillertal-Bar«, um den erfolgreichen Abschluß des ersten Eisverformungsexperiments gebührend zu feiern. Das Schiff war schon auf Nordostkurs, überquerte den Maud-Rücken auf dem Weg zur zweiten intensiven Versuchsreihe ozeanographischer Stationen.

Kapitel 5
Zum 6. Kontinent

Das Gebiet, das sich vor uns erstreckte, war für die Ozeanographen von großem Interesse; der Maud-Rücken, ein steiler Berg, der sich vom Meeresboden bis zu einer Höhe von 2000 m unter der Oberfläche erhebt, hat starke Auswirkungen auf die Meeresströmungen und auf die gesamte Wassersäule. Über mehrere Jahre hinweg zeigten die Satellitenbilder, daß die Eisdecke oberhalb der Maud-Erhebung dünner ist und die offenen Wasserstellen hier prozentual häufiger sind. Wir steuerten nun in nordöstlicher Richtung auf den Rand dieser Erhebung zu. Da es ein wunderschöner, sonniger Tag war, konnten wir bei zahlreichen Unternehmungen auch die Hubschrauber benutzen.

Am frühen Nachmittag starteten beide, um draußen ODECs durchzuführen; Tom Manley mit Mahler und Jay Ardai mit Radlinger. Wir hatten gerade die tägliche Eisstation beendet, und ich befand mich auf Deck A und betrachtete die Landschaft um mich herum, die sich nach dem Sturm auffallend verändert hatte: Schichten aus Platteneis durchsetzt mit dünnen Eisschichten, die sich in den zugefrorenen Rinnen gebildet hatten, und viele Preßeisrücken.

Plötzlich jedoch stürmte Werner Rabe in sein Büro, schnappte sich sein Fernglas, schaute durch das Fenster und tippte dann eilig etwas in sein VAX-Terminal. Was sollte das alles? fragte ich mich. Er stellte eine neue Wettervorhersage zusammen; von Norden her näherte sich mit hoher Geschwindigkeit ein heftiger Schneesturm. Die beiden Hubschrauber konnten bei diesem totalen White-out nicht mehr zurück an Bord. Sie setzten auf dem Eis auf, und mit einemmal verstanden wir auch, wie lebensnotwendig es ist, ihre Position auf dem Schiffsradar auf keinen Fall aus dem Auge zu verlieren.

Es folgten Stunden der Anspannung. Der Kapitän gab Befehl, Kurs auf die beiden Hubschrauber zu nehmen. Die »Twinstar« befand sich nur etwa 14 km vom Schiff entfernt, in östlicher Richtung, und bei einer Geschwindigkeit von zehn Knoten erreichten wir sie in knapp einer Stunde. Die »Bo« jedoch war über 33 km vom Schiff entfernt, für das Schiff eine ziemlich weite Strecke durchs Packeis.

Später erzählte uns Jay Ardai, was passiert war: »Es fing damit an, daß wir die Orientierung verloren; der Horizont verschwand. Wir versuchten, einer Wasserrinne zu folgen, die in Richtung auf das Schiff zu verlief. Wir verloren immer mehr an Sicht, gingen auf fünf Meter runter, drosselten die Geschwindigkeit und schwebten schließlich mit 25 km/h über das Eis. Wir mußten schließlich einsehen, daß wir nicht mehr weiterfliegen konnten. Der Treibstoff reichte nur noch für zwanzig Minuten. So landeten wir. Mit dem Schiff konnten wir keinen Kontakt aufnehmen, denn es war bereits hinter dem Horizont verschwunden. Nach einer Weile versuchten wir, das Schiff über das Radio reinzukriegen. Wir warfen also die Maschine wieder an, was wegen der Vereisung des Rotors nicht ganz ungefährlich war, und ich ging raus und stellte mich etwa zehn Meter vom Hubschrauber entfernt auf, um Wolfgang einen Bezugspunkt zu bieten. Er hob ab und ging auf zwanzig Meter hoch, damit er das Radio benutzen konnte. Es kam mir ziemlich kalt vor da draußen, die Temperatur betrug −7° C, stieg schnell an, aber die Windgeschwindigkeit lag bei 55 km/h und mit dem Abwind von dem Hubschrauber kamen noch mal 70−90 km/h dazu. Ich war froh, als er wieder landete und ich einsteigen konnte. Nach ein paar Stunden sahen wir ein Licht am Horizont − die Suchscheinwerfer der ›Polarstern‹. Ich schoß ein paar Leuchtkugeln ab, damit sie uns auch orten konnte. Als sie nahe genug war, hoben wir ab und setzten seitlich, bei starken Turbulenzen, auf.«

Die ganze Rettungsaktion hatte vier Stunden gedauert. Ernst begrüßte die Schiffbrüchigen mit Champagner und einer Rede auf deutsch. Wir hatten uns große Sorgen gemacht, aber Jay behauptete, daß keine Gefahr bestanden hätte. »Wir hatten eine Überlebensausrüstung an Bord, komplett mit Zelt, Schlafsack, Extrakleidung, Kocher, Töpfen und Pfannen und Proviant für eine Woche. Bei der Rumsitzerei in dem Hubschrauber wurde es einem schon ziemlich kalt, also liefen wir draußen herum, damit der Blutkreislauf in Gang blieb.«

Jays nüchterne Einstellung entstammte seiner reichen Erfahrung auf diesem Gebiet. Die meiste Zeit seines Berufslebens hatte er unter den extremen Bedingungen der Polarregionen verbracht und sich schon mehrere Male in wirklichen Gefahrensituationen befunden. Einmal beispielsweise war er beinahe ertrunken, als eine Sprengladung, die er in einer Rinne zur Explosion bringen sollte, vorzeitig explodierte. Das Eis unter ihm brach weg, er selber wurde in die Luft geschleudert, fiel dann in das eisige Wasser, und über ihm schloß sich die zerbrochene Eisdecke sofort wieder zu. Eine Minute blieb er unter Wasser und versuchte vergeblich, das Eis über seinem Kopf wegzudrücken, damit er Luft kriegte. Schließlich retteten ihn seine Begleiter.

Endlich: braunes Eis

Je weiter wir in die höheren Breitengrade vordrangen, desto deutlicher veränderte sich die Landschaft. Bislang hatte ein bestimmter Eistyp vorgeherrscht: endlose Felder aus kompaktem Scheibeneis, die wir »Steinfelder« nannten. Die sehr rauhe Oberfläche war dadurch entstanden, daß sich die Scheiben beim Zusammenfrieren dicht aneinanderdrängten.

Jetzt sahen wir regelmäßigere Preßeisrücken, lange Eisaufschichtungen, einen Meter oder noch höher, die wie Hecken oder trockene Steinwälle um Felder herum aussahen. Solche Eisrücken entstehen, wenn zwei benachbarte Eisdecken unter dem Druck des Windes und der Strömung zusammengepreßt werden und das Eis entlang der Verbindungslinie zerdrückt wird.

Ein weiterer Typ, der nun auch auftauchte, war eine ganze Serie von sehr dicken Schollen, die zwei bis drei Meter von dem sie umgebenden Eis entfernt schwammen und die wir daher die »geheimnisvollen Inseln« tauften. Ein paarmal versuchten wir, sie zu durchbohren und stellten eine Dicke bis zu elf Metern fest. Wir brauchten dazu alle Verlängerungsstücke für den Jiffy-Bohrer; ein einziges Loch zu bohren dauerte Stunden. Erst als wir das antarktische Festland erreichten, kamen wir hinter das Geheimnis dieser Inseln.

Schließlich stieg nach einer Unterbrechung in der nördlichen Hälfte des Packeises, in der wir kaum welche gesehen hatten, auch die Anzahl der Eisberge wieder an. Sie waren nur klein, aber fest im Packeis verankert und bewegten sich auch mit ihm.

Als wir am 4. August den östlichsten Punkt der Überquerung erreicht hatten, meldeten die Biologen, daß sie auf braunes Eis gestoßen waren. Das ließ auf starke biologische Aktivität schließen. Bislang waren ihre Versuche, solches Eis zu bergen, fehlgeschlagen, denn normalerweise rückte es erst dann ins Blickfeld, wenn ein Eisblock während der Fahrt herumgedreht wurde. Annette schlug vor, Gerhard an der entscheidenden Stelle doch einfach über Bord zu werfen, um das Schiff zum Stehen zu bringen. Schließlich jedoch tauchte das braune Eis auch während der Stationen auf. Zwischen den Biologen und der Gruppe, die für die Messungen der Eisdicke zuständig war, entstand nun eine enge Zusammenarbeit.

Gelegentlich förderten die Bohrungen auch lebenden Krill an die Eisoberfläche. Einmal geschah das, als ich Peter gerade zur Hand ging. An einer Stelle, an der die Eisdecke aus zwei übereinandergeschobenen Eisplatten bestand, zwischen denen sich eine Lücke aufgetan hatte, tauchten sechs Krillkrebse auf. Sie leben gerne in solchen Hohlräumen, die sie davor schützen, von der Strömung fortgespült zu werden. Die rosafarbenen Krebse im Schnee erinnerten uns wieder daran, daß die unermeßliche und leblos erscheinende Landschaft, die sich um uns herum ausbreitete, nichts anderes war als eine dünne Decke, die man über einen Ozean ausgebreitet hatte.

Wir gaben unseren Fund weiter an Nicolai Mumm. Er züchtete Krill in kleinen Aquarien, verfütterte Algen an sie und beleuchtete sie unterschiedlich lang, um herauszufinden, welchen Effekt die Länge des Tages auf ihren Wachstumszyklus und ihr Verhalten hat.

Die wichtigen Bohrkerne

Für die vollständige Untersuchung der Eigenschaften der Eis-Bohrkerne war eine enge Zusammenarbeit vieler Gruppen nötig. Oft sahen wir Manfred Lange und Steve Ackley nach den Mahlzeiten gemeinsam im Frachtraum verschwinden. Neugierig geworden, ging ich dieses Mal mit ihnen, nachdem ich allerdings auf ihren Rat hin vorher meinen Parka übergezogen hatte.

Wir betraten einen Container des Alfred-Wegener-Instituts, der im Frachtraum aufgestellt war. Es handelte sich um einen komplett ausgestatteten Kühlraum, in dem die Temperatur konstant bei −25° C gehalten wurde. Auf der einen Seite sah ich verschiedene Sägen und merkwürdig aussehende Maschinen, ordentliche, weiße Regale auf der anderen Seite, saubere Arbeitsflächen, ein Mikroskop und einen Rahmen, in dem sich in einem Abstand von etwa 15 cm zwei runde Glasplatten befanden. Was für eine seltsame Ausrüstung, dachte ich, bis Manfred mir ihren Zweck erklärte.

Zunächst zerlegte seine Assistentin Petra Mursch den Bohrkern mit der mechanischen Säge. Ein vertikaler Abschnitt des Kerns, etwa ein Drittel des Gesamtumfangs, wurde als Grundlage für weitere Analysen zurückbehalten und nach Deutschland geschickt. Ein Parallelkern, der direkt neben dem zu untersuchenden entnommen worden war, wurde ebenfalls zurückbehalten und in die »Eisbibliothek« des Alfred-Wegener-Instituts aufgenommen. Dann schnitt Petra vertikal ein dickes Teil von dem noch übriggebliebenen Rest, und Manfred und Steve stellten ihre ersten Untersuchungen an. Sie prüften das Eis auf seine Kristallstruktur und machten die einzelnen Kristalle sichtbar, indem sie es zwischen die beiden runden Glasplatten legten. Manfred erläuterte, daß es sich um lichtpolarisierendes Material handele. Weißes Licht scheint durch die erste Platte und wird in einer Ebene polarisiert. Dann dringt es durch die Eisprobe, und zwar in einem für jeden einzelnen Kristall unterschiedlichen Winkel, denn jeder Kristall hat eine andere Ausrichtung als sein Nachbarkristall. Das Licht dringt daraufhin durch die zweite Platte, wird im rechten Winkel zur ersten polarisiert und belichtet dann entweder einen Film oder kann vom Beobachter mit dem bloßen Auge gesehen werden. Ohne den Eiskern bleibt alles dunkel, aber sobald er eingeschoben wird, ergibt sich ein unglaublich schönes, farbiges, kaleidoskopartiges Muster, in dem jedes Kristall seinen eigenen Farbton hat. Auf diese Weise kam man der Kristallstruktur des Vertikalschnitts auf die Spur.

»Wir müssen feststellen«, sagte Manfred, »daß der häufigste Eistyp in den Bohrkernen Plättcheneis ist, das Grundmaterial des ursprünglichen Scheibeneises. Es formiert sich an der offenen Wasseroberfläche als milchige Aufschwemmung kleiner zufälliger Kristalle; das gleiche Material, in dem das Scheibeneis herumtrieb, als es sich in der Nähe der Eisgrenze befand. Jede einzelne Eisscheibe besteht hauptsächlich aus kleinen, zufällig ausgerichteten, zusammengefrorenen Eiskristallen. Manchmal kann man erkennen, wo sich zwei Eisscheiben während der ursprünglichen Gefrierung zusammengebunden haben, denn an den Stellen gibt es zwei getrennte Schichten dieser Kristalle und eine deutliche Grenze zwischen ihnen. Der zweite wichtige Eistyp, der sich in den Kernbohrungen findet, ist das sogenannte säulenartige Eis; lange, vertikale Kristalle, die sich dann bilden, wenn Meerwasser von unten her an die schon bestehende Eisdecke angefriert. Die Molekularstruktur von Eis besteht aus einer Serie von Schichten, und ein Kristall wächst leichter durch die flächenmäßige Ausdehnung einer schon bestehenden Schicht als durch die Bildung einer neuen. Diejenigen Kristalle, die zufällig so angeordnet sind, daß diese einfache Wachstumsrichtung nach unten weist, wachsen demnach auch schneller und drängen die anderen zur Seite. Am Ende ergibt sich diese charakteristische säulenartige Form, aus der wir schließen können, daß ein natürliches Wachstum einer bestehenden Decke stattgefunden hat. Schließlich weisen einige Kernbohrungen eine dünne Schicht aus winzigen, weichen Kristallen an der Oberfläche auf. Hierbei handelt es sich um Schnee-Eis, ein ziemlich amorphes Material. Es bildet sich, wenn die Schneeschicht auf der Eisdecke so dick geworden ist, daß sie die Oberfläche unter den Meeresspiegel drückt. Wasser sickert dann nach oben durch den Schnee, gefriert mit dem Schnee, und es bildet sich wieder Eis.«

Manchmal war es notwendig, sich einzelne Kristalle genauer anzusehen, wozu Petra mit Hilfe eines Mikrotoms Portionen der dicken Scheibe in feine Plättchen zerlegte, die nur einen halben Millimeter dick waren. Ein Mikrotom ist im Grunde nichts anderes als eine sehr feine Aufschnitt-Schneidemaschine, und wenn man Eis damit schneiden wollte, mußte man äußerst vorsichtig vorgehen, aber Petra war sehr geschickt darin.

Bei der Auswahl der Stellen in dem Bohrkern, an denen die chemischen und biologischen Untersuchungen durchgeführt werden sollten, richteten sich die Wissenschaftler nach der Analyse des Eisgewebes. Von jeder »Gewebeeinheit«, aus der sich der Eiskern zusammensetzte, wurde eine getrennte Probe entnommen. Das Eis wurde geschmolzen und der Salzgehalt gemessen. Einige Schmelzwasserproben gingen weiter an Ulrike Babst, die für Gerhard arbeitete und Messungen der Chlorophyll-a-Konzentration, der Menge des vorhandenen Phytoplanktons, durchführte. Gerhard selber filterte einen Teil des Schmelzwassers und zählte unter einem Mikroskop die Foraminiferen. Diese Einzeller, in der Ozeanographie kurz »Forams« genannt, kommen in sehr großer Zahl vor. Sie sind von einem kieseligen Panzer umgeben. Wenn das Tier abstirbt, sinkt die Hülle auf den Meeresboden. Riesige Mengen dieser kieselsauren Hüllen sammeln sich langsam an und bilden in weiten Teilen des Ozeans die Bodensedimente. Durch Kernbohrungen lassen sich die Proben dieser Sedimente einsammeln, um herauszufinden, ob sich die Arten-Zusammensetzung im Laufe der Jahrtausende verändert hat, ein sicheres Anzeichen für einen Wechsel in der Temperatur des Ozeans. In unserem Fall jedoch waren die Forams wieder ein Hinweis auf die Vielfalt der Lebenserscheinungen innerhalb des Eiskerns.

Langsam stellten sich auch vorläufige Ergebnisse ein. Das Plättcheneis war der Eistyp, der das meiste Chlorophyll und die meisten Forams und Nährstoffe enthielt. Offenbar passiert folgendes: Wenn die Plättchen an der Eisgrenze zu Scheibeneis zusammenfrieren, herrschen dort solche Turbulenzen, daß die winzigen Eiskristalle biologisches Material mit sich reißen und es in die anwachsende Eisscheibe integrieren. Die Frage war nun: Kann Plankton in dieser unwirtlichen Umgebung weiterleben?

Die Antwort darauf gehörte zum Teil auch in den Bereich, den Annette mit ihren Zuchtexperimenten erforschte, bei denen sie mit Temperaturen und Salzgehalten arbeitete, die sich radikal von denen im eisfreien Ozean unterschieden. Das Salz im Meereis ist in einem Netz aus winzigen, sehr salzhaltigen, Kapillaren enthalten, und in genau diesen Zellen setzt sich anscheinend Leben fort. Bei sehr hohem Salzgehalt werden die Organismen offenbar untätig, sterben aber nicht ab, und es ist sehr wahrscheinlich, daß die Freisetzung von Phytoplankton – bedingt durch die Meereisschmelze im Frühjahr – die Planktonblüte in den antarktischen Gewässern zu ebendieser Jahreszeit auslöst. Annette arbeitete mit Salzgehalten bis zu 140 Promille, im Vergleich zum Meerwasser, das nur 35 Promille hat.

Pinguine

Vom antarktischen Kontinent waren wir noch weit entfernt, als – wie aus dem Nichts – die ersten Pinguine auftauchten. Aus irgendeinem Grund üben diese Vögel eine einzigartige Faszination auf uns Menschen aus, und wir versäumten nie, die Tiere mit unseren Fotoapparaten und Videokameras zu umlagern.

Zum ersten Mal einen Kaiserpinguin in seiner natürlichen Umgebung zu sehen wurde für mich zu einem wahrhaft emotionalen Erlebnis. Er war extrem neugierig. Während einer Eisstation schoß er plötzlich aus der Wasserrinne und stand neben Elisabeth, die auf dem abgesteckten Feld einer dünnen Eisdecke Albedomessungen vornahm. Ohne jegliche Angst watschelte er auf uns zu und zog dann, ganz als würde er es mit Absicht tun, eine Show ab, während wir mit unseren Kameras hantierten. Er lief hin und her, blieb stehen, drehte sich herum, schlug mit den Flügeln, protestierte lautstark, reckte seinen Hals, drehte sich zur Seite und dann wieder nach vorne und gab uns eine Demonstration, wie er sich bäuchlings auf dem Eis vorwärts bewegen konnte, dabei seine Flügelstummel als Paddel benutzten und sich schließlich mit Hilfe seines Schnabels wieder in die Vertikale hochdrücken konnte. Kurz, er war ein perfektes Fotomodell.

Dann tauchte er zurück in die Wasserrinne, und wir sahen ihn unter Wasser mit unglaublicher Geschwindigkeit davonschwimmen wie eine schwarze Kugel, bis er für eine zweite Inspektion wieder hervorsprang. Er begleitete uns zurück zum Schiff und untersuchte wißbegierig und ernsthaft interessiert die Anordnung der Dehnungsmesser. Wahrscheinlich wäre er noch mit an Bord gegangen, wenn er gekonnt hätte. Wir waren erstaunt über seine Zutraulichkeit und sein Vertrauen in uns, aber er hatte ja auch keinen Grund, den Menschen zu fürchten; er war noch nie einem menschlichen Wesen begegnet. Auf keinen Fall waren wir Seeleoparden, er brauchte also keine Angst zu haben. Daß er uns so ohne weiteres akzeptierte, bewies nur, daß er der Herr dieser Region war und wir allenfalls privilegierte Eindringlinge.

Kaiserpinguine sind majestätische Geschöpfe. Sie sind über einen Meter groß und haben ein schimmerndes Brustgefieder, das im Sonnenlicht glänzt, weil es Fett aussondert, das sich zu einer dicken Schicht sammelt und dem Ganzen eine gelbliche Tönung gibt. Hinter dem schwarzen Kopf befindet sich ein charakteristischer gelber Fleck. Das prall gefüllte »Smokinghemd« vorne und die blauschwarz-metallic schimmernden Flügel lassen den Kaiser eher wie einen übergewichtigen Stadtrat in Abendgarderobe erscheinen, der in einen Empfang hineintorkelt. Bald tauchten mehr und mehr Vögel auf, immer vier oder fünf auf einmal. Wenn sie keine Lust mehr hatten, mit uns zu spielen, warfen sie sich auf den Bauch und rutschten schnell außer Reichweite, auf die nächste Wasserrinne zu. Immer waren sie es, die das Geschehen bestimmten.

Während wir uns damit zufriedengaben, die Pinguine nur zu bewundern und zu fotografieren, hatte Holger Weidel ganz andere Absichten. Zu seinen allgemeinen Säugetier- und Vogelstudien gehörte es auch, das Gewicht der Tiere zu bestimmen, ihr Geschlecht, kurz, sie zu belästigen. Es war die reinste Unterhaltung, Holger dabei zu beobachten, wie er sich heimlich von hinten einem Pinguin näherte, ein großes Netz auseinanderfaltete und dann auf dem Boden landete. Meistens griff er mit seinen ausgebreiteten Armen daneben und fiel platt hin, während der Pinguin glücklich davonrutschte. Manchmal jedoch hatte Holger Erfolg. Eines Sonntags, als Holger gerade damit beschäftigt war, einen Pinguin auf eine Federwaage zu bugsieren, frotzelten wir, daß die jetzt wohl auch unter die »Weight-Watcher« gegangen seien. Die Waage zeigte 30 kg an. Holgers zweite Hauptbeschäftigung, bei der ihm allerdings niemand seine Hilfe anbot, bestand darin, die Exkremente der Tiere aufzusammeln, die er zur Bestimmung ihrer Diät analysierte. In dieser Gegend war das meistens Krill.

In den höheren Breitengraden tauchten jetzt auch die entzückenden kleinen Adeliepinguine auf. Sie sind nur 70 cm groß, und in der weißen Unendlichkeit um sie herum sehen sie ganz verloren aus. Kopf und Nacken sind vollständig schwarz, und die Augen werden durch weiße Ringe noch besonders hervorgehoben, so daß die Tiere immer wie Clowns mit einem ständig überraschten Gesichtsausdruck aussehen. Ihre hektischen, ruckartigen Bewegungen berühren einen irgendwie zärtlich, aber ihr vorlautes, freches Kreischen steht in einem merkwürdigen Gegensatz zu ihrer Größe. Die meisten traten einzeln auf und schienen sehr einsam zu sein. Einmal jedoch sahen wir eine ganze Gruppe, ein Dutzend, das sich in einem Schneesturm auf einer Scholle dicht aneinanderdrängte. Die Vögel wechselten sich beim Wacheschieben ab, starrten scheinbar tieftraurig in den wehenden Schnee, während der Rest der Gruppe flach auf dem Bauch lag und im Windschatten von Eisblöcken Schutz vor dem Sturm suchte.

Nach Süden, auf die Küste zu

Am 6. August fuhren wir wieder südwärts über den Breitengrad hinaus, den wir schon bei unserem ersten Auslaufen ins Eis erreicht hatten, bevor wir für das Eisverformungsexperiment wieder umgekehrt waren. Wir befanden uns auf 66° 40' S, und von hier ab stellte jede Meile, jeder Breitengrad einen Rekord dar in der Geschichte der vorsätzlichen Durchquerung mit einem Schiff im Winter.

Die Eisverhältnisse wurden langsam immer schwieriger, und die Auswirkungen des Sturms waren immer noch zu sehen; zerbrochene Schollen, die sich übereinandergeschoben hatten. Die »Polarstern« konnte ein Tempo von fünf Knoten beibehalten, gelegentlich sogar einen »Spurt« einlegen und acht bis neun Knoten erreichen. Das unverformte Eis hatte an Dicke kaum zugenommen, es war nur 70 bis 90 cm dick, dafür tauchten jetzt aber die Preßeisrücken häufiger auf, und oft genug mußten wir auch um die freibordhohen »geheimnisvollen Inseln« aus mehrjährigem Eis herumschippern, die in der Eislandschaft zerstreut herumschwammen. Die Lufttemperatur fiel auf −25° C ab und blieb drei Tage hintereinander auf diesem Stand.

Eines Abends, bei 67° S, 4° 3' O, machten wir halt, damit Heinrich Hoeber eine Boje aussetzen konnte. Er lud mich ein, mit ihm aufs Eis zu gehen, aber ich war der Ansicht, daß ich vom Schiff aus bessere Bilder machen konnte. Es war eine unangenehme windige Nacht, der Schnee blies einem naßkalt ins Gesicht. Hoeber stand in dem Lichtkegel der Flutscheinwerfer, und die Boje wurde mit dem Kran auf das Eis gesetzt. Chico, einer der spanischen Decksleute, half mit einer Schaufel nach, und Abreu Dios schnitt mit einer Motorsäge ein Loch in die Eisdecke. Wie immer unter diesen Umständen hatte die Szene etwas Unwirkliches: Drei Figuren in aufgeblasenen orangefarbenen Schwimmanzügen arbeiteten in der weißen Lichtpfütze, während sich um sie herum die Dunkelheit gelegt hatte.

Hoebers Netz aus Bojen war von enormer Bedeutung. Es wurde benutzt, um das Bewegungsfeld der Eismassen kartographisch zu erfassen, um zu zeigen, wo das Eis auseinandertrieb, sich neue freie Wasseroberflächen ergaben und neues Eis sich bilden konnte. Auch wie sich Temperatur, Druck und Wind über das gesamte vom WWSP abgedeckte Gebiet verteilten, wurde in seiner Karte dargestellt. Anhand der Daten von den Bojen zum Beispiel konnten wir die Ursache für den Wechsel zweier unterschiedlicher Wettertypen erkennen, der auf den abwechselnd überwiegend nördlichen beziehungsweise südlichen Luftmassen beruht.

Je mehr Bojen ausgesetzt wurden, desto leichter wurde auch die Arbeit für Werner Rabe. Jeden Tag sollte er das Wetter vorhersagen, obwohl ihm dazu nur spärliche Informationen zur Verfügung standen; oft genug hatte er sogar über das Gebiet in einem Umkreis von eintausendfünfhundert Kilometern um uns herum überhaupt keine Daten, und es konnte passieren, daß er ganze Tiefdrucksysteme nicht erfaßte. Das hatte zur Folge, daß seine Vorhersagen nicht selten das genaue Gegenteil von dem waren, was dann eintraf, was Rick bei jeder Wetterbesprechung zu witzigen Kommentaren veranlaßte. Werner gewöhnte sich daran und verlor nie seinen Sinn für Humor. Als wir uns der Küste näherten, erhielten wir Daten sowohl von Hoebers Bojen als auch von Küstenstationen − den russischen *Molodezhnaya* und *Bellingshausen*, der chilenischen *Eduardo Frei*, der deutschen *Georg von Neumayer* und den britischen *Farady* und *Halley*, − und die Wettervorhersagen wurden um einiges besser.

Als wir am frühen Morgen des 8. August erwachten, herrschte eine unheimliche Stille. Das Schiff bewegte sich nicht, aber es war auch keine Station geplant. Wir eilten auf die Brücke, um zu sehen, was geschehen war.

Wir saßen fest!

Bei 68° 22' S, 1° 3' O wurde das Schiff durch ein gleichmäßiges Feld von Preßeisrücken festgehalten. Unmöglich, es zu durchqueren. Nichts als kompakte weiße Masse um uns herum. Der Helikopter hob in die stille kalte Luft ab; Ernst und Herr Stehr, der Zweite Offizier, sollten nach Wasserrinnen Ausschau halten. In der Zwischenzeit machte der Kapitän die Krängungstanks betriebsbereit und pumpte Wasser von der einen auf die andere Seite des Schiffes, damit es hin und her schaukelte und sich so aus der hartnäckigen Umklammerung der Eismassen befreite.

Nach zwei Stunden war das Schiff wieder frei, aber um sich weiter fortzubewegen, mußte es immer wieder zurücksetzen und gegen das Eis rammen. Es verbrauchte dabei viel wertvollen Treibstoff und legte doch nur eine geringe Entfernung zurück. Das Gebiet, das für das zweite Eisverformungsexperiment vorgesehen war, lag noch zwölf Kilometer von uns entfernt, aber der Versuch, es zu erreichen, war sinnlos, also wurde beschlossen, das Experiment hier in der Nähe durchzuführen. Ein letzter großer Sprung brachte die »Polarstern« an eine Stelle, die etwas ebener war, was für die Aufstellung der Instrumente von Vorteil war. Wir standen das erste Mal vor der Situation, daß wir nicht mehr alles hundertprozentig selbst bestimmen konnten. Aber dennoch hatten wir immer noch nicht das Gefühl, wirklich in Gefahr zu sein.

Die Sonne schien friedlich auf eine Szene, die von unsagbarer Schönheit war. Loses Packeis türmte sich zu Rücken übereinander, eine dicke Schneeschicht hatte der Wind zu Sastrugi geformt, langen Ketten, die wie der Grand Canyon im Miniaturformat aussahen, während neben uns zwei Eisberge wie Schloßruinen in den Himmel ragten. Auf dem Radarschirm konnte man weitere achtzig Eisberge sehen. Diese Landschaft sollte für die kommenden Tage unser Zuhause sein.

Dem Wetter ausgeliefert

Die Piloten nutzten die günstigen Flugbedingungen und setzten mit den Helikoptern die Del-Norte-Transponder aus. Die Stative wurden auf Deck zusammengesetzt und baumelten dann während des Fluges an dem Drehbalken des Helikopters. Als nächstes kamen Helmut Tugs Omegasonden dran, aber nachdem vier aufgestellt waren, schlug das Wetter um, und man konnte nichts mehr sehen; der Rest mußte also warten. Bruce vertäute noch mal seine Strömungsmesser, Manfred seine Hitzdrahtkette unter einer nahe liegenden Scholle, die SPRI-Leute ordneten ihre Dehnungsmesser auf dem Eis neu an, und Hoeber setzte wieder eine seiner Bojen aus. Das Experiment hatte begonnen.

Am Sonntag, dem 9., stieg die Windgeschwindigkeit auf 60 km/h. Puderschnee fegte wie Wasserströme über das von der Sonne beschienene Eis. Für diejenigen, die gerade dort zu tun hatten, eine merkwürdige Erfahrung. Sie mußten sich Schutzbrillen überziehen, gegen den peitschenden Schnee, der wie freischwebende Flüsse durch die Luft strömte und sich teilte, wenn er auf Preßeisrücken stieß. Wie bei einem richtigen Fluß hatte man das Gefühl, man würde hindurchwaten. Der Sonnenuntergang tauchte diese sonderbare Szene in ein leichtes Rot. Ich ging raus auf das A-Deck, um ein paar Aufnahmen von diesem ungewöhnlichen Wetter zu machen. Dummerweise verließ ich den Schutz des Deckhauses und wagte mich auf die Laufbrücke. Ich wurde buchstäblich gegen die Reling gepreßt und fühlte mich einen panischen Moment lang völlig hilflos, unfähig, gegen die Kraft des Windes anzukommen. Die Bö zog aber glücklicherweise vorbei, und ich konnte mich wieder losreißen. Ich lief zurück, und es wurde mir klar, daß mich niemand gehört hätte, wenn ich um Hilfe geschrien hätte. Ich nahm mir vor, in dieser heimtückischen Umgebung vorsichtiger zu werden.

Der darauffolgende Sonntag war ein wunderschöner sonniger Tag, kein Wind und eine frische Temperatur von −22° C.

Eine Gruppe Chemiker und Ozeanographen machte sich auf den Weg zu einem der nahe gelegenen Eisberge, der nur vier Meilen entfernt war. David und Joey holten ihre Radiometer aufs Eis, um die Strahlungstemperaturen der Mikrowellen genau aufzeichnen zu können. Holger fing wieder einen Pinguin ein und stellte ihn auf die Waage. Die »Eisleute« machten sich daran, eine Bohrlochreihe mit der Rekordlänge von über einem halben Kilometer und insgesamt 530 Löchern anzulegen. Auf dem Schiff war eine gewisse Erleichterung zu spüren. Wir freuten uns alle schon auf das Bergfest, bei dem die Halbzeit der Schiffsreise gefeiert werden sollte und das für Dienstag, den 12., geplant war.

Aber wieder machte uns das Wetter einen Strich durch die Rechnung. Wie Werner richtig vorhergesagt hatte, verschlechterten sich am Montag die Wetterverhältnisse rapide. Die Temperatur stieg auf $-5°$ C, und ein kräftiger Wind aus nördlicher Richtung brachte Feuchtschnee. Im Laufe des Morgens spürten wir plötzlich, wie die »Polarstern« schlingerte und die Eisdecke an Backbord zermalmte und zerbrach. Nach ein paar Minuten dann legte sie sich schwerfällig nach Steuerbord und fraß sich auch auf dieser Seite durch das Eis. Anscheinend befand sie sich in der Umklammerung einer gigantischen Welle mit sehr langer Periode.

Die Leute auf dem Eis wurden an Bord zurückbeordert, und der Bootsmann beeilte sich, die Motorschlitten zu retten, die gefährlich nah an der Schiffsseite geparkt waren. Nach nicht ganz einer halben Stunde hörte die Bewegung dann mit einemmal ganz plötzlich auf. Wir standen vor einem Rätsel. Es konnte sich nicht um Wellen von einem entfernten Sturm handeln, dazu hatte die Bewegung zu plötzlich eingesetzt und auch wieder aufgehört. Die wahrscheinlichste Erklärung war die, daß sie von einem Eisberg herrührte. Entweder war einer aus der großen Zahl der Eisberge um uns herum gekentert, oder ein gigantischer neuer Eisberg hatte sich von einer der Eiskrusten, die die knapp einhundert Kilometer entfernte Küste umsäumen, losgekalbt.

An dem Tag, als die Party steigen sollte, waren wir so beschäftigt, daß wir dem Wetter draußen gar keine Beachtung schenkten. Um zwei Uhr dann ließ der Kapitän jedoch verlauten, daß es verboten war, draußen aufs Eis zu gehen. Die Windgeschwindigkeit war von 65 auf 100 km/h angestiegen, und aus den Schneewehen war ein rasender Schneesturm geworden. Das nur 50 Meter entfernte rote Fähnchen, das die Stelle markierte, an der die Dehnungsmesser aufgestellt waren, konnte man kaum noch erkennen.

Vernon machte sich Sorgen, daß die Elektronik der Dehnungsmesser durch den Schnee völlig ruiniert werden könnte, und wandte sich an den Kapitän, der ihm nur höchst ungern die Erlaubnis gab, nach draußen zu gehen, um sie zu retten. Die Gangway schaukelte hin und her und klapperte wild, als Vernon und Rob an Sicherheitsleinen auf das Eis zuliefen und einen Schlitten hinter sich herzogen. Sie hatten das Ende der Gangway noch nicht erreicht, da waren sie schon außer Sicht. Der Wind trieb ihren Metallschlitten vor sich her, und nachdem sie die Dehnungsmesser geborgen hatten, brauchten sie lange zwanzig Minuten, um, in gebückter Haltung gegen den Wind ankämpfend, die Gangway wieder zu erreichen.

Am Morgen nach der Party war alles zunächst sehr still. Die Leute schliefen sich erst einmal richtig aus. Auch der Sturm hatte sich gelegt und schenkte denjenigen, die noch (oder schon) wach waren, eine Dämmerung, die auf einen klaren, sonnigen Tag schließen ließ. Bei Tagesanbruch wurden allerdings auch einige der schrecklichen Auswirkungen des Sturmes sichtbar. Hoebers Boje war unter einen neu entstandenen Eisrücken getaucht. Die Strömungsmesser von Bruce waren völlig verschwunden. Das rote Seil, mit dem sie festgezurrt waren, hing noch da, und Bruce ging auf die andere Seite, in der Hoffnung, noch etwas retten zu können, aber als er an dem Seil zog, kam nur das leere Ende zum Vorschein. Manfreds Hitzdrahtkette und der Datenaufzeichner waren ebenfalls verschwunden.

Andere Ausrüstungsgegenstände dagegen konnten gerettet werden, und mit dem Helikopter wurden auch die Del-Norte-Transponder eingeholt, von dem aus auch zum letzten Mal ein

Luftbild von der Meßanordnung gemacht wurde. Dann fingen wir mit dem Eisbrechen an, in der Hoffnung, auf Hoebers Boje zu stoßen. Das Schiff fuhr vor und zurück und brach systematisch das Eis um die Position der Boje herum auf. Plötzlich wurde ein Day-Glo-Blitz sichtbar, und die Boje tauchte unter ihrem Eisrücken hervor. Ein Team verließ daraufhin das Schiff und barg sie vorsichtig; sie war arg lädiert und auseinandergebrochen, aber man konnte sie noch reparieren.

Alles war bereit zum Ablegen. In den fünf Tagen waren wir durch die Gewalt der Winde und Strömungen über 70 km südwestlich abgetrieben, von 68° 26′ S, 1° 5′ O nach 68° 55′ S, 0° 17′ O. Das Del-Norte-Aufzeichnungsgerät zeigte an, daß sich das Meßfeld dramatisch verzogen hatte, wobei die südlicheren Transponder wesentlich schneller in westliche Richtung wanderten als die nördlicher gelegenen. Es war das aktivste Eisverformungsgebiet, in das wir bislang gestoßen waren, und die großen Anhäufungen von Eisrücken um uns herum waren ein sichtbarer Beleg für die ungeheuerlichen Kräfte, die hier am Werk waren.

Laut Plan sollten wir Richtung Süden auf SANAE zusteuern, eine südafrikanische Überwinterungsstation an der nächsten Küste, um dann Richtung Westen in ein eisfreies Gebiet vorzustoßen. Entlang der Küste verläuft in der Regel eine kilometerbreite offene Wasserstraße, denn unter dem Einfluß starker örtlicher Winde, die von der Eiskappe des Festlandes her wehen, hat Eis die Tendenz, sich von der Küste fortzubewegen.

Unser endgültiges Ziel war die deutsche Station *Georg von Neumayer,* die bei 8° W liegt und in der neun Wissenschaftler und Techniker überwinterten. Über Funk teilten wir ihnen mit, daß wir auf dem Weg zu ihnen seien, und sie antworteten hocherfreut, daß sie schon mal mit dem Kuchenbacken anfangen wollten. Sie hatten überhaupt keinen Besuch erwartet, sondern sich darauf eingestellt, ein ganzes Jahr lang niemanden zu sehen, und plötzlich kündigten sich einhundert Leute an.

Zunächst machten wir zwar langsame, aber regelmäßige Fortschritte; wenn die Eisrücken gelegentlich zu stark wurden, mußten wir zurücksetzen und gegen das Eis rammen. Um Mitternacht waren wir schon jenseits 69° S und machten halt für die CTD-Station Nummer 318. Wieder wurde eine von Hoebers Bojen über Bord geworfen. Als wir wieder los wollten, wurde die Fahrt immer schwieriger. In den nächsten vier Stunden legten wir ganze 13 km zurück, und schließlich hielten wir an, um das Tageslicht abzuwarten.

Um 8.30 Uhr stiegen Ernst und Herr Stier mit dem Twinstar auf, um die Eisverhältnisse in der Umgebung zu erkunden. Sie flogen bis zur Küste und erreichten sogar die SANAE-Basis. Direkt vor dem Eingangstor blieben sie ein paar Meter über dem Boden in der Luft stehen, aber es kam niemand heraus, um nachzusehen. Das mag zwar absurd erscheinen, aber die Basis liegt tief unter Schnee begraben, und die »Haustür« führt zu einer Leiter, über die man Zugang zu den unterirdischen Gebäuden hat. In seiner übertriebenen Höflichkeit meinte Ernst, es sei nicht angebracht, zu landen und auch noch an die Tür zu klopfen, denn sie waren ja nicht förmlich eingeladen. Als wir später über unseren Helikopter wieder Funkkontakt mit SANAE hatten, wollten sie erst nicht glauben, daß wir tatsächlich dagewesen waren; bis schließlich Ernst die gegen die Tür gelehnte Schaufel genauer beschrieb. Er fand auch eine mehrere Kilometer breite Wasserrinne entlang der Küste, was unserer Hoffnung, die *Georg-von-Neumayer*-Station zu erreichen, Auftrieb gab, vorausgesetzt, wir konnten überhaupt bis zu der Rinne vorstoßen.

Am Abend fand eine lange und kontroverse Planungssitzung für die Helikopterflüge des darauffolgenden Tages statt. In der Zwischenzeit begann bei 69° 29′ S die CTD-Station; dann unterbrachen wir die Fahrt für die Nacht, weil das Risiko, sich bei Dunkelheit in den gefährlichen Eisverhältnissen festzufahren, zu groß war.

Am Ende war es wieder das Wetter, das alle Hoffnungen zunichte machte.

Der 15. August dämmerte und brachte alle unangenehmen Eigenschaften eines nördlichen Luftstroms mit sich: warme Luft, matschiger Schnee, der in dem starken nördlichen Wind horizontal einfiel, und keine Sicht. Jetzt wurde die Lage wirklich gefährlich. Der Wind drückte uns gegen die Küste, und wir lagen fest verankert in einer extrem rauhen, von Eisrücken durchzogenen Eisdecke. Die »Eis-Gang« stieg von Bord und machte die Entdeckung, daß die Scholle neben uns eine der »geheimnisvollen Inseln« und elf Meter dick war. Um die Mittagszeit klärte sich der Himmel für einen Moment auf, und Ernst, Herr Stier und Peter, der die Luftbildkamera betätigte, stiegen zu einem Erkundungsflug mit dem Helikopter auf.

»Wir flogen direkt auf die Küste zu, in einer Höhe von 600 m«, erzählte Peter anschließend. »Die Eisdecke war wirklich rauh, fast nur Eisrücken. Hier und da riesige Eisberge. Die Wasserrinne entlang der Küste hatte sich schon fast wieder geschlossen. Und dann plötzlich tauchte er auf. Zum ersten Mal sah ich den antarktischen Kontinent. Natürlich war es kein richtiges Land im üblichen Sinn; es war das Fimbul-Schelf, eine ununterbrochene Reihe von Klippen, die in den gerade hervorbrechenden Sonnenstrahlen weiß glitzerten und fünfzig Meter aus dem Wasser ragten. Darunter war noch einmal eine Eiswand von 300 m Tiefe und darunter der Ozean mit 1000 m Tiefe. Aber es sah wie Land aus. Hinter den Klippen stieg die schneebedeckte Oberfläche des Schelfeises sanft an und verschwand in der Ferne in einer Kumuluswolke über der Eiskappe des Kontinents. Dann entdeckte ich mit einemmal die Ursache dieser ›geheimnisvollen Inseln‹. Immer da, wo am Fuß der Klippe ein abgekalbter Eisberg eine Einbuchtung oder eine Kerbe hinterlassen hatte, füllte sich die Öffnung mit verformtem, festem Eis, das in diesen geschützten Stellen seit Jahren herangewachsen sein mußte, ehe es herausbrach. Kein Wunder, daß es so dick ist, wenn wir es fest verankert im Packeis sehen!«

Kaum war der Helikopter wieder auf dem Schiff gelandet, stieg er noch einmal mit den SPRI-Leuten auf, die den Impuls-Radar an Bord hatten und hofften, ein Profil der dicken Eisschicht unterhalb der Klippen des Schelfs erstellen zu können. »Wir waren auf zehn Meter Höhe«, erzählte Peter. »Vor uns erhob sich bedrohlich eine riesige Eisklippe, die in dem Licht der untergehenden Sonne cremefarben schimmerte. Ein einziger weißer Sturmvogel tanzte in der Luft. Mahler flog ganz dicht heran, stieg dann die Klippe empor und hüpfte über die Kante, von wo aus man einen großartigen Blick über den eisbedeckten Ozean vor uns hatte, in dem sich die ›Polarstern‹ wie Kinderspielzeug ausmachte. Ich wollte ihn gerade fragen, ob er nicht landen könnte, damit ich auch mal meinen Fuß auf den antarktischen Kontinent gesetzt hatte, aber noch bevor ich dazu kam, war er schon wieder aufgestiegen.«

Während der zweite Hubschrauber noch in der Luft war, hatte Ernst an Bord zusammen mit dem Kapitän eine wichtige Entscheidung zu fällen. Die Station war gerade zu Ende gegangen, und wir waren an den südlichsten Punkt getrieben worden, 69° 31′ S, ganze 26 km vom Schelf entfernt. Wir waren sogar über den Punkt hinaus, der in alten Karten noch als Schelf eingetragen ist; in den späten sechziger Jahren war hier ein massiver, 100 km langer Eisberg abgebrochen und hatte den Verlauf der Küstenlinie verändert. Der Kapitän hatte alles versucht, das Schiff in Bewegung zu bringen, aber ohne Erfolg. Selbst mit allen vier Maschinen − volle Kraft voraus − bewegten wir uns nicht vorwärts. Es gab einfach keine Hoffnung mehr, die Basis noch mit dem Schiff zu erreichen, es sei denn, wir wären das Risiko eingegangen, hoffnungslos in diesem verformenden Küsteneis festzusitzen. Nur widerwillig traf Ernst schließlich die Entscheidung, das Schiff aus der mißlichen Lage zu befreien und ein Stück weiter nach Norden zu fahren.

Ein Helikopter sollte inzwischen die ODECs durchführen, als Ausgleich für die verpaßten CTDs, der andere versuchen, die Neumayer-Basis zu erreichen, um den brüderlichen Besuch zu tätigen, den das Schiff ja nun nicht mehr machen konnte.

Es war sehr schwierig, das Schiff frei zu kriegen. Es dauerte allein zweieinhalb Stunden, nur um das Schiff nach Norden zu wenden. Dann, nach endlosem Rückwärtsfahren und Vorwärtsrammen, rückten wir in sieben Stunden 16 km vor. Am darauffolgenden Tag konnte überhaupt nichts gemacht werden; den ganzen Tag über keine Sicht, und wir wurden wieder langsam zurück in südliche Richtung getrieben.

Am 17. August konnten wir der Eisfalle endlich entkommen. Morgens herrschten wieder die miserablen Sichtverhältnisse. In der Umklammerung der Eismassen trieben wir noch immer Richtung Süden und befanden uns jetzt sogar nur noch drei Kilometer von unserem früheren südlichsten Standort entfernt. Auch Fliegen war jetzt nicht mehr möglich, und schweren Herzens mußte sich Ernst eingestehen, daß wir nur unsere Zeit vergeudeten, wenn wir hier noch warteten, und daß wir auch die Neumayer-Station mit dem Hubschrauber nicht mehr erreichen konnten.

Man traf die Entscheidung, Richtung Norden zu fahren. Die »Polarstern« hatte ihre äußerste Grenze erreicht. Wir alle waren allerdings traurig, daß es dem Winter-Weddell-See-Projekt nicht gelungen war, die triumphale Durchquerung des Winterpackeises mit einem Festmachen am antarktischen Kontinent zu beschließen.

Kapitel 6
Im Griff des antarktischen Winters

Wegen der Ereignisse der letzten Tage waren die meisten von uns recht niedergeschlagen. Wir hatten weder einen Fuß auf den antarktischen Kontinent gesetzt noch der Georg-von-Neumayer-Station einen Besuch abgestattet. »Wenn wir doch bloß« − das waren die Worte, die man immer wieder hörte. Wenn wir in den Tagen doch bloß südliche Winde gehabt hätten, die das Eis vom Kontinent weggedrückt hätten; wenn wir doch bloß länger hätten warten können. Werner Rabes Lieblingssatz »Ich sage das Wetter nur voraus, ich mache das Wetter nicht!« gewann jetzt eine ganz andere Bedeutung. Nichts hätten wir uns sehnlicher gewünscht, als das Wetter auch machen zu können.

Während sich die »Polarstern« durch das feste Packeis und die hohen Eisrücken kämpfte, bei Sichtweiten von nur einhundert Metern und einer Windgeschwindigkeit von über 90 km/h, machte ich wieder einmal die Erfahrung, was für ein merkwürdiger Kontrast zwischen den Lebensumständen auf dem Schiff und der wütenden Hölle da draußen herrschte. An einem Sonntagmorgen zog ich in dem menschenleeren Pool − das Wasser war warm und gemütlich − meine ruhigen Bahnen. Der Lärm, den das Schiff machte, während es das Eis bezwang, dagegen war ohrenbetäubend und schrecklich, und durch das ständige Zurücksetzen und Rammen gegen die Eisdecke schwappte das Wasser im Pool über, was aber in dem gemütlichen Raum nicht sonderlich für Unruhe sorgte.

Als der Wind eine Geschwindigkeit von 110 km/h erreichte,

wurden die Stationen für zwei Tage eingestellt. Der antarktische Winter hielt uns für längere Zeit fest im Griff, mit Nebel, ununterbrochenem Schneefall und einer Außentemperatur von −18° C, während wir uns langsam durch eine unerbittliche Eisdecke mit hohen Eisrücken und wenig Wasserrinnen fortbewegten.

Das Leben draußen in der Welt ging unterdessen seinen normalen Gang weiter. Daran wurden wir beispielsweise angenehm erinnert, als wir von der Geburt von Sylvia Dieckmann, Gerhards zweiter Tochter, erfuhren. Das Ereignis wurde natürlich gebührend gefeiert − der stolze Vater lud uns alle zu einem Umtrunk ein −, aber es führte mir auch deutlich vor Augen, wie sehr bei wissenschaftlichen Forschungsarbeiten nicht nur der einzelne, sondern die ganze Familie beteiligt ist und daß die Entscheidung, Wissenschaftler zu werden, auch mit Opfern verbunden ist!

Mikrobiologische Untersuchungen

Horst Weyland und Elisabeth Helmke vom Institut für Meeresforschung, das 1986 dem AWI angegliedert wurde, waren so beschäftigt, daß sie an dem Leben der anderen nicht sonderlich teilnehmen konnten, obwohl man sich angenehm mit ihnen unterhalten konnte und sie das bei den Mahlzeiten auch bereitwillig taten. Die beiden freundlichen und sensiblen Menschen und engagierten Forscher hatten es mir angetan. Ihre Untersuchungen galten den Bakterien im Eis, ein wesentlicher Bestandteil der Meeresflora. Wie bei allen biologischen Untersuchungen war auch hier die Hauptfrage, ob und wie die Bakterien in dem ungünstigen Winterklima und trotz möglicher Knappheit an toten Algen, von denen sie sich ernähren, überleben konnten.

In der Nähe von Gerhards Untersuchungsfeldern entnahmen sie Bohrkerne, die sie dann in 10 cm dicke Sektionen unterteilten. Von jedem Kern untersuchten sie nur ein oberes, mittleres und unteres Segment. Ein Teil des geschmolzenen Bohrkerns wurde in Formalin aufbewahrt. Die gesamte Menge der Bakterien wollte man erst in Bremerhaven zählen. Wegen der Schiffsbewegungen ist das an Bord nicht möglich, wie Elisabeth erklärte. Die Bakterien alle zu zählen ist zwar nützlich, aber es sagt nichts darüber aus, ob sie tot sind oder leben, und auch nicht, zu welcher Spezies sie gehören.

Horst und Elisabeth favorisierten bei ihren Untersuchungen eindeutig die Kultivierung von Bakterien, was anscheinend eine äußerst zeitintensive Angelegenheit war. Sie hatten eine ganze Auswahl von Nährböden für die Bakterien an Bord, die aus verschiedenen radioaktiven Aminosäuren und Glucose bestanden. Sie sollten herausfinden, welcher Nährboden für das Wachstum der Bakterien jeweils am günstigsten war.

Daß jeder Bohrkern einhundert Proben ergab, erstaunte mich etwas. Man mußte vorsichtig mit ihnen umgehen, alles wurde sterilisiert, und die Temperatur wurde konstant bei 0° C gehalten. Mit Hilfe dieses langwierigen und sorgfältig ausgearbeiteten Prozesses konnten sie erkennen, wann die bakteriellen Zellen anfingen, sich zu teilen, und welcher Nährboden das geeignetste Wachstumsmilieu abgab.

Frau Helmke holte aus dem Kühlschrank in dem Container eine runde Plastikbox, etwa 10 cm im Durchmesser; in der Mitte, auf dem festen Nährboden, wuchs eine Bakterienkolonie heran. Mit unendlicher Vorsicht legte sie die Box auf einem kalten Tablett ab, dessen Temperatur gleichbleibend gehalten wurde, damit die lebenden Organismen keinen Schaden erlitten. Sie entnahm den Wachstumszellen ein Stück und plazierte es auf eine Unterlegscheibe. Herr Weyland stellte das Mikroskop ein, und ich konnte nun die einzelnen Zellen erkennen. Meinem ungeschulten Auge erschienen sie ziemlich lebendig und recht gesund, obwohl sich Horst darüber beklagte, daß sie nicht sonderlich aktiv seien. Unter einem anderen Mikroskop zeigten sie mir auch tote Bakterien von früheren Fahrten, die sie isoliert und markiert hatten, um sie mit den neuen »Fängen« vergleichen zu können.

Der beengte Raum in dem Container war nur ihr Arbeitsplatz; der Überschuß, ihre Produktion sozusagen, lagerte im Laderaum auf Deck F. Ein Raum neben dem anderen gefüllt mit Stapeln von Kisten, in denen sich die Nährböden befanden, Kühlschränke und sogar ein Autoklav zum Sterilisieren von Wasser und Instrumenten. Horst erzählte mir, daß Augstein sich immer wieder darüber wunderte, daß diese winzigen Kreaturen eine so riesige Menge an Ausrüstung benötigten.

Annette Bartsch, die ich als nächste besuchte, hatte ein kleines Labor in der Nähe bezogen. Sie war eine echte Gelehrte, begeisterungsfähig und gewissenhaft, und ihre schönen blauen Augen leuchteten vor Aufregung, wenn sie anfing, über ihre Diatomeen zu erzählen. Sie saß unermüdlich vor dem Mikroskop, zählte diese winzigen Kieselalgen und trug mit dem Experiment, das sie in Gang gesetzt hatte, zur Lösung eines der faszinierendsten biologischen Probleme bei.

Algen benötigen Licht zum Wachstum, und man wußte nicht, ob sie in den Wintereismassen überleben oder sogar wachsen können. Es herrscht dort fast völlige Dunkelheit, und die Algen müßten in den feinen Solekanälen mit sehr hohem Salzgehalt leben. Um diese Frage genauer zu untersuchen, schmolz Annette einen Eiskern in zwei Liter Meerwasser, erhöhte alle zwei Tage den Salzgehalt um 9 Promille, indem sie Salzlake (Sole) hinzugab, und verringerte die Temperatur. Dazu stellte sie das Wasser einfach in einen kälteren Kühlschrank. Dieser schrittweise verlaufende Prozeß lieferte vielversprechende Ergebnisse; wider Erwarten hörten die Algen selbst bei einem Salzgehalt von 145 Promille und einer Temperatur von $-9°$ C nicht auf zu wachsen.

Die Besatzung und ihre Aufgaben

Nach zwei Monaten auf See wurde es langsam Zeit, sich die perfekte Organisation des Schiffsbetriebes einmal genauer anzusehen, die hinter alldem stand und die eine Voraussetzung für die ungestörte wissenschaftliche Arbeit war.

Unsere völlige Abgeschiedenheit machte Sicherheit zum obersten Gebot. Jan Stehr, der Zweite Offizier, war für die Sicherheitsmaßnahmen im Ernstfall verantwortlich. Jede Übung wurde durch ein echtes Warnsignal angekündigt – siebenmal kurz, einmal lang –, dem allerdings die beruhigende Nachricht von der Brücke folgte: »Das folgende Signal ist nur ein Probealarm.« Im Laufe der Zeit wurden Stehrs Sicherheitsübungen immer farbenfroher, entwickelten eine eigene Choreographie und gipfelten schließlich in einem simulierten Hubschrauberabsturz auf dem Landedeck. Ein paar mußten die »Opfer« spielen, anscheinend hatten sie großes Verständnis für Herrn Stehrs Humor. Stuart, ein ruhiger, besonnener Mensch, sollte hysterisch sein, und Rob Massom, groß und schwer, sollte von den beiden kleinsten spanischen Besatzungsmitgliedern aus dem »Wrack« geborgen werden. Steve Ackley, schwer »verwundet«, wurde unsanft aus dem Hubschrauber gezerrt und schrie: »Rosy! Rosy!« – ein wehleidiger Hilferuf nach Roswitha, unserer freundlichen und patenten Krankenschwester.

Die Deckmannschaft hatte einen besonders harten Dienst; sie arbeitete ohne Murren bei jeder Tages- und Nachtzeit draußen. Sie hatten nur einen Luxus; der genau bezeichnete Abschnitt auf Deck E, an dem die Ausrüstung über Bord gehievt wurde, war immer frei von Schnee, und ich entdeckte, daß die Planken beheizt waren. Die sieben spanischen Decksleute waren kräftige ruhige Männer, die eine gelassene Würde und liebenswerte Vornehmheit ausstrahlten. Sie kamen aus Galizien in Nordspanien und hatten seit ihrer Kindheit auf Fischerbooten gearbeitet. Abends, wenn ich im »Zillertal« auf meiner Gitarre spanische Lieder spielte, gesellten sie sich gerne dazu und stimmten mit ihren kräftigen Stimmen mit ein.

Auf den Offizieren lastete schwere Verantwortung. Nach dem Kapitän trug Peter Zehler, der Erste Offizier, die größte Last; er war verantwortlich für die Mannschaft und alle Operationen, die an Deck stattfanden. Dazu kam Klaus Allers, der zum erstenmal an Bord der »Polarstern« war und den Betrieb eines Eisbrechers kennenlernen sollte. Zusammen mit den Zweiten Offizieren Jan Stehr und Lorenz Korn teilte er sich die Wachen; ein System, bei dem man nach vier Stunden abgelöst wurde und dann acht Stunden Freizeit hatte.

Was einem an der »Polarstern« sofort ins Auge fiel, war die

unglaubliche Sauberkeit. Alle Oberflächen glänzten, dank der beiden Aufwäscher aus Taiwan, die auch in der Küche und der Wäscherei aushalfen. Ich war mehr als erstaunt, als ich sah, daß einer einen geschlagenen Tag damit verbrachte, jede einzelne Stufe des Treppenhauses, der Haupttreppe von Deck B nach Deck F, gründlichst zu schrubben.

Das Schiff ist so stark automatisiert, daß es allein für die Wartung der Betriebsanlagen drei Elektroniker und zwei Elektrotechniker benötigt; aber sie sind auch immer bereit, den Wissenschaftlern zu helfen, wenn die Probleme mit ihrer Ausrüstung haben.

Was mich allerdings am meisten faszinierte, war die Kombüse, denn die Versorgung von einhundert Menschen über drei Monate erfordert umsichtige Planung und Organisation. Eines Morgens stand ich schon um 4.30 Uhr auf, um mehr darüber zu erfahren. In der Messe I ließ sich der Bäcker, Frank Klauck, gerade eine Tasse Kaffee schmecken und wartete darauf, daß sein Teig aufging. Kurz darauf knetete er einhundert Brötchen und mehrere Brote und vermischte dann noch die Zutaten für einen Zitronenkuchen, den es zum Tee geben sollte. Innerhalb einer halben Stunde stand alles im Backofen. Um 6.00 Uhr gesellten sich der Chefkoch Kurt Werner und sein Gehilfe Karl-Heinz Windschüttel dazu. Karl-Heinz wurde mit einer Liste der Sachen, die man noch für das Frühstück brauchte, in das Proviantlager geschickt. Martha Hoppe, die Stewardeß der Messe I, räumte die Essensreste der Nachtwache fort, die beiden Chinesen wuschen ab, und Dieter Winckler, der Steward der Messe I, deckte die Tische. Martha kochte den Kaffee für das Frühstück – im Laufe eines Tages waren es über 60 Liter –, und Frank fing damit an, die Omelettes vorzubereiten. Kurt machte Toastbrote mit Schinken sowie Spiegeleier und Pfannkuchen, Karl-Heinz setzte schon den Pudding für das Mittagessen an. In der Zwischenzeit wurde auch der Orangensaft und die Milch geholt. Als es soweit war, wurde das Brot aus dem Ofen gezogen, und kurz nach 7.00 Uhr konnte das gesamte Frühstück in den Messen aufgetischt werden.

Der Chefkoch zeigt mir auch die Proviantkühlräume. Für

den Fall, daß wir vom Eis eingeschlossen würden, hatten wir für sechs Monate Proviant an Bord; 4300 kg Fleisch, 1600 kg Mehl, 25000 Eier, 600 kg Kartoffeln, 700 kg Butter und 2300 kg Obstkonserven.

Horst Geiger, der Funker, der auch für die Getränke zuständig war, verfügte am Anfang der Reise über 21 600 Flaschen Bier, 11 620 Flaschen alkoholfreie Getränke, 190 000 Zigaretten und 2300 Flaschen Wein. Als wir gerade erst die Hälfte der Fahrt hinter uns hatten und ihm schon der Orangensaft ausgegangen war, war er ganz erstaunt.

Wieder Richtung Norden

Am 18. August passierten wir den am weitesten westlich gelegenen Punkt der Reise bei 69° 09′ S, 4° 30′ W und fuhren dann Richtung Norden, auf einem Kurs, der parallel zu unserer Südroute verlief, nur wenig weiter westlich. Obwohl noch immer wolkenverhangen und windig, wurde das Wetter langsamer besser.

Mit frischer Energie wurde die Arbeit auf dem Eis wiederaufgenommen. Das Interesse konzentrierte sich jetzt darauf, wie sich in den zurückliegenden Wochen die Eisverhältnisse an denselben Breitengraden verändert hatten. Auf der Eisdecke konnten wir ein neues Phänomen beobachten: In der Mitte von einigen größeren, dünnen Schollen (30 cm) hatten sich aus einem Gemisch aus Meerwasser und Schnee Naßstellen gebildet, die Peter *slush pools* (Schlammeispfützen) nannte. Das Gewicht der langsam anwachsenden Schneemenge drückte die dünne Schicht unter Wasser, so daß von der Seite das Meerwasser auf die Scholle fließen kann, sich mit dem Schnee vermischt und so diese Pools entstehen läßt. Sie hatten auf die Messungen mit dem Radiometer und dem Impulsradar entscheidende Auswirkungen, denn beide Instrumente interpretierten eine Schlammeispfütze als offenes Wasser.

An einem wunderschönen kalten, sonnigen Morgen bekam ich einen weiteren Eistypus zu Gesicht. Auf einer zugefrorenen

Wasserrinne, die Eisdecke war nur 2 cm dick, nahm Elisabeth Albedo-Messungen vor; sie selbst stand allerdings auf einer erheblich dickeren Decke von 15 Metern. Vorsichtig folgte ich ihr auf die dicke Eisschicht, und als ich mit meinem Fuß gegen die elastische Decke tippte, senkte sie sich, und Wellen rollten in alle Richtungen. Die durchsichtige Eisdecke war übersät mit »Eisblumen«, funkelnden weißen Kristallen, die wie Gänseblümchen aussahen.

Am 22. August überquerte die »Polarstern« wieder den Südpolarkreis, und am Tag darauf erreichten wir das Gebiet, in dem unser erstes Eisverformungsexperiment stattgefunden hatte. Wieder nahmen wir Bohrungen auf, und die Biologen waren ganz aus dem Häuschen, als sie jetzt die Veränderungen, die sich nach einem Monat in der Eisfauna ergeben hatten, untersuchen konnten. Aus dem gleichen Grund hoffte auch Heinrich Hoeber, mit Hilfe des Hubschraubers seine Argos-Boje wiederzufinden, aber die letzte, über Satellit empfangene Positionsmeldung lag schon mehrere Stunden zurück, und die Boje konnte nicht mehr gefunden werden.

An einem sonnigen Nachmittag versammelte sich draußen auf dem Eis eine stattliche Menge. Nicolai und Holger schlenderten über das Eis und hatten sich lässig Netze über die Schulter geworfen; auch viele der anderen Teilnehmer unserer Expedition amüsierten sich bei einem Spaziergang in dem harten Schnee; der Doppler-Sodar war in Aktion und schickte seinen unverkennbaren Pfeifton in den Himmel. Saad El Naggar und Helmut Tüg testeten wieder einmal eine von Helmuts »tollen Ideen«, ein tragbares Echolot, das nur aus einer Messingplatte bestand. Man stellte sie auf das Eis, schlug mit einem Hammer dagegen, und ein Mikrofon nahm das vom Meeresboden zurückgeschickte Echo auf. Helmut, ein origineller technischer Tüftler, hatte auch einen »Zauberstab« erfunden, mit dem man Schneeflocken und Eiskristalle in der Luft zählen konnte, wenn sie auf eine Art Membran auftrafen; bis zu 30 000 Stück in der Sekunde. Plötzlich wurden wir von einem lauten Kreischen überrascht; es war ein kleiner Adeliepinguin, der die rhythmischen Pfeiftöne des Sodars nachahmte.

Nördlich von 64° S konnten wir in unserer Umgebung deutliche Veränderungen beobachten. Sturmvögel begleiteten uns, und einer, den wir Fred tauften, ließ sich sogar für ein paar Tage auf dem Vorschiff nieder. Holger entdeckte während der Fahrt eine ganze Kolonie Krabbenfresserrobben. Bei einem der Flüge mit dem Impulsradar wurde auch ein Zwergwal gesichtet, der mitten im Packeis eine Polynya von nur 30 Metern Durchmesser offenhielt. Er schwamm unter Wasser hin und her und zerbrach dann mit einer kräftigen Bugwelle die frische Eisdecke wieder. Hoffentlich würde er überleben.

Während einer Eisstation öffnete sich plötzlich ein schmaler Riß in der Eisdecke zu einer anderthalb Meter breiten Rinne. Elisabeth, die auf der anderen Seite Messungen durchführte, mußte über die Spalte springen, um sich in Sicherheit zu bringen. Die Wasserrinne, die sich so auftat, wurde ein Zufluchtsort für die Lebewesen. Ein Zwergwal streckte seinen Kopf aus dem Wasser, starrte die Männer an, die mit den Eisbohrungen beschäftigt waren, und schwamm dann fort, nicht ohne ihnen vorher seinen glänzenden schwarzen Rücken und seine Rückenflosse zu zeigen; hinter ihm folgten zwei weitere Exemplare. In den Eistrümmern um das Schiff herum tobten ausgelassen ein paar Robben und schleppten sich dann aufs Eis; ein Trio schwamm gemächlich durch die Wasserrinne. Die Bohrungen draußen förderten lebenden Krill zutage, und Nikolai entdeckte, daß der ganze Moonpool voll davon war. Ein erstaunlicher Beweis, daß auch im antarktischen Winter Leben möglich ist; ich war daher auch nicht mehr überrascht, als ich von den Ozeanographen erfuhr, daß wir uns bereits außerhalb des Weddell-Wirbels in der Zone der antarktischen Zirkumpolarströmung befanden.

Am 28. August, bei 62° 38′ S, erreichten wir die nördliche Flanke des Maud-Rückens, begannen mit einer ozeanographischen Vermessung mittleren Umfangs und legten dazu alle paar Meilen eine Station ein, um unser Bild über die Struktur des Ozeans in diesem Gebiet zu vervollständigen. Die »Wasserratten« gerieten wieder ziemlich in Streß, denn die »Polarstern« fuhr ihnen zu schnell durch die Eisdecke und ließ zwischen den einzelnen Stationen nur sehr wenig Zeit für Experimente. Mit dem dritten und letzten Eisverformungsexperiment deutete sich allerdings an, daß sich die Situation etwas entspannte.

Je näher wir der Eisgrenze rückten, desto intensiver gestaltete sich die Arbeit der »Eisleute«, die eine gründliche Untersuchung der Übergangsregion durchführen wollten. Es waren die letzten wertvollen Tage im Eis, denn das Satellitenbild zeigte, daß sich die Eisgrenze bei 56° S befand, und auch ich wollte diese Tage noch gut nutzen.

Am Nachmittag des 3. September hielt die »Polarstern« neben einer wieder zugefrorenen Wasserrinne, auf der eine dünne Eisdecke lag. Joey und David wollten auf diesem Eis einen praktischen Versuch durchführen und brachten dazu die Radiometer nach draußen. Peter und Rob machten sich daran, Löcher zu bohren. Es war ein wunderschöner Sonnenuntergang; zerklüftete, verwitterte Eisberge hoben sich als Silhouette gegen das alles beherrschende glühende Rot ab. Die Sonnenuntergänge, die wir bisher gesehen hatten, waren nicht zu vergleichen mit diesem; keine zarten Pastelltöne, sondern ein kräftiges Rot und schwarze Streifen. Dann brach die Dunkelheit herein, und am tiefblauen Himmel erschienen zwei Sterne. Auf dem Schiff gingen die Lichter an und erleuchteten das Eis, während am Horizont noch immer ein glühender Streifen zu sehen war. Wir gingen durch die ruhige, kalte Luft. Im Flutlicht funkelten die Schneekristalle. Es war absolut still und friedlich; ein wunderbares Erlebnis.

Am nächsten Morgen war ich wieder draußen auf dem Eis und half Steve, Peter und Jay bei den Bohrungen. Der Schnee fiel, getrieben durch einen starken Wind, fast horizontal ein, was uns anspornte, möglichst schnell zu arbeiten. In knapp einer Stunde hatten wir 91 Löcher gebohrt; die Dicke des Eises betrug allerdings auch durchschnittlich weniger als 40 cm. Der Wind blies so stark, daß ich fast das Gleichgewicht verlor. Wie sich später herausstellte, sollte das mein letzter Besuch auf dem Eis gewesen sein. Der Wind nahm zu, dichtes Schneetreiben zog auf, und das Schiff mußte für die Nacht anhalten.

126

Am Morgen des 5. September fand wieder eine Station statt, während der Wind eine Geschwindigkeit von 90 km/h erreichte. Im Laufe des Tages schleuderte er die Gangway herum, daß sie zerbrach. Der Wind wurde so stark, daß wir auch den »Mummy Chair« nicht mehr gebrauchen konnten. Gegen Abend ließ er dann aber nach, und bei 58° 30′ S wurde die letzte Eisstation durchgeführt. Es war ein unheimlicher Anblick. Eine deutlich sichtbare Dünung zog quer durch die vom Flutlicht erleuchtete Eisdecke, während unsere Leute noch auf ihr herumspazierten. Die Decke war jetzt nur noch 30 cm dick, und es war klar, daß das die äußerste Sicherheitsgrenze war, was die Tragfähigkeit betraf. Bei 58° 15′ S, auf Station, mitten in der Nacht, als Steve und Manfred zwei Löcher bohren wollten, durften sie sich nur noch seitwärts aus dem »Mummy Chair« lehnen.

Als ich am nächsten Morgen aufwachte, waren wir von einer grauen Wassermasse und einem grauen, wolkenverhangenen Himmel umgeben. Wo war die wundervolle weiße Umgebung geblieben? Über Nacht waren wir plötzlich in die Übergangsregion geraten, mit abwechselnd Eisdecke und offenem Wasser, einem Muster, das die »Eisleute« besonders interessierte. Genau umrissene Streifen aus kleineren Schollen, 2 bis 3 km breit, wurden durch offene Wasserflächen voneinander getrennt, und das Muster wiederholte sich den ganzen Tag über, zwischen 58° und 57° S. Die SPRI-Leute gruben die Nick- und Rollboje wieder aus dem Frachtraum aus und setzten sie in Abständen von 15 Seemeilen aus.

Wir bewegten uns jetzt schnell auf die offene See zu, um die SPRI-Argos-Boje einzuholen, die wir im Juli, bevor wir ins Packeis eingedrungen waren, ausgesetzt hatten. Ihre Position wurde noch immer von dem Satelliten aufgenommen, und nach ein paar kostspieligen Anrufen beim Argos-Centre in Toulouse konnte Peter ihre wahrscheinliche Position errechnen.

Bei 55° 54′ S, 7° 05′ O überquerten wir endgültig die Eisgrenze, und eine blasse Sonne kam zum Vorschein.

Die nächsten Stunden wurden sehr spannend. Ernst erklärte sich bereit, drei Stunden Schiffszeit für die Suche zu opfern, und eine große Gruppe Freiwilliger nahm daran teil. Heinrich Hoeber versuchte, mit seinem tragbaren Omegaempfänger das Signal aufzufangen, auf der Brücke wimmelte es nur so von Leuten mit Ferngläsern, und Mahler suchte das Gebiet mit seinem Hubschrauber ab, an Bord drei weitere Passagiere. Von dem Krähennest, das ich über eine Leiter von der Brücke aus erklommen hatte, erstreckte sich die Aussicht meilenweit. Alle hielten Ausschau nach dem orangefarbenen Kegel, den man in der dunkelblauen, mit Schaumkronen gesprenkelten See eigentlich gut hätte erkennen müssen.

Mit einemmal wies der Spanier, der auf der Brücke seinen Dienst versah, seelenruhig nach vorne: »Da ist sie!« Es war schon schwierig, die Boje mit einem Fernglas zu erkennen, denn sie war von einer Eisschicht bedeckt, die man auch leicht für eine Schaumkrone halten konnte; aber José Abreu Dios hatte sie mit bloßem Auge entdeckt!

Windgeschwindigkeit 100 km/h

Im Laufe der Nacht schlug das Wetter wieder um. Ein schwerer Sturm wehte von Norden Schnee heran und schob die Eisgrenze noch einmal sechs Meilen weiter. Bei 56° S, kurz vor der Dämmerung, erreichten wir schließlich das offene Meer. Bei Tageslicht bot sich uns ein Bild mit wildem Schneetreiben und Schaumkronen, gegen die der Wind horizontal blies, während die Wellen die restlichen Eisbrocken zertrümmerten. Es gelang Steve, sich ein paar Eisschollen zu sichern, die auf das Vorderdeck geworfen worden waren, als der Bug für einen Moment unter Wasser tauchte.

Von der Brücke war der Anblick geradezu apokalyptisch, graue Wellenberge, die aus allen Richtungen zu kommen schienen. Der Wind heulte mit einer Geschwindigkeit von 100 km/h. Der Kapitän sperrte alle Decks, und eine ozeanographische Station, die bei 55° S geplant war, mußte verschoben werden. Es war die schlimmste See, in die wir bislang geraten waren, und die meisten griffen wieder auf das bewährte amerikanische

FS »Polarstern« auf dem Weg in den Süden
(Reinhard Wirtz)

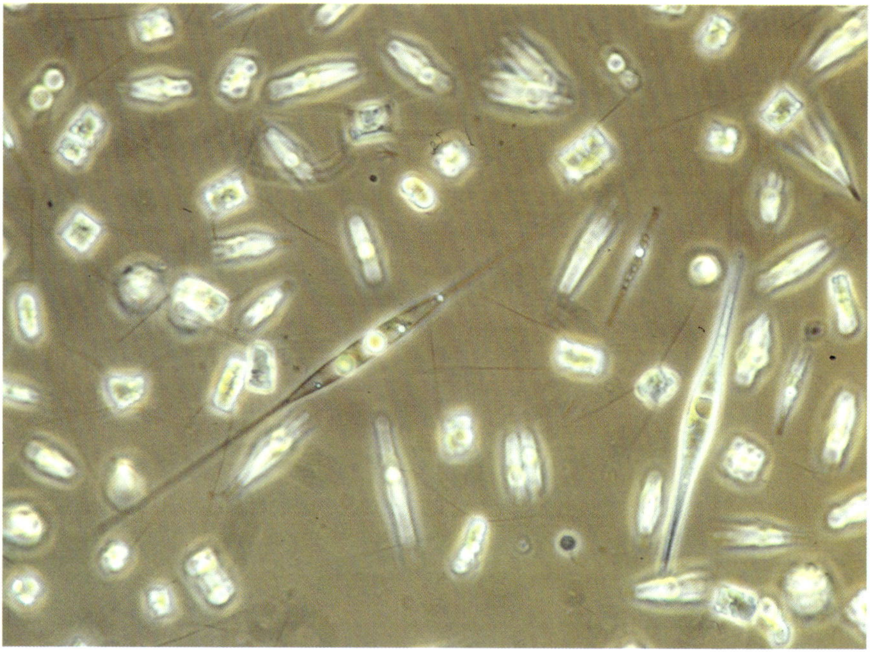

oben: Mikroaufnahme antarktischer Algen *(Annette Baitsch)*
unten: Eisverformung: Hier durch das Zusammenwachsen von zwei
verschiedenen Eisschichten *(Manfred Lange)*

Seekrankheitspflaster zurück. So viele Unannehmlichkeiten hatte es vorher nie gegeben; man brauchte nur den Flur entlangzugehen, schon wurde man hin und her geworfen. Der Lift war außer Betrieb, und in den Kabinen und den Labors mußte jedes Teil fest angebunden und gesichert werden. Ironischerweise passierte ausgerechnet jetzt, während der letzten Etappe, der einzige kleinere Unfall. Als das Schiff von einem Brecher getroffen wurde, fiel Manfred die Haupttreppe hinunter und brach sich einen Fuß.

Auch die letzte ozeanographische Station, die bei 52° S durchgeführt werden sollte, mußte wegen des heftigen Sturms abgesagt werden. Die erste Hälfte des »Winter-Weddell-See-Projekts« war also mit der Station bei 56° 06′ S offiziell zu Ende gegangen.

Alle Gruppen fingen nun damit an, Ausrüstung und Computer in ihre Container zu packen; die Arbeitsflächen und Labors wurden immer leerer. Die Biologen machten sich Sorgen wegen ihrer Kühlcontainer; sie befürchteten, daß irgendein technischer Fehler bei der Überführung nach Europa ihre gesamten Proben zunichte machen könnte. Die Maschinen zur Analyse von Freonen, Nährstoffen, Sauerstoff und Carbon 14 blieben an Bord, sie wurden noch für die zweite Hälfte der Expedition gebraucht.

An den Abenden versammelten sich die einzelnen Gruppen, um ihre restlichen Getränkevorräte zu verbrauchen, und an einem, den die Amerikaner organisierten, feierten wir Keith' 21. Geburtstag im großen Stil. Wir schenkten ihm eine Schiffsglocke, auf der »Polarstern« eingraviert war, und der »Wäschemax« überreichte ihm ein »Polarstern«-T-Shirt; eine rührende Geste gegenüber dem einzigen Passagier, mit dem er sich auf chinesisch unterhalten konnte. Der Bäcker dekorierte einen Kuchen mit einer Robbe aus Marzipan.

Die wenigen noch verbleibenden Sitzungen gingen mit einer ganzen Serie von Vorträgen dahin, bei denen die Gruppen ihre während der Fahrt gewonnenen Erkenntnisse zusammenfaßten. Es war ein gutes Gefühl, als wir erfuhren, daß die gesammelte Datenmenge viel größer als erwartet war.

Die Leute aus Lamont hatten nur 80 CTDs geplant, am Ende waren es 155, sie hatten 2500 Salzproben entnommen, konnten 72 ODEC-Messungen durchführen, hauptsächlich mit Unterstützung des Hubschraubers, und schossen über 200 XBTs.

Die Spurenstoffchemiker hatten 656 Proben mit Helium 3/4 und Sauerstoff 18 und 129 Proben mit Radium 226 gesammelt; 152mal extrahierten sie Carbon 14, 16mal Argon 39 und 110-mal Krypton 85. Rick und Matt analysierten 1750 Freonproben aus 76 CTD-Stationen und David Chipman 757 Proben mit CO_2. Er fand heraus, daß zwischen der Chlorophyllkonzentration und dem CO_2-Gehalt im Wasser unterhalb der Eisdecke offensichtlich eine Beziehung besteht. Joe Jennings hatte 2500 Nährstoffanalysen und fast 2000 Sauerstofftitrierungen durchgeführt.

Ernst bestätigte die Bedeutung der Meereisuntersuchungen. Über das winterliche Meereis wußte man bisher so gut wie gar nichts, und erst diesem multinationalen Unternehmen war es gelungen, die Zusammenhänge zwischen Eisbildung, Wellenbewegung, Eisbewegung, biologischem Lebensraum und den verschiedenen Arten der Eisstruktur aufzuweisen. Die Eisbildung war auf drei verschiedene Arten gemessen worden. Die 4441 Bohrlöcher hatten ergeben, daß die durchschnittliche Dicke der Eisdecke weniger als einen Meter beträgt und daß dickere Eisdecken meist aus mehreren übereinandergelagerten dünnen Eisschichten bestehen. Von Juli bis August ließ sich bei den festen Schollen ein leichtes Wachstum von 50−55 cm auf 65 cm beobachten, aber während des letzten Reiseabschnitts, vom 62° an Richtung Norden, nahm die Dicke durchschnittlich um 8 cm pro Breitengrad ab.

Andere Datensätze lieferten die Luftfotografie − 27 Hubschrauberflüge ergaben eine Ausbeute von 9980 Bildern, von denen jedes einen Quadratkilometer abdeckte − und der Impulsradar − hier brachten 29 Hubschraubereinsätze ein Eisdickeprofil für insgesamt 595 km.

60 Eisstationen ergaben 214 Bohrkerne, die eine Gesamtlänge von 156 m hatten. An 30 Stellen wurden Wellenmessungen

durchgeführt, und die Nick- und Rollboje wurde insgesamt 15-mal auf offenem Wasser ausgesetzt.

Joey und David führten 300 passive Mikrowellenmessungen durch und fanden heraus, daß sich für die Satellitenbilder über dünnem Eis der 90-GHz-Kanal am besten eignet.

Auch das meteorologische Programm war sehr ergiebig. Die 257 Radiosonden, die wir ausgesetzt hatten, erstellten mehrere hundert Doppler-Sodar-Profile und zeichneten mehr als 100 Megabyte an Oberflächendaten auf. Bei 18 Flügen wurde Saads Zeilenabtastkamera eingesetzt und lieferte fast 600 km Daten. Insgesamt 11 Argos-Bojen wurden ausgesetzt und würden noch über Monate Daten senden, bis ihre Batterien leer waren.

Das Meerwasser, das die Biologen auf Kieselalgen untersuchten, stammte aus der Rosette von 32 Stationen; aber sie analysierten auch Schmelzwasser, und bei 32 Stationen wurde Phytoplankton mit dem Apstein-Netz gesammelt. Insgesamt 30mal setzte Nicolai das Multinetz ein und fing sehr viel Krill. Bei 22 Stationen nahmen die Mikrobiologen Bohrkerne für ihre Experimente.

Schließlich zählte Holger weit mehr Tiere als erwartet, 650 Goldschopfpinguine und an der Eisgrenze bis zu 1000 antarktische Sturmvögel pro Tag; 503 Adeliepinguine, allein 236 im Laufe von vier Tagen bei 63° S; 96 Kaiserpinguine und insgesamt 129 Krabbenfresserrobben, 84 allein bei 63° S.

Polartaufe

Die Tage vergingen jetzt wie im Flug, aber untrügliche Zeichen kündigten an, daß sich irgend etwas zusammenbraute. Schließlich verkündigte Ernst, daß all diejenigen, die noch nie den südlichen Polarkreis überquert hatten, am Sonntag, dem 14. September, um 14.00 Uhr getauft werden sollten. Man gab uns noch den Rat, alte Kleidung anzuziehen.

Derartige Rituale sind eine schauerliche Tradition der christlichen Seefahrt und werden an denjenigen vollzogen, die den

Polarkreis oder den Äquator zum ersten Mal überqueren. Glücklicherweise kamen wir gerade aus den »stürmischen Vierzigern«, die Wassertemperatur war auf 16° C angestiegen, und die Lufttemperaturen lagen bei milden 11° C. Ein matter Sonnenschein fiel auf eine merkwürdige Ansammlung von Gegenständen, die man auf Deck E ausgebreitet hatte und die nichts Gutes verhießen.

Zur festgesetzten Zeit begrüßte der Kapitän den Neptun, Funker Horst Geiger, sowie seine Frau Thetis, Steve Ackley, der eine blonde Perücke trug. Sie hatten sich in eine ganz ungewöhnliche Kombination aus Bettlaken, Mänteln und Fischernetzen gehüllt. Die beiden finster dreinblickenden »Polizeibeamten«, Bruce und Jay, führten die 41 Opfer in das Labor der Biologen. Dort mußten wir uns in einer Reihe aufstellen und warten, bis jeder drankam. Die Qualen, die man dann über sich ergehen ließ, mußten einer teuflischen Phantasie entsprungen sein. Zuerst legten mich »Schwester« Roswitha und »Doktor« Peter Schlosser auf den »Operationstisch«, ketteten mich an den Füßen fest, zwangen mich, einen abscheulichen Keks zu essen, und schütteten mir eine eklige Flüssigkeit in den Mund. Dann steckte mir Peter einen Wasserschlauch in die Hose, bis ich völlig durchnäßt war, Roswitha attackierte meinen Bauch mit einem Stößel, kitzelte mich an den Füßen und schlug mit einem Riesenhammer gegen meine Knie. Daraufhin wurde ich von Nicolai Mumm, der mit seinem Spitzenhut wie ein mittelalterlicher Hexenmeister aussah, über die Sterne befragt. Das Opfer mußte durch ein »Fernglas« aus zwei Flaschen blicken, aus dem eine gefärbte Flüssigkeit floß. Das blieb mir allerdings wegen meiner Kontaktlinsen erspart. Danach übergab man mich »El Barbero de Sevilla«, Blackie Schwarz. Genüßlich klatschte er mit einem großen Tuschpinsel ein schmieriges rosafarbenes Gebräu auf meine Haare, das dann wie Tapetenkleister übers Gesicht lief. Noch triefnaß wurde ich von Rick und Raúl begrüßt, die ihre Gesichter schwarz angemalt hatten. Sie beaufsichtigten das Holzfaß aus der Sauna. Ich mußte mich reinsetzen und wurde in dem öligen Wasser »gereinigt«, obendrauf schwamm der rosafarbene Schleim der Opfer, die vor mir drangewesen waren. Danach wurde ein Foto geschossen. Ich wurde aufs Töpfchen gesetzt und gefüttert, löffelweise geriebenen Parmesankäse. Die altertümliche Kamera bestand in Wirklichkeit aus einer Box, die eine Mehlwolke über einen versprühte, und der Eimer mit kaltem Spülwasser für die Toilette ergoß sich über meinen Kopf. Am ganzen Körper klebrig und verschmiert, mußte ich schließlich vor Helmut Tüg auf die Knie fallen. Er war als calvinistischer Pastor verkleidet, mit einem langen, wehenden Bart, und er rezitierte von der Kanzel ein Gedicht, aus dem ich meinen neuen Namen erfuhr: »Cape Pigeon«. Als letzte Bewährung »durfte« ich dann vor Neptun knien und meinen Namen wiederholen. Er wies mich an, seiner »Frau« die Füße zu küssen, die mit einem Klumpen fettiger Handwaschpaste beschmiert waren. Annette biß aus Rache in Steves Zehen, aber meistens wurde der Kopf des Opfers dann noch einmal in den Klumpen gedrückt.

Triefnaß und zum Himmel stinkend, begaben wir uns in unsere Kabinen und wuschen uns erst mal. Der Wasserverbrauch an diesem Tag muß alle Rekorde geschlagen haben.

Während der letzten Nacht auf See kreuzten wir gemächlich in den ruhigen Gewässern, und eine sanfte Brise wehte den Geruch vom Festland herüber. Gegen die Reling am Peildeck gelehnt, ließ ich noch mal ein paar Bilder in meinen Gedanken vorbeiziehen. Wie hatte ich mich vor der Kälte, der Dunkelheit, der Isolation und der Unbequemlichkeit gefürchtet, und wie gut hatte mich die »Polarstern« vor allem geschützt. Ich hatte fast drei Monate in dieser kleinen Gemeinschaft an Bord gelebt, wir hatten Abenteuer und Erfolge geteilt, und jetzt ging jeder wieder seiner Wege, über den ganzen Erdball verteilt. Die Erfahrung und die Freundschaften jedoch hatten mich bereichert, sie würden ein Leben lang halten.

Am Mittwochmorgen, dem 17. September, versammelten wir uns auf Deck, die Küste Afrikas begrüßte uns, und die Berge, die wir vor zwei Monaten zuletzt gesehen hatten, glitten an uns vorbei. An einem wunderschönen Frühlingsmorgen, genau 10.00 Uhr, wie der Kapitän bei unserer Ausfahrt aus Bahia Blanca vorausgesagt hatte, legten wir in Kapstadt an.

Es war ein befremdender, plötzlicher Übergang zum normalen Leben: die Einreiseformalitäten im »Blauen Salon« über sich ergehen lassen, ein Taxi anhalten, in die Stadt fahren, in einer Bank Geld wechseln und sich dann von denen verabschieden, die noch am gleichen Tag einen Flug nach Hause erwischen wollten. Ein komisches Gefühl, in den Straßen Menschen zu begegnen, die ich nicht kannte; sehr lange Zeit hatte ich immer dieselben vertrauten Gesichter gesehen, und ich war drauf und dran, auch hier jeden mit einem Lächeln zu begrüßen. Die Autos, der Verkehr, die großen Gebäude, alles schien einen irgendwie zu beengen.

Die unermeßliche Weite der Antarktis war bereits Erinnerung, aber sie bleibt ein unvergeßliches Erlebnis.

Teil II
September bis Dezember
(Von Bernard Stonehouse)

Kapitel 7
Im Eiltempo nach Süden

Fast auf die Minute genau lief die »Polarstern« am Sonntag, dem 28. September, um zehn Uhr morgens aus Kapstadt aus. Ein paar Menschen standen am Kai und winkten uns zu, Pfiffe ertönten, und das Schiff antwortete mit seinem tiefen Baß. Meine eigenen Freunde und Verwandten waren in England zurückgeblieben, statt dessen winkten mir hinter dem Wellenbrecher drei Pelzrobben freundlich zu, und ich winkte zurück. Zufällig war es fast auf den Tag vierzig Jahre her, daß ich zum ersten Mal in die Antarktis aufgebrochen war. Das konnten die Pelzrobben natürlich nicht ahnen, aber ich freute mich trotzdem über ihre Geste.

Möwen und Tölpel kreisten über uns, der Tafelberg drehte nach achtern ab. Ich war noch nie von Kapstadt aus aufgebrochen, aber die Abfahrt war genauso, wie man sich das vorstellt. Ich fühlte mich eins mit Cook, Hornblower und Tausenden anderer Seefahrer, für die das Kap das letzte, denkwürdige Stück Land war, das sie auf lange Zeit sahen.

Innerhalb von fünfzehn Minuten ließen wir die subtropische Sonne hinter uns und befanden uns mitten in einem kühlen Nebel. Die kalte Strömung, die um das Kap der Guten Hoffnung und Kap Agulhas, Afrikas Südspitze, fließt, führt einen fünfzig Kilometer langen Nebelschweif mit sich und sorgt für reichen Fischfang. Die Pelzrobben und Tölpel kannten sich damit aus, aber auch die Trawler. Wir passierten ein Dutzend großer Hecktrawler; im Nebel, außer Sichtweite, mußten noch mehr sein. Trotz aller Bemühungen, den Handel mit Südafrika wegen seiner Rassenpolitik zu drosseln, herrscht auf dieser Schiffahrtsroute immer noch reger Verkehr. Auf ihrem Süd-südwestkurs kreuzte die »Polarstern« eine ganze Prozession von Supertankern und Containerschiffen mit einer Geschwindigkeit von 15 Knoten, aber am Sonntagnachmittag hatte sie schon alle Schiffe weit hinter sich gelassen.

Bis dahin waren wir auch aus dem Nebel raus, jetzt schien eine kühle, frühlingshafte Sonne. Auf einem Passagierschiff der Hapag-Lloyd hätte man jetzt die Deckstühle hervorgeholt, sich in Decken eingewickelt und heiße Schokolade oder Suppe bestellt. Auf der »Polarstern« gab es keinen Deckservice, doch dafür bot sie den Passagieren andere Möglichkeiten der Beschäftigung. Eine halbe Stunde nachdem wir abgelegt hatten, wurde das wissenschaftliche Personal über Lautsprecher gebeten, sich zu einer Besprechung im Kino auf Deck C zu versammeln. Um elf Uhr kamen wir also in dem langgestreckten Innenraum des Schiffes, der auch als Vortragssaal diente, zusammen. Es gab 45 Sitzplätze, aber wir waren schon mehr als fünfzig. Die Zuspätgekommenen mußten sich auf den Boden setzen und nahmen sich vor, das nächste Mal früher zu erscheinen.

Professor Gotthilf Hempel, den wissenschaftlichen Leiter der zweiten Hälfte dieser Expedition, der Frühjahrshälfte, kannten wir schon. Viele der Anwesenden arbeiteten unter seiner Leitung am AWI, andere wiederum hatten schon vorher Expeditionsfahrten mit ihm unternommen oder kannten ihn von Konferenzen. Ich war ihm schon in Cambridge und Bremerhaven begegnet, wo ich ihm eröffnet hatte, daß ich die Expedition gern begleiten würde. Groß und gutgelaunt stand er da und redete sein mehrsprachiges Publikum in dieser merkwürdigen Mischung aus Deutsch und Englisch an, die dann die »offizielle« Bordsprache wurde. Es gab Passagen auf deutsch, die dann stockend, aber in klarem Englisch wiederholt wurden, und Passagen auf englisch, gefolgt von der deutschen Übersetzung. Manchmal vermischten sich auch ganze Sätze, manchmal nur Satzteile der einen Sprache mit der anderen. Was dabei herauskam, konnte man zwar immer verstehen, hörte sich aber oft komisch an. Das war Absicht. Hempels Sinn für Humor war international, und das »Hempeln«, wie er die Sprache selber respektlos nannte, eignete sich dafür besonders gut.

Die erste Besprechung dauerte nur kurz. Hempel stellte uns Kapitän Lothar Suhrmeyer vor, der uns kurz und ohne Umschweife die Verhaltensregeln für den Schiffsalltag erläuterte, die er auch den Gästen vor uns gegeben hatte. Dann folgte Hempel mit dem Tagesablauf; das wissenschaftliche Programm hob er sich für ein späteres Treffen auf. Man erfuhr Details über die Möglichkeiten der Freizeitgestaltung, über den häuslichen Ablauf und über Besprechungen, die noch anstanden und die Hempel als »Palaver« bezeichnete. Zuletzt gab er uns den Rat, das gute Wetter zu nutzen, uns mit dem Schiff vertraut zu machen und unsere Ausrüstung so schnell wie möglich aufzubauen; schlechtes Wetter würde nicht lange auf sich warten lassen.

Man richtet sich ein

Nach dem Mittagessen ließen wir die Deckstühle also wieder allein. Im Laufe des frühen Nachmittags wühlten die meisten von uns in den Frachträumen nach den Containern und Kisten, in denen ihre Ausrüstung verpackt war, suchten die Laborplätze, die man ihnen zugewiesen hatte, lernten andere Teilnehmer kennen und stellten sich selber vor. Langsam gewöhnte man sich an die Gesichter, Namen kamen und gingen. Ich gewann den Eindruck, als handelte es sich um eine fröhliche, eifrig beschäftigte Gruppe, die sich noch besser vertragen würde, wenn alle erst mal die Gelegenheit hatten, sich richtig kennenzulernen.

Meine eigenen Geräte aufzubauen war leicht. Den Computer des Scott Polar Research Institute hatte ich schon entdeckt, er stand in einem sonnendurchfluteten Labor auf dem A-Deck. Mein Vorgänger hatte »SPRI − für Dr. Stonehouse« draufgeschrieben, und das, zusammen mit einem Schreibplatz, einem Regal und einigen Schubladen, war alles, was ich für meine Arbeit brauchte. Andere dagegen mußten Labors mit Ausrüstungen für Gasanalysen übernehmen oder erst aufbauen, Computer miteinander verbinden und ihre Programme probelaufen lassen, Mikroskope mit angeschlossenen Videokameras aufstellen, Gläser und Plastikflaschen auspacken und einräumen, meterweise Nylonseile und Netze sortieren, Instrumententeile miteinander verbinden und dann alles betriebsbereit machen. Unter uns schwankte der Boden, so daß auch dem letzten klar wurde, daß wir uns auf einem Schiff befanden. Schlechtes Wetter zog auf, und bevor es einsetzte, sollten wir tunlichst unsere Instrumente befestigt haben.

Es gab eine Menge erfahrener Seeleute an Bord, die uns zeigen konnten, wie man so etwas macht. Viele Wissenschaftler und Techniker waren sozusagen Veteranen, hatten Dutzende ozeanographischer Fahrten hinter sich und waren daran gewöhnt, auch unter weitaus primitiveren Bedingungen als auf der »Polarstern« ihre Geräte aufzubauen. Im Prinzip ist es ganz einfach. Man stellt seine Geräte genauso auf wie zu Hause und schlingt dann Nylonseile und Gummiriemen, Gurte und Stricke drum herum, damit sie festsitzen, wenn das Schiff anfängt zu schlingern. Die Bänke, Tische und sogar die Wände in den Labors waren zwar alle mit Ösen ausgestattet, aber die wissenschaftlichen Geräte nicht; die Befestigungen sahen also nicht immer gerade elegant aus. Die Spannriemen und Gurte breiteten sich wie Spinnennetze über die Räume aus. Mit zunehmendem Seegang verstärkten wir auch unsere Vorsichtsmaßnahmen, und die Spinnweben wurden dicker. Jeder Ausrüstungsgegenstand, der auf den Boden fiel und zerbrach, war ausgerechnet immer der, den man nicht ersetzen konnte. Die »Polarstern« war zwar ein außerordentlich seetüchtiges Schiff, aber auch bei ruhiger See bewegte es sich immer noch; die Befestigungen hatten schon ihren Sinn.

Ich vermißte nur noch einen Teil meiner Ausrüstung. Irgendwo in einem der Laderäume stand eine Aluminiumkiste mit der Aufschrift SPRI. Sie enthielt meine Polarkleidung, und ohne sie käme ich mir im Packeis ziemlich nackt vor und würde mir wahrscheinlich den Kältetod holen. An Bord eines solchen

Schiffes eine Aluminiumkiste aufzustöbern ist aber ungefähr so, wie in einem Schneesturm eine ganz bestimmte Schneeflocke zu suchen. Alle hatten sie Aluminiumkisten, dutzendweise, beschriftet mit den Namen der Universitäten und der Labors, denen sie gehörten, silberne mit der Aufschrift »Alfred-Wegener-Institut«, himbeerfarbene vom Scripps Institute of Oceanography, Kisten aus Heidelberg, der Schweiz und den Niederlanden, fabrikneue und zerbeulte, mit Aufklebern übersäte, die wahrscheinlich schon einige Male um die Welt gereist waren. Doch nur eine trug die Aufschrift »SPRI«, und ich fand sie schließlich auf Deck E unter einem Stapel Schaufeln und Eisbohrern.

Eigentlich war meine Sorge ganz umsonst gewesen; wie alles andere auf dem Schiff war auch die Verstauung des Gepäcks durchorganisiert. Der für die Ladung zuständige Offizier hätte mir auf einen Meter genau sagen können, wo sich meine Kiste befand. Das holte er am nächsten Tag auch nach. Helmut Schiel, einer der Zweiten Offiziere, kam mit einem Stapel Papiere vorbei und händigte mir das aus, auf dem meine Kiste eingetragen war. Aber ich war ganz froh, daß ich sie selber entdeckt hatte, denn die Suche hatte mich in einige Winkel des Laderaumes geführt, in die ich sonst nie vorgestoßen wäre. In jeder Ecke herrschte »das organisierte Chaos«; Schiffstaue lagen da herum, Ersatzteile für das Schiff, Teile von ozeanographischen Geräten, Schwimmer und Senkgewichte für Fischnetze, Schleppnetze, Dregganker, Gestelle für Kippthermometer und andere ozeanographische Geräte, dazu kilometerweise Seile, Kabel, Drähte und Schläuche. Ich entdeckte sogar Zelte und Skidoos, kleine Motorschlitten für die Gruppen, die auf dem Festland arbeiten wollten − für so eine Fahrt, wie wir sie unternahmen, war das nicht ungewöhnlich.

Aber wozu brauchte ein Schiff, das in die Antarktis unterwegs war, so viele Kühlschränke und einen ganzen Laderaum voller Kühlcontainer? Wozu die alten Eisenbahnräder, von denen jeweils drei mit einem Draht zusammengebunden waren? Wozu die vielen Bambusstäbe und wozu um alles in der Welt ein ganzes Regal voller ordentlich gefalteter Kuhhäute? Die

Antwort auf diese Fragen sollte ich erst im Lauf der Zeit erfahren.

Montag war es recht hell, aber diesig, und in der Luft spürte man deutlich einen scharfen Wind. Die Liegestühle an Deck hatte man jetzt eng zusammengerückt auf die wenigen von der Sonne beschienenen Flecken. Wissenschaftler und Besatzungsmitglieder, die gerade keinen Dienst hatten, sonnten sich, in Pullover eingehüllt, und dösten vor sich hin. Weiße Albatrosse und Zwergsturmvögel ließen sich träge über dem Kielwasser des Schiffes treiben. Dienstag wurde es kälter und stürmisch. Wir steuerten auf eine südwestliche Dünung zu, die nur auf uns zu warten schien, und allein die Hartgesottenen wankten frühmorgens an Deck. Am frühen Vormittag blies ein Sturmwind; die Sonne schien noch kräftig genug, um draußen in der Ecke bei dem Hubschrauberhangar sitzen zu können, aber der Wind wurde stärker, die Gischt schlug über den Bug, und schließlich wurden die offenen Decks gesperrt. Im Innern des Schiffes spürten wir lediglich ein sanftes Schlingern und Stampfen, mehr nicht; Suppenteller und Kaffeetassen blieben auf dem Tisch stehen, und bei den Mahlzeiten sah man nur ein paar Gesichter weniger.

Mittwoch wurde es noch schlimmer, windiger und kälter, und weitere Stürme waren angesagt. Früher hätten sich die Seeleute ihr Ölzeug übergezogen, die Segel gerafft und die Luken dicht gemacht — auf der »Polarstern« drehten wir statt dessen die Heizung auf, öffneten die letzte Flasche südafrikanischen Wein und sahen uns den Sturm durch die doppelten Spiegelglasfenster an.

Donnerstag früh passierten wir die antarktische Konvergenz, sie bildet die äußere Seegrenze der antarktischen Gewässer. Die Einfahrt in das Gebiet der Antarktis verläuft längst nicht so dramatisch, wie es sich anhört. Oft gibt es nur eine leichte Veränderung der Luft- und Wassertemperatur, oft dreht der Wind, aber immer hat man das Gefühl, in ein neues Gebiet einzudringen. Ich hatte die Grenze schon viele Male überquert, einmal stampfte ich in einem Robbenfänger, dann schlingerte ich mit einem Tanker rüber, andere Male auf einem ozeanographischen Forschungsschiff und schmalen Marinefregatten. Einmal, während einer relativ ruhigen Überfahrt, sah ich die Konvergenz, jedenfalls bildete ich mir das ein; eine meilenweite Zone aus Nebel und merkwürdig öligem Wasser, es wimmelte nur so von Seevögeln, die sich scharenweise um das Futter zankten.

Diesmal überquerten wir die Grenze bei Sturm und in einer dunklen Nacht. Man konnte nichts sehen und kaum etwas spüren. Hätte ich mal einen Blick auf die Monitore geworfen, hätte ich wahrscheinlich ein rapides Absinken der Wassertemperatur innerhalb weniger Meilen um 2−4° C festgestellt. Dieser abrupte Wechsel lähmt oder tötet viele der winzigen Lebewesen, die im Oberflächenwasser zu Hause sind, und ermöglicht den Scharen von Seevögeln eine leichte Beute.

Mein allmorgendlicher Deckspaziergang, noch vor dem Frühstück, fiel diesmal nur kurz aus. Draußen war es frisch, sogar ungemütlich frisch, ein kalter Wind wehte direkt von der Antarktis her, brachte Temperaturen um den Gefrierpunkt, Nebel, einen verhangenen Himmel und wütende See. Ein Wetter, das selbst die Seevögel unangenehm fanden. Unser Schwarm Albatrosse und die Zwergsturmvögel verließen uns; vielleicht drehten sie bei, um sich an der Konvergenz ihr Fressen abzuholen. Zum ersten Mal reichten die warme Hose und der Winterpullover nicht mehr aus, und nach dem Frühstück ging ich runter in den Laderaum, räumte Schaufeln und Eisbohrer beiseite und holte mir aus der SPRI-Kiste meine Polarkleidung. Eine dicke, windundurchlässige Jacke, mit Kapuze und daunengefüllt, änderte die Sache vollkommen, die Kälte wurde gemütlich, und es machte Spaß, auf dem A-Deck zu stehen und das Meer an sich vorbeiziehen zu lassen. Anscheinend hatten auch die Vögel ihre warme Kleidung hervorgeholt. Am Nachmittag fanden sie sich wieder hinter dem Schiff ein; in ihrem warmen, passenden Frühjahrsputz sahen sie richtig geschniegelt aus.

Planungsbesprechung der sieben Arbeitsgruppen

Während der ersten vier Tage fanden laufend Planungsbesprechungen statt, bei denen Hempel die Arbeit der kommenden zehn Wochen mit den wissenschaftlichen Teams diskutierte. Die wichtigsten Arbeitsgebiete waren schon lange vorher bei Treffen in Cambridge und Bremerhaven festgelegt worden. Dabei hatte jede wissenschaftliche Gruppe mitgeteilt, woran sie arbeiten wollte; die Pläne wurden dann angenommen und ein entsprechender Terminplan aufgestellt. Jetzt wurde es Zeit, die Vorschläge noch einmal zu überprüfen und zu sehen, ob sie in der Praxis auch zu verwirklichen waren.

Nur wenige Wissenschaftler, die bereits am vorigen Fahrtabschnitt teilgenommen hatten, waren bei uns geblieben. Ein Teil der neuen Untersuchungen ergab sich direkt aus der bereits geleisteten Arbeit, aber neue Wissenschaftler bringen auch neue Herangehensweisen mit sich, und auch der allgemeine Forschungsschwerpunkt sollte diesmal ein anderer sein. Während unsere Vorgänger die physikalischen und chemischen Prozesse im Meer, im Meereis und in der Atmosphäre untersucht hatten, forschten wir Biologen hauptsächlich nach den Lebensprozessen im Meer. Natürlich waren auch Physiker und Chemiker unter uns, aber der Schwerpunkt unserer Arbeit lag bei dieser Tour doch bei der Biologie. Gotthilf Hempel, von Haus aus Fischereibiologe, hatte ein weitgefächertes Interesse an allen möglichen Lebensformen im Meer. Es gab noch mehr Fischereiexperten an Bord und auch Biologen, die Untersuchungen der Organismen im Oberflächenwasser, auf dem Meeresboden sowie unterhalb und auf der Eisdecke geplant hatten.

Ausgewählt aus weitverstreuten Instituten in fünf verschiedenen Ländern, hatte jeder seine eigene Arbeitsweise; manche arbeiteten allein, manche in Gruppen. Aus Planungsgründen wurde die Arbeit in sieben große Untersuchungsgebiete unterteilt und jeder in die eine oder andere dieser Hauptrichtungen eingeordnet. Es gab zwar Leiter, aber keine Leitungshierarchie; zu jeder Gruppe gehörten ein oder mehrere erfahrene Wissenschaftler und eine ganze Anzahl jüngerer Nachwuchskräfte. Es waren meistens die »alten Hasen«, die abwechselnd für die Planungstreffen in Hempels bequemer Einzelkabine zusammenkamen. Unser Gastgeber zitierte dann mit Vorliebe Orwell: »Wir sind alle gleich, nur manche sind gleicher als andere.«

Zunächst widmeten wir uns den Chemikern und physikalischen Ozeanographen, die sich mit der Chemie sowie dem Ursprung und den Bewegungen der Wassermassen, die das Südpolarmeer ausmachen, befassen. Dazu gehörten die amerikanischen Gruppen der Scripps Institution und der Oregon State University und ein Zweierteam von der Universität Heidelberg. Ihre Arbeit, die die generellen Vorgänge an sich untersuchte, bildete in vielerlei Hinsicht die Grundlage für die anderen Forschungsteams der Expedition. Sie sollten das Entnehmen der Meerwasserproben und das Analysieren übernehmen und es nach ihren Anforderungen gestalten. Hempel ging noch einmal mit ihnen den Plan für das Probensammeln durch; wie viele Stationen sie von hier bis zur Eisgrenze benötigten, wann das Schiff im Laufe der nächsten Tage zum ersten Mal stoppen sollte, um den Wissenschaftlern und der Besatzung einen Probelauf der Stationsprozedur zu ermöglichen und die neuen Geräte zu testen, und wie tief die Flaschen heruntergelassen werden sollten. »Wie tief« hieß auch »wie lange«: Hempel war darauf bedacht, nicht länger als nötig die Fahrt zu unterbrechen.

Die zweite Gruppe, ebenfalls keine Biologen, bildete das deutsche meteorologische Team, das sich mit Bewegungen in der Atmosphäre und deren Zusammenspiel mit der Eisdecke und dem Meer befaßte. Sie bereiteten sich auf ein sorgfältig ausgearbeitetes Experiment vor, an dem eine Gruppe auf dem Schiff, eine zweite an Land, zwei kooperierende wissenschaftliche Stationen auf dem antarktischen Festland und zwölf Argos-Bojen beteiligt waren – automatische Wetterstationen mit Fernübertragung per Satellit, die auf dem Treibeis ausgesetzt werden und mit ihm treiben sollten. Die Ergebnisse dieses Forschungsprogramms würden uns unter anderem Auskunft darüber geben, wo und wie sich Meereis verformt. Es gab einige logistische Probleme, die so schnell wie möglich geklärt werden mußten, denn sobald wir festes Eis erreicht hatten, sollten die ersten Bojen ausgesetzt werden.

Die Meereisgruppe der ersten Reise hatte sich im wesentlichen mit der Entstehung, der physischen Struktur und den Eigenschaften der Eisdecke beschäftigt. Diesmal untersuchte nur ein einziges Mitglied der Meereisgruppe die Eismassen als solche, der Rest war Biologen, die meisten vom AWI und deutschen Universitäten, und deren Interesse galt dem Eis als Lebensraum kleinster Pflanzen und Lebewesen. Sobald das Treibeis erreicht war, sollte das Team mit der Aufzeichnung der Eismeßdaten beginnen; ihre eigentliche Arbeit würde aber erst dann anfangen, wenn die Schollen so dick waren, daß man darauf stehen konnte. Sie sollten über Bord steigen, Kernbohrungen durchführen, den Durchmesser der Eisschollen messen und Proben der Flora und Fauna auf, in und unter den Eisschollen entnehmen.

Die vier übrigen Gruppen bestanden ausschließlich aus Biologen. Planktonwissenschaftler aus Deutschland und den Niederlanden wollten die jahreszeitlichen Veränderungen der winzigen Pflanzen und Tiere, die im Meer umhertreiben, untersuchen. Ihre Ausrüstung bestand aus Netzen unterschiedlicher Machart, die an der Seite heruntergelassen oder hinter dem Schiff hergezogen werden sollten. Deutsche Fischereibiologen sollten in Fahrrinnen innerhalb der Eisdecke mit Schleppnetzen auf Fischfang gehen und die Lebensgeschichte der gefangenen Fische untersuchen. Epipelagische — an der Oberfläche lebende — Fische ernähren sich von Plankton und bilden wiederum, ebenso wie Plankton, die Nahrungsgrundlage für Robben und Seevögel. Für die anderen Biologen an Bord waren die Ergebnisse dieser Arbeit also auch von Interesse. Die Arbeit der Benthos-Biologen, die meisten kamen vom AWI, beschränkte sich dagegen auf die Lebewesen am Meeresboden. Sie benötigten wuchtige Dredgen (Schleppnetze) und Greifbagger, die besondere Schiffsmanöver erforderlich machten.

Schließlich war da noch die gemischte deutsch-niederländische Gruppe, die sich mit Vögeln und Säugetieren beschäftigte und die auf dem Weg durch das Eis alle Robben, Wale und Pinguine verzeichnen wollte. Dann sollte sie von Bord gehen und in einem an der Küste gelegenen Camp das Leben der Weddell-Robben und Kaiserpinguine erforschen. Es war die Gruppe, mit der ich als altgedienter Pinguin- und Robbenfachmann am meisten zu tun haben würde. Das Camp sollten sich die Biologen mit den Meteorologen teilen. Zu ihrer Ausrüstung gehörten komplizierte Aufzeichnungsgeräte, die vorher noch auf Herz und Nieren überprüft werden sollten; ein paar mußten dann wieder in Holz- und Aluminiumkisten verpackt und vom Hubschrauber an die Küste geflogen werden.

Wenn die Fisch-, Benthos- und Planktongruppen ihre Programme diskutierten, ging es immer um Netze, die benötigt wurden, und die Wassertiefe, in der gefischt werden sollte. Bei manchen Fischzügen mußte das Schiff stoppen, bei anderen unbedingt mit reduzierter Geschwindigkeit in Fahrt bleiben. Manche benötigten ein großes Netz, fast so lang wie die »Polarstern« selbst, und den Einsatz der Hauptkräne; andere kamen mit einem kurzen Seil aus. Hols mit kleinen Netzen, bei gestopptem Schiff, konnten gleichzeitig mit den Untersuchungen der Ozeanographen stattfinden, aber Schleppnetzfänge benötigten die gesamte Schiffszeit, denn das Schiff mußte dann eine gleichmäßige Geschwindigkeit und einen gleichmäßigen Kurs fahren.

Das alles waren anspruchsvolle Programme. Ich hatte ja schon an einigen Besprechungen in Cambridge teilgenommen, als die Planung langsam Gestalt annahm, aber es war interessant zu sehen, was jetzt daraus wurde. Bei den ersten Besprechungen hatte die Zeitfrage sehr häufig im Vordergrund gestanden, was nicht überraschte, denn die Reise war begrenzt, und die Pläne, die damals vorlagen, hätten allein schon für drei Reisen gereicht. Die jetzigen Pläne waren daraufhin ausgewählt, überarbeitet und durchorganisiert worden, und man konnte nun hoffen, daß sie auch funktionieren würden. Wieder einmal drehte sich alles um die Zeit. Der wissenschaftliche Fahrtleiter hatte dafür zu sorgen, daß die sieben Programmbereiche zeitlich und organisatorisch aufeinander abgestimmt waren, daß jeder auch das bekam, wozu er hergekommen war. Zeitverschwendung durfte es nicht geben. Wir mußten lernen, jede Minute auf See auch voll auszunutzen.

Später erfuhr ich, daß jede Minute der »Polarstern« auf See den deutschen Steuerzahler 55,– DM (pro Tag also etwa 80 000,– DM) kostete. Ihm sei hiermit versichert, daß wir um seinetwillen – und um unseretwillen – jede Mark dreimal umdrehten.

»Palaverrunden«

Am Mittwoch, dem 1. Oktober, war die erste Diskussionsrunde vorbei. Nachmittags erläuterte Hempel bei einer Besprechung mit dem wissenschaftlichen und technischen Personal das gesamte Programm, und zum ersten Mal erfuhr jeder, womit sich die anderen eigentlich beschäftigten. Nach dem Frühstück am nächsten Morgen fingen wir mit den »Palavern« an, bei denen Gruppe für Gruppe jeder Wissenschaftler ein paar Minuten über seine beabsichtigte Arbeit sprach. Jetzt konnte man Namen und Gesichter und Berufe miteinander in Beziehung setzen.

Wichtig jedoch bei diesen ersten Palavern war der soziale Aspekt. Wissenschaftler sind Individualisten, die geizig auf den anerkannten Prinzipien ihrer Disziplinen hocken bleiben und dazu erzogen werden, Belanglosigkeiten zu ignorieren. Fünfzig Wissenschaftler auf einen Haufen führt leicht zu einer menschlichen Katastrophe. Es ist längst nicht gesagt, daß sie automatisch eine Gemeinschaft bilden; genausogut können sich zwei, drei oder zehn Gemeinschaften bilden, ängstlich darauf bedacht, ihre Differenzen zu hegen und sich noch einmal in rivalisierenden Cliquen und Splittergruppen zu teilen – alle eher gegeneinander als miteinander arbeitend.

Auch unsere Gruppen hätten sich ohne weiteres in Splittergruppen teilen können. Auf einem so großzügig ausgestatteten Schiff hätte man immer noch leicht in Streit geraten können über gewisse Mängel – über die mangelnde Zeit ganz besonders, die Zeit, die das Schiff während der dreimonatigen Fahrt ausschließlich für die Ozeanographie zur Verfügung stehen könnte, für die Arbeit auf dem Eis, für die Fischzüge oder für die Planktonfischerei. Die Palaver sollten derartige Absplitterung verhindern und für gegenseitiges Verständnis werben. Dadurch, daß jedes Programm in groben Zügen erläutert worden war, wurde es auch denen nähergebracht, die nicht direkt da mit zu tun hatten; sie konnten es so respektieren und sogar helfen, es in die Wege zu leiten. Es stellte sich heraus, daß wir eher Grund zur Verständigung als zum Streiten hatten. Die Diskussionen hingegen, die sich während der Palaver entsponnen, wurden auch während der Mahlzeiten und bis in den Abend fortgesetzt und machten die »Polarstern« zu einem fröhlichen und lebendigen Schiff.

Kapitel 8
»Und was machen Sie?«

»Und was machen Sie?« – eine Frage, die man immer wieder hörte, je besser wir uns kennenlernten, in den Labors, in der Sauna, in der Messe und an der Theke in der Bar. Bei den abendlichen Gesprächen hatten wir uns mit den weitgefächerten Arbeitsgebieten vertraut gemacht, das Eis war gebrochen. Jetzt wollten wir uns auch persönlich kennenlernen, und jeder wollte von jedem wissen, woran er arbeitete.

Ich spielte in dieser Phase eine ungewöhnliche Rolle. Es hatte sich herumgesprochen, daß jemand an Bord ein Buch über die Fahrt schreiben wollte. Als ich als der Autor identifiziert war, sah man in mir zunächst einen Journalisten. Dieser Irrtum mußte korrigiert werden, denn, ob zu Recht oder Unrecht, Wissenschaftler betrachten Journalisten mit Mißtrauen, und meine Arbeit würde nur erschwert, wenn die Wissenschaftler das Gefühl hätten, ich würde ihre Arbeit zugunsten eines breiten Publikums oberflächlich behandeln.

Bei einem der abendlichen Treffen und anschließend bei einer Diskussion in der »Zillertal-Bar« hatte ich endlich Gelegenheit, die Sache klarzustellen. Ich sagte, ich hätte weder die Erfahrung noch die Herangehensweise eines Journalisten, man hätte mich als Biologe mit Polarerfahrung eingeladen, der schon einiges über die Antarktis veröffentlicht hätte und der jetzt darüber schreiben wolle, was Menschen auf einem Eisbrecher ins Weddell-Meer führe. Ja, ich würde darüber ein Buch schreiben, allerdings nur die eine Hälfte, die andere stamme von Pia Casarini-Wadhams, die am ersten Fahrtabschnitt teilgenommen habe. Ja, sowohl Menschen als auch die Wissenschaft kämen in dem Buch vor, nein, keine Skandale. Was immer auch geschehen würde während der Expedition, ich hatte Professor Hempel versprochen, Skandale und Klatsch rauszulassen. Darüber würde ich vielleicht später mal schreiben.

Die Drescher-Gruppe

Ich fing meine Befragungen mit Norbert Klages an, mit dem ich nur vorübergehend eine Kabine teilte, denn er gehörte zu der Gruppe, die auf dem *Drescher-Inlet*, einem schmalen, vereisten Meeresabschnitt, das Camp aufschlagen wollte. Norbert ist ein deutscher Biologe, der seit einiger Zeit in Port Elizabeth in Südafrika lebt und arbeitet. Sein Forschungsgebiet sind die Räuber-Beute-Beziehungen, und seine Arbeit sollte vor allem darin bestehen, die Nahrung von Kaiserpinguinen zu untersuchen.

Noch vor wenigen Jahren hätte man eine ganze Anzahl Vögel töten müssen, um aus dem Mageninhalt auf die Ernährung der Tiere zu schließen. Wie die meisten Pinguinexperten hatte auch ich immer das Gefühl, eigentlich kein Recht zu haben, diese wunderschönen Tiere einfach zu töten, nur um herauszufinden, was sie zum Frühstück zu sich genommen hatten – so wenig wußte man damals über Nahrung und Freßverhalten der Pinguine. Norbert brauchte sie glücklicherweise nicht mehr zu töten; er war ein Experte für Magenspülungen, eine relativ neue und verträgliche Technik, bei der die Vögel zu Analysezwecken ihre letzte Mahlzeit erbrechen müssen. Die Pinguine mögen sich vielleicht nicht gerade freundlich behandelt fühlen, wenn sie eingefangen und gezwungen werden zu würgen, aber es bedeutet immerhin nicht mehr den Tod, und sie erleiden auch sonst keinen Schaden. Bei seiner Arbeit auf Marion Island in der subantarktischen Zone hatte er diese Methode schon bei Königspinguinen, der zweitgrößten Pinguinart, und auch bei noch kleineren Pinguinen angewandt. Jetzt also wollte er sich mit den Kaiserpinguinen beschäftigen, der größten und am wenigsten umgänglichen Spezies. Ich hatte mich früher ausgiebig mit der Biologie von Kaiserpinguinen in mehreren antarktischen Kolonien beschäftigt, wir hatten also reichlich Gesprächsstoff.

Wenn sich die Drescher-Gruppe im Labor auf dem A-Deck für ihre Planungstreffen zusammensetzte, nahm ich immer an ihren Diskussionen teil. Das Drescher-Inlet, ein viele Kilometer langer und einen Kilometer breiter Einschnitt im Schelfeis von Coats Land, hatte man während der ersten Reise der »Polarstern« entdeckt. Meereis, das sich in jedem Herbst neu bildet, formt den Boden, und auf dem Inlet haben sich ganze Kolonien von Weddell-Robben und Kaiserpinguinen niedergelassen. Das Inlet war nach einem jungen Biologen vom AWI benannt, der damals an Bord war und der zurückkehren wollte, um dort zu arbeiten. Bei einem tragischen Hubschrauberunglück, als Eberhard Drescher gerade dabei war, den Robbenbestand vor der englischen Küste zu zählen, kam er ums Leben. Die Pläne wurden daraufhin von dem Robbenspezialisten Joachim Plötz, unter der Schirmherrschaft des AWI, weiterentwickelt. Zwei holländische Säugetierkundler, Peter Reijnders und Jacobus Zegers, wollten ihn und Norbert begleiten.

Norbert wollte die Pinguine von einem Basislager aus in der Nähe des Inlet beobachten, während Joachim zusammen mit den beiden Holländern das Fortpflanzungsverhalten der Weddell-Robben und die Aufzucht ihrer Jungen untersuchen wollte. Ein oder zwei Assistenten sollten ihnen dabei behilflich sein; es stand noch nicht fest, wer. Die beiden hofften ebenfalls, mit Hilfe von elektronischen Aufzeichnungsgeräten die Bewegungen unter Wasser und das Jagdverhalten der Tiere zu erfassen und für spätere Hormonuntersuchungen in den Niederlanden Blut- und Gewebeproben entnehmen zu können.

Zusammen mit den Biologen sollten auch zwei Meteorologen von der Universität Hannover, Hans-Jürgen Belitz und Dirk Engelbert, oberhalb des Inlets ihr Quartier aufschlagen. Sie sollten Wetterbeobachtungen durchführen und sich an der gemeinsamen meteorologischen Untersuchung der katabatischen Fallwinde beteiligen.

Die Planungstreffen für das Drescher-Projekt nahmen mehrere Tage in Anspruch. Mit Hilfe von Luftaufnahmen hatte man bereits eine Stelle für das Lager vorgesehen. Unter dem Rand des Eisschelfs stand Wasser, aber man wußte nicht, wie weit es landeinwärts reichte; obwohl der Schelfeisrand stabil aussah und wahrscheinlich schon mehrere Jahre alt war, konnte er jederzeit unerwartet abbrechen. Das Camp mußte also einige Kilometer von der »Küste« entfernt aufgeschlagen werden. Eine Arbeitsgruppe des Schiffes sollte das Camp aufbauen – bei guten Wetterverhältnissen eine Sache von zwei bis drei Tagen. Dann waren die Wissenschaftler auf sich gestellt, während das Schiff seine Arbeit entlang der Küste in nördliche und südliche Richtung fortsetzen sollte.

Vorher jedoch mußte noch eine Route zum Klippenrand und die Schneerampe, die zum Meereis führen sollte, markiert, große Gletscherspalten mit Fähnchen gekennzeichnet und kleine mit Schnee gefüllt werden, damit die leichten Motorschlitten (Skidoos) mit Anhänger sicher passieren konnten. Wetterfeste Zelte mußten aufgeschlagen und Lebensmittel und eine Notausrüstung herangeschafft werden, sollte die Besatzung bei schlechtem Wetter einmal festsitzen. Zwischen den Zelten und dem Hauptlager mußte ein Funkkontakt aufgebaut werden; auch mit der Basis Georg von Neumayer, der deutschen Station, die 450 km weiter nordöstlich an der Küste lag, sollte regelmäßiger Funkverkehr stattfinden.

Jetzt wurde darüber diskutiert, wie die drei Fertighütten unter Berücksichtigung der vorherrschenden Windrichtung am günstigsten aufzustellen sind und wo die Vorräte lagern sollten. Über kurz oder lang würde der Schnee über sie hinwegfegen, und sie mußten daher sorgfältig gekennzeichnet werden. Wo sollten die Generatoren hin und wo die Fässer für den Treibstoff und anderes gefährliches Material? Die Meteorologen und Biologen kamen gut miteinander aus und entschieden fast geschäftsmäßig, welche Vorbereitungen getroffen werden sollten und was an Gepäck mitzunehmen war. Sie freuten sich darauf, bald von Bord zu gehen und mit der Arbeit anfangen zu können. Ich erinnerte mich wehmütig an die spartanischen Camps, in denen ich bei englischen und neuseeländischen Expeditionen gearbeitet hatte; gemessen daran lebte diese Gruppe in verschwenderischem Luxus.

Aber warum auch nicht? Dutzende von Seerobben und Tausende von Pinguinen sollten untersucht werden, dazu kam ein vollgestopftes meteorologisches Programm; eine harte Arbeit, die täglich unter extrem unwirtlichen Bedingungen geleistet werden mußte und die mit viel Unannehmlichkeiten verbunden war. Warme Räume, gutes Essen, heißes Wasser und bequeme Betten konnten da die Arbeit der Gruppe nur effektiver machen.

Chemiker und Ozeanographen

Unsere Nachbarkabine bewohnten Ray und Portia Weiss, ein »verheiratetes Team« sozusagen, vom Scripps Institute of Oceanography. Ich lernte das umgängliche Paar schon am zweiten Tag kennen, als Ray uns bat, ihm bei der Montierung der Außenantenne für sein Radio behilflich zu sein. Außer dem Vorschlag, doch einfach ein Loch in die Schiffswand zu bohren, was dem Kapitän sicherlich nicht sonderlich gefallen hätte, konnten wir ihm auch keinen Rat geben, aber ich nahm die Gelegenheit wahr, Ray und Portia zu fragen, was sie denn mit der Radioantenne vorhätten, wenn sie erst einmal montiert wäre. Ray war Chemiker; er erforschte die Bewegungen der Wassermassen und benutzte für seine Messungen der Freonmenge im Tiefenwasser feine analytische Techniken. Die Freonkonzentrationen gaben wichtige Hinweise auf Geschichte und Bewegungen der untersuchten Wassermassen.

Freone beziehungsweise Chlorfluormethane, so erklärte er, sind künstliche Verbindungen aus Chlor, Fluor, Kohlenstoff und Wasserstoff, die in großem Umfang erst seit dem Zweiten Weltkrieg produziert werden. Da sie chemisch reaktionsträge sind und ihre industrielle Herstellung billig ist, finden sie vielfach Verwendung, besonders als Treibstoff in Sprühdosen und als Wärmetauscher in Kühlschränken. Alle Verbindungen, die sich im Meerwasser nachweisen lassen, können erst innerhalb der letzten drei Jahrzehnte durch den Kontakt mit der Atmosphäre dort hineingelangt sein. Für die Aufspürung der beiden Freone F-11 und F-12 benutzte Ray analytische Geräte, die er ganz allein entworfen hatte und mit denen er selbst winzigste Unterschiede innerhalb der Wasserschichten zwischen Oberfläche und Meeresboden messen und somit auf das ungefähre Alter einer Schicht schließen konnte.

Darüber hinaus zeichnete sein Team die Kohlendioxyd- und Nitratkonzentrationen in der Atmosphäre und im Oberflächenwasser auf und nahm während der Fahrt noch weitere chemisch nützliche Messungen vor. Portia, eigentlich eine Spanischlehrerin und vielversprechende Autorin von Kurzgeschichten, half ihrem Mann bei dem intensiven Programm, das, einmal gestartet, Dauerbeobachtungen rund um die Uhr erforderlich machte. Zum Scripps-Team gehörte noch David Muus, der die Probeentnahmen und Datensammlung an Deck überwachen sollte, und schließlich noch Peter Salameh, ein immer gutgelaunter junger Amerikaner palästinensischer Herkunft, der die Computerprogramme steuerte und auch bei der Daueranalyse aushelfen sollte.

Ray machte sich Sorgen wegen der Verschmutzung an Bord. Das Team hatte das Gasanalyse-Labor unten im E-Deck bezogen, in dem viele Gefrierboxen standen. »Meine Freonmessungen liegen bei einer Größenordnung von wenigen Molekülen pro Liter«, beklagte er sich, »und aus den Kühlschränken hier unten strömen ganze Freonwolken.« Es wurde alles noch komplizierter, als er versuchte, den spanischen Matrosen auf deutsch zu erklären, warum er die Haupttüren offenstehen lassen wollte − damit die Freone aus dem Laderaum entweichen konnten. Sie dachten, er meinte Fliegen, und wunderten sich über den verrückten Amerikaner, der die Türen offenstehen lassen wollte, um irgendwelche nichtexistierenden Fliegen loszuwerden. Wir sagten Ray, daß er noch froh sein könnte: Die Matrosen hätten ihm ja auch einen Streich spielen und freonhaltiges Fliegenspray im Laderaum versprühen können.

Zu Rays Nachbarn in dem Laborkomplex zählten Monika

Rhein und Friedrich Zaucker, zwei Chemiker vom Institut für Umweltphysik an der Universität Heidelberg, und Ralf Weppering vom Physikalischen Institut der Universität Bern. Auch ihr Interesse galt den Spurenstoffen, chemischen Substanzen, die nur in winzigen Mengen im Meerwasser gelöst sind; sie hofften, solche Substanzen wie Tritium, Helium, Radium und Carbon 14 zu messen. Ihnen gehörten die riesigen Aluminiumflaschen für die Wasserproben, die sogenannten Gerard-Flaschen, die stramm wie Soldaten auf Deck E standen. Monika erläuterte, daß die Substanzen, die sie aufspüren wollten, in so geringen Mengen vorkommen, daß sie sie aus großen Wasservolumen von 270 Liter filtern mußten; für die Messungen von Argonkonzentrationen brauchten sie sogar vier bis fünf volle Flaschen, also insgesamt über 1000 Liter.

Obgleich die Wasserproben während der Fahrt entnommen und auch verarbeitet werden sollten, benötigte man für die genaue Analyse Geräte, die auf einem Schiff nicht installiert werden konnten. Anders als Ray konnte Monika also keine direkten Ergebnisse vorweisen, sondern sammelte Material für zukünftige Arbeiten in Heidelberg, Bern und am Lamont-Doherty Geological Observatory in Palisades, New York. Sie lud mich ein, doch einmal ihr Labor zu besichtigen, aber dann auf keinen Fall eine Armbanduhr mit einem leuchtenden Zifferblatt zu tragen, jedenfalls kein älteres Modell. »Bis vor wenigen Jahren benutzte man noch Leuchtfarbe auf Tritiumbasis«, erklärte sie, »und die radioaktive Strahlung eines Zifferblattes würde alle Messungen zunichte machen.«

Ein weiterer Nachbar in den Labors auf dem E-Deck war Louis Gordon, freundlich und mit einem weißen Bart, von der Oregon State University, der die Sauerstoff- und Nährschichten im Meerwasser untersuchte. Lou und sein Assistent Stanley Moore setzten die Arbeit von Joe Jennings fort, der bei der ersten Reise das Programm gestartet hatte. In Lous Labor, tief im Bauch des Schiffes − überall standen Flaschen und Reagenzgläser herum −, unterhielten wir uns über seine Wasserproben und die Analysen auf Phosphate, Silikate, Nitrate und Nitrite, die Nährstoffe, die das Algenwachstum ermöglichen und von denen letztendlich das gesamte Leben im Meer abhängt.

Die physikalischen Ozeanographen, ein Team des AWI unter der Leitung von Eberhard Fahrbach, arbeiteten mit den Chemikern eng zusammen. Eberhard, der schon auf vielen Expeditionen dabeigewesen war, wollte die östliche Grenze des Weddell-Wirbels untersuchen, der im Uhrzeigersinn verlaufenden Kreisbewegung von Eis- und Wassermassen im Weddell-Meer. Er interessierte sich allerdings auch für die antarktische Küstenströmung, die aus nordöstlicher Richtung im Weddell-Meer vordringt, sowie für die Auswirkungen von Wind und Eisformationen auf das eisfreie Gebiet an der Küste, die berühmte Küstenpolynya, deren Existenz im Winter bisher nur aus Satellitenbildern bekannt war.

Die Chemiker und Ozeanographen hatten viele Gemeinsamkeiten; im Grunde interessierte sie dasselbe Problem: die Bewegung der Wassermassen und die Struktur des Meeres. Sie benutzten den gleichen Jargon und würden für ihre Datensammlung wohl auch dieselben Instrumente benutzen. Immer wenn für die Chemiker Wasserflaschen zur Probeentnahme ins Meer gelassen wurden, führten Eberhard und seine Gruppe die Temperatur- und Salzgehaltmessungen durch. Zusätzlich hatten die Ozeanographen noch ein XBT-Programm und zeichneten von einer Einlaßöffnung im Schiffsbauch aus alle notwendigen Daten über das Oberflächenwasser auf. Später verankerten sie Aufzeichnungsgeräte in verschiedenen Tiefenstufen im Meer. Sie sollten Daten sammeln, während wir schon weiter südlich waren, die dann auf dem Heimweg wieder eingesammelt werden sollten.

Albatrosse als Beobachter der ersten Station

Wie intensiv die Zusammenarbeit zwischen Ozeanographen und Chemikern war, wurde während der ersten Tiefenwasserstation deutlich. Sie fand am Freitag, dem 3. Oktober, statt, dem siebten Reisetag, dem zweiten jenseits der antarktischen Konvergenz, und nahm den ganzen Morgen in Anspruch. Die Station sollte laut Plan um sechs Uhr anfangen. Weil ich auf keinen Fall etwas verpassen wollte, stand ich schon bei Tagesanbruch auf. Es war etwa halb sechs; ich ging an Deck und erblickte einen Sonnenaufgang, der Himmel und Meer in ein glühendes Rosa tauchte. Obwohl wir die Hälfte der Strecke zum Kontinent bereits zurückgelegt hatten, bewegten wir uns noch immer im eisfreien Meer. Ein kleiner Abstecher zum Labor auf dem A-Deck und ein Blick auf die Kurve des Echolots zeigte an, daß wir aus dem Tiefseebecken heraus jetzt in Regionen kamen, die weniger als 3000 Meter tief waren; wir passierten garade den Maud-Rücken, ein Unterwassergebirge, das unsere Vorgänger während der letzten Wochen auf See eingehend untersucht hatten. Ein guter Platz für einen Probelauf der Geräte, um jeden mit der Routine vertraut zu machen und noch bestehende technische Probleme aus dem Weg zu räumen.

Aus dem Wind war über Nacht eine leichte Brise geworden, aus der stürmischen See eine ruhige Wasseroberfläche, auf der sich die Wellen kräuselten. Wir drehten unter kurzem Schaukeln gegen den Wind und hielten die Station ab, während die Maschinen ruhig weiterliefen. Über uns kreisten Albatrosse, die unsere »Mätzchen« hinten auf Deck E neugierig verfolgten. Es war tatsächlich sehr voll an Deck. »Heute morgen sind wohl alle auf den Beinen«, ertönte Hempels freundliche Stimme unter einem kuppelförmigen Sicherheitshelm. Ein weiteres Dutzend Helme versammelte sich um die Winde. Die spanischen Decksleute, der Bootsmann und der wachhabende Deckoffizier verglichen ihre Programme. Die Deckmannschaft trug Ölzeug; die Spanier, klein und breit, sahen aus wie orangefarbene Michelinmännchen. Der Wind blies die Schneeflocken über das Deck. Um nicht im Wege zu stehen, stellte ich mich neben einen der Container an Deck und verfolgte zusammen mit den Albatrossen das Geschehen.

Um sechs Uhr drückte mir eine vermummte Gestalt ein Programm in die Hand und sagte: »Die Show geht los!«

Auf dem Programm standen acht Vorführungen, und abgesehen von einigen Unterbrechungen folgte eine nach der anderen mit der Präzision einer eingespielten Bühnenproduktion. Zum ersten Programmpunkt, dem Auftakt, gehörte ein kleines Neuston-Netz, mit dem Plankton an der Oberfläche gefangen werden sollte. Das habe ich leider verpaßt, falls es überhaupt stattgefunden hat.

Um 6.10 Uhr quäkten die Lautsprecher, und von der linken Seite der Bühne rollte »Bio-Rosi« heran, ein wahrhaft furchterregender Apparat. David Muus, der das Ganze beaufsichtigte, ließ – unterstützt von zwei Besatzungsmitgliedern – das große Gestell zunächst an der Laufschiene an Deck gleiten und befestigte sie dann am plastikbeschichteten stromleitenden Windenkabel. Um 6.18 Uhr wurden die Flaschen angehoben, über die Bordkante gehievt und dann langsam aufs Wasser gesetzt. »Bio-Rosi im Wasser«, quäkte der Lautsprecher, als sie verschwand. Die Matrosen stapften zurück in den Schutz des Decks, ihre Arbeit war vorerst erledigt.

Auf dem Windenleitstand versammelten sich Ozeanographen, Chemiker und Zuschauer um die zentralen Aufzeichnungsgeräte. Automatische Schreiber tickten und tanzten über die Blätter, auf denen die Koordinatenachsen bereits vorgezeichnet waren, und setzten jetzt nur noch die Punkte ein, aus denen Tiefe, Temperatur und Salzgehalt abzulesen waren. Als die Flaschen eine bestimmte Tiefe erreicht hatten, hielt Bootsmann Blackie Schwarz, der von seinem Steuersitz aus das Deck überblicken konnte, die Winde an. Nach einer kurzen Zeitspanne wurde über das Kabel ein Signal an die Flaschen geleitet, eine von ihnen zu kippen, dann ging es weiter in die Tiefe. Es handelte sich hierbei nur um eine Probeentnahme in der oberflächennahen Schicht. Als die Flaschen eine Tiefe von 300 Metern erreicht hatten, rief jemand: »Halt«, und die letzte Probe wurde genommen.

Das Interesse der Zuschauer stieg langsam an, die Menge auf dem Windenleitstand wurde immer größer und ließ nur noch wenig Raum für diejenigen, die die Instrumente bedienten. Die amerikanischen und deutschen Wissenschaftler beugten sich über die graphischen Darstellungen, die immer komplizierter

159

wurden, je länger wir zuschauten. Plötzlich dröhnte eine wütende Stimme; anscheinend hatte jemand den Knopf, der das Wendethermometer an der Bio-Rosi drehte, zu früh gedrückt, eine wichtige Temperaturaufzeichnung fiel somit aus. Ray war ärgerlich: ».. . wir müssen noch genauer arbeiten«, sagte er. Es war eine Lehre für uns alle.

Bio-Rosi schwamm noch unten im Wasser, da betrat eine einsame Figur mit kurzärmeligem Hemd die Bühne und ließ ohne großes Brimborium ein kleines engmaschiges Netz ins Wasser. Malte Elbwächter von der Biologischen Anstalt Helgoland, ein Planktonbiologe, interessierte sich für die Diatomée, die kleinen Zellpflanzen, die sich im Oberflächenwasser befinden. Er ließ sein Netz auf eine Tiefe von 15 m hinunter, eine Markierung, die an einem einfachen Knoten im Seil zu erkennen war, holte es mit beiden Händen wieder ein, lächelte die Umstehenden freundlich an und verschwand dann wieder in seinem Labor. Nach der intelligenten Technik der Bio-Rosi mit ihren Fernsteuerungen, die einem nur Sorgen bereitete, wirkte das geradezu komisch und erheiternd. Maltes Auftritt glänzte durch Einfachheit und Stil, er wurde daher mit heftigem Applaus belohnt.

Nach ein paar Minuten wurde die Winde auf Hieven umgeschaltet, und Bio-Rosi begann ihren Aufstieg. Die Technik der Rosetten-Wasserschöpfer, kombiniert mit einer druckabhängigen Temperatur-Salzgehalts-Sonde, die kombinatorisch Daten nach oben melden, war neu für mich, und ich brannte darauf, Fragen zu stellen, aber dafür hatte jetzt niemand Zeit. Später würde sich schon eine Gelegenheit ergeben, wenn die Probleme beseitigt waren und das Aussetzen nicht mehr so viele Zuschauer anlocken würde. Die ganze Operation hatte etwas über vierzig Minuten gedauert, und als Bio-Rosi zurück unter ihre Schutzhaube gerollt wurde, wartete in der Seitenkulisse bereits der nächste Akt, ein kleines Planktonnetz, das wieder in den oberen Wasserschichten fischen sollte.

Das Frühstück während der ersten Tage war immer ruhig verlaufen; die wenigen Frühaufsteher hatten eine nachdenkliche, fast andächtige Stimmung verbreitet. An diesem Morgen war die Messe um 7.30 Uhr brechend voll; alle waren ausgeschlafen und hungrig und unterhielten sich lebhaft über die gerade zu Ende gegangene Station. Nur die alten Seehasen, die das alles schon kannten, und die wenigen, die oben an Deck im Windenleitstand oder woanders für den Fortgang der Show sorgten, waren abwesend. Gestärkt mit Kaffee, frischem Brot und Rührei kehrte das Publikum um acht Uhr zurück, um den übrigen Szenen beizuwohnen.

Als nächstes kam das Bongo-Netz dran. Ein Paar Hosen in Übergröße, aus Netzgaze geschneidert, wurde auf eine Tiefe von 200 m hinuntergelassen und wieder hochgeholt. Hastig schnappten sich die Planktologen die Plastikeimer, in die der Fang geschüttet wurde, sobald das Netz oben war; es war von Vorteil, die Tiere so lange wie möglich am Leben zu erhalten. Dann kam das Multinetz, ein Gestell mit fünf übereinanderhängenden, auf einen Rahmen montierten Planktonnetzen, von denen jedes zwei Meter lang war und die nacheinander in bestimmten Tiefen geöffnet werden sollten. Ich hatte den Apparat schon vorher auf dem Flur von Deck E inspiziert und mir ungefähr vorstellen können, wie er wohl funktionierte, aber die einfache Konstruktion hatte mich doch mißtrauisch gemacht. Würden sich die Netze wirklich auf einen über ein isoliertes Kabel geschickten Impuls hin öffnen und auch wieder schließen? Anscheinend nicht immer. Das Multinetz wurde an dem Kabel befestigt und auf eine Tiefe von 1000 Metern hinuntergelassen, das Absenken vom Windenleitstand aus aufgezeichnet. Als es langsam, phasenweise wieder eingeholt wurde, bereitete der Öffnungs- und Schließmechanismus, der über einen Schalter an Deck ausgelöst wurde, offensichtlich Schwierigkeiten. Aus den besorgten Gesichtern und Kommentaren konnte ich entnehmen, daß das Netz nicht richtig arbeitete, und ich fragte mich, ob denn die halbe Stunde, die der Wurf gedauert hatte, jetzt wohl vergeudet sei.

Bei schlechtem Wetter über die Eisgrenze

Am späten Nachmittag versammelten wir uns im Vortragssaal, um das Programm für den nächsten Tag zu besprechen. Die Station, benannt V1, sollte die erste einer Reihe von fünf Probestationen sein, die uns vom eisfreien Gewässer bis mitten ins Packeis führen sollten. Die zweite, V2, sollte heute abend durchgeführt werden, wenn wir aller Voraussicht nach die Eisgrenze erreicht haben würden; die übrigen drei sollten dann im Treibeis unterschiedlicher Dichte stattfinden.

Probestation V1 war ein erfolgreiches Unternehmen; alle hatten aus den Schwierigkeiten gelernt, und wir konnten die ersten positiven Ergebnisse der Expedition verbuchen.

Es folgte ein Seminar über ozeanographische Chemie, von Ray Weiss, und dann ein spannender Vortrag über Plankton, von Victor Smetacek vom AWI. Victor und ich hatten uns zwei Tage vorher kennengelernt, als ich unten im Frachtraum auf Deck E in der Ladung wühlte. Er hatte sich dort unten eine ganze Batterie Wasserfilter aufgebaut, die Wasser direkt aus dem Meer erhielten und die immer in Betrieb waren. Ich sah mir die Anlage bewundernd an, und dann kam Victor und stellte sich vor. Halb Deutscher, halb Inder, war er im nachkolonialen Indien aufgewachsen, und da die Schulsprache dort Englisch war, beherrschte er es genauso fließend wie Deutsch. Sein berufliches Interesse galt hauptsächlich der Ökologie von Plankton, das er schon auf mehreren Expeditionen untersucht hatte. Bescheiden, freundlich, humorvoll und mit einer anstekkenden Begeisterung hielt er einen fesselnden Vortrag, der bei dem ganzen Publikum anschließend eine lebhafte Debatte hervorrief. Später erfuhr ich, daß man bei ihm immer mit einer ungewöhnlichen und kontroversen Herangehensweise rechnen mußte, egal, um was für ein Thema es sich handelte.

Als der Vortrag zu Ende war, spürten wir ein Stampfen im Schiff, aber bis zum Abendessen hatte die »Polarstern« wieder zu ihrem gleichmäßigen Rollen zurückgefunden, woraus man schließen konnte, daß draußen schlechtes Wetter war.

Bevor ich mich um zehn Uhr in meine Kabine zurückzog, ging ich noch einmal an Deck: eine mondlose Nacht, wilde, sprühende Gischt und schwere See. Auf dem offenen Peildeck oberhalb der Brücke packte mich eine plötzliche Bö, warf mich um und schleuderte mich in einen Haufen naßkalten Schnee. Mühsam schlug sich das Schiff durch einen Sturmwind aus südwestlicher Richtung, durch eine aufgewühlte See, einen Kurs entlang, der von drei Suchscheinwerfern des Schiffes ausgeleuchtet wurde. Man konnte zwar kein Eis erkennen, aber der Wind brachte viel Schnee und Graupel mit sich; manchmal kam es mir vor, als trieben wir durch einen breiten weißen Tunnel, über eine mit Schaumstreifen durchzogene See wie auf einer holprigen Straße dahin. Zwischen den wirbelnden Schneeflocken konnte man etwa ein halbes Dutzend Seevögel erkennen, Albatrosse und Sturmvögel, die sich ohne Anstrengung im Gegenwind treiben ließen.

Wegen des schlechten Wetters wurde die Probestation V2, die eigentlich um Mitternacht stattfinden sollte, verschoben. Nach einem so langen Tag war ich froh, endlich in meine Koje zu fallen, und dachte noch darüber nach, wie gut die Extraportion Schlaf auch denen bekäme, die bei der Station am Morgen die Verantwortung getragen hatten.

Allerdings war unser Schlaf nur von kurzer Dauer. Noch vor Tagesanbruch wurde ich durch das sanfte Schaben der Eismassen gegen den Schiffsrumpf geweckt. Eine halbe Stunde später, man konnte kaum etwas sehen, so dunkel war es noch, kamen wir in einem Gebiet aus Eistrümmern und Scheibeneis zum Stehen.

Als ich mich endlich angezogen hatte und aufs E-Deck lief, war es schon 5.30 Uhr. Wir hatten die Eisgrenze erreicht, und die ausgefallene Probestation V2 hatte gerade begonnen.

163

Kapitel 9
Zum Drescher-Inlet

Am 4. Oktober, noch vor Sonnenaufgang, trafen wir bei 58° S, 2° 30′ O zum ersten Mal auf Eis. Bei Tagesanbruch, als wir für die zweite Probestation haltmachten, schaukelten wir sanft in ein »Müsli« aus weichen, klumpigen Eistrümmern, losen Kristallen, die einen etwa einen halben Meter dicken Brei bildeten. Die Bio-Rosi, das Multinetz und die Bongonetze verschwanden gleich im Wasser, aber nur 200–300 m tief; das Interesse konzentrierte sich jetzt auf die Funde direkt unterhalb der Eisdecke. Das Schiff hielt seinen Kurs leicht gegen den Wind gesteuert bei, die Maschinen drehten sich nur langsam. Die Schrauben verursachten gerade genug Turbulenzen, um hinter dem E-Deck eine Stelle im Wasser offenzuhalten; so geriet kein Eis in die Netze, wenn sie an Bord gehievt wurden.

Mir war aufgefallen, daß der Mann, der die Winde bediente, in seinem rundum verglasten Fahrstuhl, von dem aus er das Deck überblicken konnte, alle notwendigen Steuereinrichtungen für das Schiff hatte, und ich wunderte mich, wer wohl den Kurs hielt, wenn die Netze unten waren. Ich fragte Helmut Schiel, den diensthabenden Decksoffizier, danach. »Die Brükke«, antwortete er. »Die Steuereinrichtungen auf dem Windenleitstand sind für Ausnahmefälle, aber der diensthabende Offizier auf der Brücke behält immer die Kontrolle über das Schiff, auch wenn wir auf Station sind.« Das konnte eine knifflige Angelegenheit werden, wenn das Eis gegen den Rumpf drückte. Brücke und Deck standen daher über Handmikrofone miteinander in Verbindung, so daß die Brücke über den Fortgang der

Stationsarbeit immer informiert war. Eine große Hilfe hierbei waren auch die achterlichen Fenster auf der Brücke, von der aus man einen guten Blick nach hinten hatte.

Als wir beim Frühstück zusammensaßen, waren wir schon wieder unterwegs, bahnten uns langsam einen Weg durch das weiche Eis. Um 9.30 Uhr, 30 km weiter südlich, machten wir erneut halt, drehten gegen den Wind und bereiteten Probestation 3 vor. Das »Müsli« hatte sich mittlerweile zu Scholleneis verfestigt. Schon vorher waren wir durch ein Gebiet mit kleinen Schollen gefahren, die meisten kaum einen halben Meter im Durchmesser, jetzt waren sie schon bis zu drei Metern breit, die Ränder nach oben gewölbt. Die kleineren Eisscheiben waren feucht, grau und sahen in dem trüben Morgenlicht nicht gerade ansehnlich aus. Diese größeren hier trugen alle eine Ladung frischen Schnee, und als schließlich doch die Sonne durchbrach, verwandelte sich die graue Szenerie in ein blendendes Weiß.

Wir folgten unbeirrt unserem Südsüdwestkurs, den wir seit unserer Abfahrt in Kapstadt fast ununterbrochen eingehalten hatten. Jetzt trennten uns noch etwa 1300 km Meereis vom antarktischen Kontinent. Unsere Aufgabe bis dahin bestand darin, so dicht wie möglich dieser Peilung zu folgen, Stationen einzulegen, Probeentnahmen durchzuführen und eine Reihe von Argos-Bojen auszulegen, sobald die Eisdecke etwas fester war. Das sollte uns bis an die Nordwestspitze von Dronning Maud Land führen. Wenn die Eisverhältnisse es zuließen, sollten wir zur Schelfeiskante nahe der deutschen Station »Georg von Neumayer« vordringen. Die Wissenschaftler und Techniker würden uns dort ein herzliches Willkommen bereiten, da konnten wir sicher sein, denn sie lebten seit dem vergangenen Sommer völlig isoliert, und wir hatten Post für sie an Bord. Dann wollten wir Richtung Süden und Westen, mindestens 450 km an der Küste entlang in das Weddell-Meer vordringen und die Biologen und Meteorologen in einem Camp auf dem Drescher-Inlet absetzen.

Rosette und Multinetz

Probestation 3 dauerte bis in den frühen Nachmittag. Diesmal wurde das Multinetz auf 2000 Meter heruntergelassen, gefolgt von der großen CTD-Rosette, die dann aus der gleichen Tiefe schrittweise wieder hochgehievt wurde. Heute waren keine Zuschauer zugegen, weder drinnen noch draußen. An Deck war es zu kalt; selbst über Mittag wärmte die blasse Sonne kaum, und über die Speigatte wehte ein kühler Wind und trieb Schneeflocken vor sich her. Die kräftigen, behelmten Matrosen warteten geduldig und hielten ein wachsames Auge auf die Sonden. Selbst der Windenleitstand blieb fast leer; nur der Mann, der die Winsch bediente, war zu sehen, er gähnte herzhaft, aber war auf seinem Posten. Die Wissenschaftler, die sich mürrisch anschauten, murmelten vor sich hin, als die Aufzeichnungsgeräte begannen, die Daten aus der Tiefe auf Papier zu kritzeln.

Nach dem Multinetz wandten wir uns der Rosette zu. Die Minuten während des Abstiegs verstrichen nur langsam, und ich dachte laut darüber nach, warum wir nicht mal zwei Apparate gleichzeitig runterließen. Ob das nicht eine Zeitersparnis sei, bei sechs Winden an Bord?

Wenn ich vorgeschlagen hätte, zur Erkundung des Meeresbodens doch gleich das ganze Schiff zu versenken − ich hätte keine promptere und einmütigere Antwort erhalten: »Unter keinen Umständen«, hörte ich gleich von drei Seiten. »Auf gar keinen Fall. Die Kabel würden sich verheddern, und das wäre das absolute Chaos.« Ich verstand zwar nicht, warum das unausweichlich war, auch wenn die Möglichkeit sicher bestünde, aber auf jeden Fall hatte ich ein Thema angerührt, das bis zum Mittagessen erörtert wurde. Anscheinend waren alle schon mal an Bord eines Schiffes gewesen, wo man versucht hatte, zwei Geräte gleichzeitig zu Wasser zu lassen. Im Weißen Meer, im Roten Meer, im Schwarzen Meer, überall, von der Karibik bis zu den Malediven, hätten irgendwelche Idioten, die es eigentlich hätten besser wissen müssen, versucht, zwei Apparate gleichzeitig weggefiert und wären kläglich gescheitert. Der Meeresboden sei buchstäblich übersät mit wertvollen ozeanographischen Instrumenten, wurde mir mitgeteilt, die gleichzeitig ins Wasser heruntergelassen worden waren und sich mit ihren endlosen Kabeln, von denen ein einziger Meter Gott weiß wie teuer gewesen war, verfangen hatte. Ich mußte schließlich zugeben, daß mein Einfall nicht besonders intelligent war, hatte aber damit unfreiwillig einen Vorschlag gemacht, der Ozeanographen aller Rassen, Geschlechter und Konfessionen vereinte. Zur Erklärung sei gesagt: Bei der stundenlangen Prozedur des Fierens und Hievens hängen die Geräte nicht genau senkrecht am kilometerlangen Draht, sondern pendeln und werden mit den Tiefenströmungen verdriftet, während sich das Schiff mit dem Wind und dem Oberflächenstrom bewegt.

Mit den Rosetten und dem Multinetz hatte man natürlich eine viel klügere Lösung des Problems gefunden; hierbei werden jeweils mehrere Probenehmer einer Bauart gleichzeitig ins Wasser gelassen, was eine ungeheure Zeitersparnis bedeutet. Eine einzige Rosette entspricht bereits vierundzwanzig einzelnen Probeentnahmen; und die Flaschen beim Abstieg oder Aufstieg einzeln durch ein Signal vom Schiff aus zu schließen, auch das erspart sehr viel Zeit. Die kleine Bio-Rosi allein entspricht zwölf Probeentnahmen bei einem einzigen Einsatz. Ebenso sind auf dem Stahlrahmen des Multinetzes fünf voneinander getrennte Netze montiert; würde man jedes einzeln herunterlassen und wieder hochziehen, würde es eben auch beinahe fünfmal so lange dauern.

Die Effektivität all dieser Geräte beruht zum großen Teil auf ihrer einfachen und stabilen Bauweise. Am späten Nachmittag, als die Proben aus der Rosette entnommen waren, zeigte mir David Muus, wie sie funktionierte und wie er die Flaschen für die nächste Entnahme vorbereitete. Die einen Meter großen Flaschen sind eigentlich Röhren aus stabilem, schwerem Plastik, die mit Klammern an den Metallrahmen befestigt sind; die ganze Rosette reicht einem ausgewachsenen Mann bis an die Brust und mißt über einen Meter im Durchmesser. Die Plastikverschlüsse an beiden Enden der Flaschen werden durch einen einzigen Drahtzug offengehalten, schnappen durch einen Auslöser zu und verharren mittels einer Feder innerhalb der Röhren dann in dieser Stellung. Die Züge sind mit einem Auslösering verbunden, der sie durch ein Signal vom Bediener nacheinander spannt oder löst. Die elektrische Leitung, die in der Mitte des Windenkabels verläuft, trägt den Schließimpuls und übermittelt dann in die andere Richtung die Signale der Sensoren für Temperatur und Salzgehalt.

Um Korrosion durch Meerwasser zu vermeiden, sind alle Metallteile mit Plastik überzogen. Das Material ist von hoher Qualität und sehr teuer, aber dafür kann sich auch kein Scharniergelenk verklemmen, kein Verbindungsstück verformen und keine anfällige Mechanik auf dem Meeresboden plötzlich verrückt spielen. Das Multinetz − Sigi Schiel zeigte es mir − funktioniert ganz ähnlich. Die Klauen des Netzes sind auf einem Stahlrahmen angeordnet und werden durch einen dehnbaren Drahtzug offengehalten und auf ein Auslösesignal hin durch starke Gummizüge wieder zusammengezogen. Die große Rosette, Bio-Rosi und das Multinetz können bei Bedarf mit zusätzlichen Sensoren und Instrumenten ausgestattet werden, zum Beispiel mit Kippthermometern, die bei den Testläufen solche Schwierigkeiten gemacht hatten.

Ich wunderte mich, wofür sie das komplizierte Quecksilberthermometer an der Rosette brauchten, die schon einen eingebauten, kontinuierlich ablesenden Temperatursensor hatte. David gab mir geduldig Antwort. »Das Thermometer ist genauer«, sagte er, »aber liest nur einmal ab. Der Sensor basiert auf einem Thermistor, der sehr schnell reagiert und einem die ganze Zeit über die Temperatur in der Wassersäule mitteilt, auf ein zehntel Grad genau. Das Thermometer zeigt nur den einmaligen Stand im Augenblick des Umkippens an, aber dafür sehr verläßlich. Ein gutes Thermometer ist auf ein hundertstel Grad genau.«

Eines der Kippthermometer sahen wir uns mal genauer an, ein feines Glasinstrument, solide gebaut, etwas altertümlich im Aussehen und in einen unter Federdruck stehenden Rahmen eingepaßt. Schon vor dreißig Jahren hatte ich ähnliche auf See benutzt und Abbildungen davon in Instrumentenkatalogen aus dem 19. Jahrhundert entdeckt. »Sie haben sich kaum verändert«, sagte David, »sie waren damals gut und sind es heute auch noch.« An dem Rahmen war ein Drahtzug befestigt, ähnlich wie bei den Flaschen, mit dem man das Thermometer auf einen Auslöser hin um hundertachtzig Grad drehen konnte. David führte mir den Mechanismus vor. »Früher wurden sie durch ein schweres Fallgewicht gekippt, das am Draht gleitend in die Tiefe geschickt wurde«, sagte er, »heute geschieht das auf einen elektrischen Impuls hin, genau wie bei dem Schließmechanismus der Flaschen.«

»Sie enthalten viel Quecksilber«, fuhr er mit seinen Erklärungen fort, »es braucht also eine gewisse Anpassungszeit nach Erreichen der Solltiefe. Man läßt sie fünf Minuten in Ruhe, dann drückt man den Knopf, damit sie sich wenden. Die Quecksilbersäule wird unterbrochen, wie bei einem Fieberthermometer, und fixiert den Temperaturstand. Jetzt braucht man den Ablesewert nur noch dem Druck entsprechend zu korrigieren und kann damit die Thermistorsonde eichen. Aber man muß das Thermometer fünf Minuten in Ruhe lassen; wenn man den Knopf zu früh drückt, kann man es gleich aufgeben.«

Beim Tee bedrängte ich Ray Weiss, mir etwas über die Anfänge der Ozeanographie zu erzählen und warum, wenn man wirklich auf verläßliche Daten angewiesen war, auch auf einem der modernsten ozeanographischen Forschungsschiffe der Welt noch immer Instrumente benutzt werden, die sich seit hundert Jahren nicht verändert hatten. Ray gab das ganz freimütig zu: Automatische und kontinuierlich aufzeichnende Instrumente haben der Ozeanographie zwar sehr viel Nutzen eingebracht, aber wenn bei der Messung von Temperaturen, Salzgehalt, Dichte oder anderen Parametern sehr hohe Genauigkeit und absolute Werte, d. h. nicht nur Differenzen oder Gradienten, gefragt sind, benutzen wir noch immer Methoden, mit denen man auch vor zwei oder drei Generationen vertraut war.

In der Handbibliothek der »Polarstern«, der ich ein paar Tage später einen Besuch abstattete, konnte ich nachlesen, wie alles angefangen hatte. Schon 1722 vertrieb sich ein gewisser

Kapitän Henry Ellis, Herr über ein englisches Handelsschiff, die Zeit damit, verschließbare Holzkübel ins Wasser zu lassen. Solange die Kübel abtauchten, blieben die Verschlußklappen geöffnet, wenn sie wieder auftauchten, schlossen sie sich. Die Wassertemperatur im Kübel blieb während des Aufstiegs relativ konstant und wurde an Deck gemessen. Bei den Bermudainseln, in tropischen Gewässern, wo die Wassertemperatur an der Oberfläche 29 Grad erreicht, konnte er bei Tiefen von 1200 m eine Temperatur von 11,7 Grad messen. Er kam sogar noch tiefer, bis 1600 Meter.

Seine Ergebnisse teilte Kapitän Ellis einem befreundeten Priester in England mit, der sie in den Berichten der »Royal Society of London« veröffentlichte. Der Kapitän, ein sehr praktisch veranlagter Mensch, benutzte das kalte Wasser übrigens für sein tägliches Bad und um seinen Wein auf gaumenfreundliche Temperaturen abzukühlen.

Vogel- und Eisbeobachtungen

Noch am selben Tag fingen wir mit den Seevögel-Zählungen an. Plötz suchte Freiwillige und stellte einen Dienstplan auf, der auch einige der Biologen an Bord betraf. Wir besprachen den Plan und konnten dementsprechend auch unsere Beobachtungszeiten im voraus einteilen. Die Zählung der Vögel gehört zu einem internationalen Programm, an dem sich die meisten Schiffe in der Antarktis beteiligen. Keiner der sechs Freiwilligen war von dem Nutzen des Projekts wirklich überzeugt, aber hoffte trotzdem, daß irgendwann in der fernen Zukunft irgendwo jemand mal von unseren Ergebnissen profitieren würde. Wir begaben uns in dreistündigem Abstand zu einem etwa zehnminütigen Spaziergang aufs A-Deck, zählten die Vögel nach Arten getrennt und trugen das Ergebnis auf einer Karte ein, zusammen mit ein paar Worten über das Wetter, die Sichtverhältnisse und über das, was das Schiff zum Zeitpunkt der Beobachtung gerade machte, zum Beispiel im freien Wasser fahren, eisbrechen oder auf Station liegen.

Am frühen Nachmittag hatte ich auf meiner Strichliste acht oder neun antarktische Sturmvögel und Schneesturmvögel. Es sind die im südlichen Polareis am weitesten verbreiteten Vogelarten, erstere sind weiß, mit einer auffallenden braunen W-Markierung auf den Flügeln, letztere haben ein makellos weißes Federkleid, aber dafür kohlrabenschwarze Augen und Füße. Mit dem Eintritt ins Packeis hatten uns die Albatrosse und Kaptauben verlassen, die uns während der Fahrt über das offene Meer begleitet hatten. Jetzt flatterten und umkreisten uns die ganze Zeit diese viel kleineren Vögel der hohen Antarktis — oft die einzigen Lebewesen außer uns.

Wir wurden angehalten, bei unseren Beobachtungen auch nach Robben und Walen Ausschau zu halten; mit einem Fernglas suchte ich das gesamte wogende Eisfeld ab, aber die dünne Decke konnte keine Robben tragen und war für Wale andererseits wahrscheinlich zu dick und zu groß, um sie zu durchbrechen. Jedenfalls tauchten bei meinen ersten Zählterminen keine dieser Tiere auf.

Am selben Tag fingen auch die Eisbeobachtungen an, die Michael Spindler für einen Kollegen vom AWI, Manfred Lange, organisierte, der als Meereisspezialist am vorigen Fahrtabschnitt teilgenommen hatte. Für die Eisbeobachtungen war — im Vergleich zu den Vogelzählterminen — ein noch größeres Team von Wissenschaftlern aus allen möglichen Fachbereichen aufgestellt worden. Sie sollten Tag und Nacht einmal in der Stunde die Eisverhältnisse aufzeichnen, so lange, bis wir mitten im Packeis steckten. Obwohl zeitaufwendiger als die Vogelbeobachtungen, kamen uns diese Beobachtungen direkter zugute. Die Eisverhältnisse waren für uns alle von Bedeutung. Sie veränderten sich laufend während der Fahrt; jeder benötigte für den einen oder anderen Zweck Aufzeichnungen über Form und Dicke des Eises sowie über Wasserrinnen und Waken. Am Ende sollten alle Beobachtungsergebnisse miteinander verglichen und analysiert werden. Ich schloß mich dem Team bereitwillig an und fand mich aus diesem Grund am Nachmittag zum ersten Mal auf der Brücke ein.

Eigentlich ungewöhnlich, daß ich sie nicht schon vorher besichtigt hatte; sie stand jedem, der dort zu tun hatte, offen, und ich war genauso neugierig auf das Kontrollzentrum des Schiffes wie die anderen. Auf einer Brücke herrscht allerdings meistens ziemlicher Betrieb, und Besucher stehen oft nur im Weg. Von meiner Ausbildung bei der Marine und aus Erfahrung von vielen Schiffsreisen wußte ich, daß man die Brücke besser nur dann betritt, wenn man einen guten Grund dazu hat. Aber den hatte ich jetzt ja und fand mich daher zunächst einmal am Tag auf der Brücke ein, später, als ich mich auch an den Eisbeobachtungen beteiligte, sogar mehrere Male am Tag.

Meine Schüchternheit war ganz unangebracht gewesen, auf der Brücke waren meist nur der wachhabende Offizier und ein Matrose, und die beiden schienen sich durch die Anwesenheit einer dritten Person nicht gestört zu fühlen. Manchmal stand ich nur einfach da und beobachtete, manchmal unterhielt sich der wachhabende Offizier auch gerne, und so erfuhr ich viel Interessantes über das Schiff, die Reise, die deutsche Handelsschiffahrt und viele andere Dinge, über die man sich so unterhalten kann. Weil die Brücke der am höchsten gelegene Beobachtungspunkt des Schiffes war, nur das offene Peildeck auf dem Dach der Brücke und das Krähennest im Hauptmast liegen noch höher, konnte man von da aus gut überblicken, was um einen herum geschah: das Fortkommen des Schiffes durch die Eisdecke, die Vögel, das Wetter, später dann die Schelfeiskante, die Küste.

Während der drei folgenden Tage drangen wir immer tiefer ins Eis ein, Scheibeneis wechselte über zu Schollen, die Schollen zu einer geschlossenen Decke. Dann, gerade als wir dachten, wir hätten festes Packeis erreicht, öffnete sich die Decke wieder, und wir konnten durch breite offene Wasserrinnen weiterfahren. Wir befanden uns in einer Randzone, in die die Dünung des offenen Meeres noch immer eindringen und die sich gerade bildende Eisdecke wieder aufbrechen konnte; der Wind blies stark genug, die aufgebrochene Decke auseinanderzutreiben, so daß vorübergehend offene Wasserstellen entstanden, die es uns ermöglichten, ohne große Hindernisse Richtung Süden weiterzufahren.

Eigentlich bin ich Biologe, aber Meereis hat mich schon immer besonders interessiert. Als junger Forscher verbrachte ich kurz nach dem Zweiten Weltkrieg drei Jahre in der Antarktis, fuhr in Hundeschlitten über das Meereis, überflog es, landete mit Flugzeugen darauf und mußte einmal sogar notlanden – so bin ich eigentlich zur Biologie gekommen. Ich habe mein Zelt auf Meereis aufgeschlagen, darauf geschlafen, gekocht, Robben gejagt, wurde fortgetrieben, bin eingebrochen und war eingeschlossen, so daß ich unfreiwillig ein drittes Jahr in der Antarktis verbringen mußte.

Es war faszinierend, von der Brücke eines Eisbrechers aus jetzt eine völlig neue Perspektive zu erleben. Schwere Schlitten über weite Gebiete aus gefrorenem Trümmereis und Preßeisrücken ziehend hatte mir nur eine Ansicht vermittelt, jetzt konnte ich von oben beobachten, wie sich ähnliche Gebiete und Rücken formierten, und die gewaltigen Kräfte spüren, die sie hervorriefen. Außerdem machte es mir Spaß, jetzt, nach den Jahren mit Zelt, Schlafsack, Primuskocher und Dörrfleisch, in einem geradezu luxuriös mobilen schwimmenden Hotel zu reisen. Nicht um alles in der Welt möchte ich die harten Jahre missen, aber ich bin auch glücklich, daß ich lange genug gelebt habe, um beides erleben zu können.

Über die Gangway aufs Eis

Noch bevor die Schollen stark genug waren, einen Menschen zu tragen, fingen Michael Spindler und sein Team an, Eiskernbohrungen durchzuführen. Die erste Gruppe wurde seitlich aufs Eis heruntergelassen, mit einem Gerät, das allgemein der »Mummy Chair« genannt wurde – eine hellrote Stahlkiste, 1,5 m mal 2,5 m, an deren vier Ecken Seile angebracht waren und die dann mit der Winsch oder einem Kran aufs Eis heruntergelassen wurde. Als dieses unbequeme Beförderungsmittel zum ersten Mal eingesetzt wurde, wehte ein starker Wind. Das Schiff schlingerte deutlich spürbar; wir waren weit draußen im Eis, aber die Dünung war durchdringend genug, um die Schollen um uns herum in Bewegung zu bringen. Obwohl der »Mummy Chair« mit Seilen vom E-Deck aus in Position gehalten wurde, bekam er doch einen Windstoß ab und schwenkte aus. Ängstlich schauten die fünf Passagiere zu, wenn sich die Kiste langsam dem Eis näherte, nur um dann beim nächsten Schlingern wieder hochgezogen zu werden. Beim zweiten Versuch rutschte sie seitlich weg und hätte ihre wertvolle Fracht fast ausgekippt, als sie zur Ruhe kam.

Es war ein echtes Spektakel, an der Reling drängten sich die Zuschauer und brachen bei jeder Panne in wohlmeinenden Beifall aus. Jetzt senkte sich der schwere Haken, an dem die Kiste hing, langsam und bedrohlich auf die Passagiere, bis sich der Mann an der Winsch schließlich unserer erbarmte. Jetzt war mir auch klar, warum bei Ausflügen mit dem »Mummy Chair« Schwimmanzug und Sicherheitshelm zur Ausrüstung gehörten.

Die Eisgruppe sammelte sich und nahm dann ihre Kernbohrungen vor, ohne dabei den »Mummy Chair« zu verlassen. Sie lehnten sich dazu über die Seiten und benutzten motorangetriebene Bohrer, die schnell in die weichen Schollen eindringen konnten. Die Routine verlief so, wie Pia sie schon beschrieben hat; die Bohrkerne wurden sofort in Plastikzylinder gesteckt, zurück an Bord gehievt, dort mit Thermometern sondiert und in 10 cm dicke Stücke zersägt. Die Abschnitte kamen in fest verschlossene Glasbehälter, wurden gekennzeichnet und zur Kältelagerung für unterwegs ins Labor auf Deck E gebracht.

Zwei Tage darauf, am Dienstag, dem 7. Oktober, legte die Mannschaft die Gangway aus, und zum ersten Mal konnten wir die Eisdecke betreten.

Es war ein Morgen, den ich nie vergessen werde. Um fünf Uhr früh übernahm ich nach einer fast klaren Nacht den ersten Beobachtungsposten. Es war sehr kalt, das erste Licht schimmerte bereits, es waren keine Vögel in Sicht, die Dämmerung hüllte den Himmel und das Meereis in ein alles durchdringendes rosa Leuchten. Der weiße Aufbau der »Polarstern« glühte in einem hellen Rosa, und die Brücke hatte sich in eine Märchengrotte verwandelt. Es hätte mich nicht überrascht, wenn

174

jetzt St. Nikolaus mit Bart und Handglocke aus dem Himmel geschwebt wäre; eine gute Fee hinter dem Fenster winkte mit einer Tasse heißen Kaffee, ich trat ein, taute langsam auf und betrachtete mit dem Offizier die atemberaubende Szenerie.

Mit voller Kraft bewegte sich das Schiff auf seinem Südsüdwestkurs mühelos durch eine Rinne, die sich über Nacht aufgetan hatte, nun aber wieder zugefroren war. Das neue zentimeterdicke und pechschwarze Eis war mit kristallartigen Eisblumen geschmückt, in denen sich die Sonne fing und die wie Edelsteine funkelten. Aus der Eisdecke stieg glitzernder Dampf auf, und in den Luftwirbeln vor den Fenstern tanzten die Eisnadeln. Während der letzten beiden Tage war die Lufttemperatur stetig gesunken; über Nacht war sie noch einmal abgesackt, und der Temperaturanzeiger auf der Brücke stand bei −22° C, der bislang niedrigsten Temperatur.

Die Rinne erstreckte sich bis zum Horizont; zu beiden Seiten eine geschlossene Eisdecke, so weit das Auge reichte; der Schnee verhüllte alles zu einer Gleichförmigkeit, aus der nur ein feines Netz aus Preßeisrücken und hie und da verstreut rosafarbene Eisberge ragten. Schweigend sahen wir dem Schauspiel eine halbe Stunde lang zu, tranken unseren Kaffee und bestaunten das langsam verblassende rosa Leuchten, das dann einem hellen, aber intensiven Blau wich. Die Brücke kehrte wieder zu ihrer prosaischen, aber nicht ungefälligen Schattierung aus Grün, Grau und Blau zurück. Die gute Fee, zurückverzaubert in den Zweiten Offizier der Hapag-Lloyd AG, trank den letzten Schluck Kaffee. »Heute können Sie alle aufs Eis und eine Schneeballschlacht veranstalten«, meinte er, »aber ohne mich − ich gehe sofort nach dem Frühstück in die Koje.«

Kurz nach acht Uhr hielt das Schiff für eine Station an; die Mannschaft, unterstützt von einem Kran, hievte die Gangway über die Seite. Zuerst schritten die Meereisbiologen mit ihren Kisten und der Ausrüstung die Landungsbrücke runter, gefolgt von all denen, die etwas Zeit übrig hatten und sich ein bißchen bewegen wollten. Die Ausfahrt aus Kapstadt lag erst zehn Tage zurück, und die Fahrt Richtung Süden war relativ ruhig verlau-

175

fen, aber es schien eine Ewigkeit her, daß wir uns auf anderem Boden als schwankenden Decks bewegt hatten.

Dieses Eisgebiet war nicht gerade besonders aufregend, es gab zum Beispiel keine Robben oder Pinguine, die die Szene etwas lebendiger gestaltet hätten. Aber als ich mich in das Buch an der Gangway eintrug, fühlte ich mich, als würde ich in Urlaub fahren. Wenn auch nur für eine halbe Stunde − wir waren das Schiff los, wir konnten uns frei auf dem frischen knirschenden Schnee bewegen, der in dem hellen Sonnenlicht funkelte und der kreuz und quer mit feinen Windskulpturen durchzogen war, die noch kein Mensch vor uns zu Gesicht bekommen hatte.

Schnee, Wind und Sonne können jede Szenerie verzaubern. Das weiß jeder Nordeuropäer, und Millionen von Weihnachtskarten erinnern ihn jedes Jahr daran. Und selbst im nichtssagenden antarktischen Meereis wirkt dieser Zauber: Die graue und öde Eislandschaft unter einem wolkenverhangenen Himmel wird zum Leben erweckt, wenn vom Wind geformte Schneeskulpturen und die Sonne sie zum Blühen bringen. Über den Neuschnee wehen starke Windströmungen hinweg, packen ihn hart zusammen und formen lange, glatte Verwehungen zu stromlinienartigen Gebilden − *Sastrugi* −, die bei Sonnenschein lange Schatten werfen und von innen in einem feinen bläulichen Licht leuchten.

Einige von uns wollten Schneebälle werfen, aber dafür braucht man nassen Schnee, und dieser war zu kalt und zu trocken. Es war jetzt tatsächlich spürbar kalt geworden, unter −22° C, und es wehte ein scharfer feiner Wind, der uns auf Trab hielt. Den meisten reichte deshalb die halbe Stunde auf dem Eis. Wir halfen den Biologen, ihre Ausrüstung die Gangway hochzutragen, meldeten uns zurück an Bord und waren froh, unsere Freiheit mit einer heißen Tasse Kaffee und der warmen Messe zu vertauschen.

Wir nähern uns der Küste

Langsam, aber sicher wurde das Eis um uns herum immer dikker und schwerer, es sah aus, als ob es nicht mehr nur ein paar Tage alt war, sondern schon Wochen oder gar Monate, an manchen Stellen von Preßeisrücken durchsetzt und zusammengedrückt.

Es war die Art von Eisdecke, die Robben bevorzugen, und wir sahen auch unsere ersten Robben − drei Krabbenfresser −, als wir gemächlich durch eine Rinne tuckerten. So reizvoll und anmutig sie im Wasser auch sein mögen, an Land oder auf Eis sind sie träge und schwerfällig. An schönen Tagen ziehen sie sich zurück und schlafen, und wenn dann noch die Sonne scheint und es windstill ist, nehmen sie ihren Schlaf sehr ernst. Wir fuhren in einem Abstand von weniger als hundert Metern an der ersten Gruppe vorbei, aber der deutsche Eisbrecher und die neugierigen Wissenschaftler an Bord schienen sie nicht im geringsten zu interessieren; eine Robbe gähnte, eine zweite blinzelte mit einem Auge, und die dritte unterbrach nicht einmal ihren Schlaf.

Obwohl wir seit Tagen Temperaturen weit unterhalb des Gefrierpunktes hatten, gab es noch viele offene Wasserrinnen, die wir, wenn eben möglich, auch benutzten. So kamen wir auf der Fahrt Richtung Küste gut voran, sogar schneller als erwartet. Um mir ein übersichtliches Bild von der Eisdecke und den Wasserrinnen zu verschaffen, suchte ich jeden Tag die meteorologische Station auf dem A-Deck. Jochen Püttker, der die Wettervorhersagen aufstellte, und Wolf Ochsenhirt, der die elektronischen Geräte bediente, leiteten die Station. Jochen und Wolf vom Seewetteramt Hamburg des Deutschen Wetterdienstes hatten auf Schiffen und an abgelegenen Küstenorten jahrelang Erfahrung auf dem Gebiet der meteorologischen Beobachtungen sammeln können. Jochens Arbeit war schwierig, denn es gab im weiten Umkreis nur wenige Stationen, die uns gute Wetterinformationen hätten geben können. Unverdrossen ließ er sich aber jeden Morgen an seinem Schreibtisch nieder, gliederte die magere Datenausbeute und zeichnete eine Wetterkarte, auf deren Grundlage er dann die Voraussage für den Tag zusammenstellte.

Unterstützt bei seiner Arbeit wurde er von amerikanischen und sowjetischen Satellitenbildern, die zwei- bis dreimal täglich über Funk empfangen und in spektakuläre Fotografien, die das gesamte Gebiet des Weddell-Meeres abdeckten, umgewandelt wurden. Aus den Wolkenformationen auf diesen Bildern konnte Jochen schließen, wo sich die Wettersysteme befanden und wie schnell sie sich fortbewegten. An klaren Tagen konnte man auf den Fotos auch die antarktische Küste vor uns erkennen, die uns umgebende Eisdecke und das Rinnensystem hinter uns. Dunkle Schatten entlang des Kontinents wiesen auf das eisfreie Gebiet an der Küste hin, auf die wir zusteuerten.

Am 10. Oktober, einem wunderbaren klaren Tag, setzten auch wir nach dem Frühstück unsere erste Argos-Boje aus. Für diese Bojen muß die Eisdecke dick genug sein, damit sie sie trägt, aber wiederum nicht zu dick, damit die Batterien im unteren Behälter so dicht am Wasser bleiben können, daß sie nicht gefrieren.

Christoph Kottmeier, verantwortlich für das meteorologische Programm, entschied, daß Ort und Zeit jetzt gekommen wären: Seine Gruppe beförderte die erste Boje mit einem Schlitten auf eine Scholle, die stabil genug aussah, bohrte in der Mitte ein Loch ins Eis und stellte sie dann aufrecht hin, eine Arbeit, die fast den ganzen Morgen beanspruchte. Am darauffolgenden Morgen setzten sie 60 nautische Meilen weiter, ein Grad weiter südlich, noch vor dem Frühstück die zweite Boje aus. An dem Morgen herrschte scheußliches Wetter, ich war schon um sechs Uhr auf und sah, wie die Gruppe durch das Schneetreiben stapfte und dieses komische orangefarbene Monster hinter sich herzog. Diesmal dauerte es nicht mal eine Stunde. Im Laufe der folgenden Tage setzten wir weitere Bojen nach einer bestimmten Anordnung aus. Mehrere Monate lang lieferten sie uns zuverlässige Daten.

Wir rückten immer näher an den Kontinent, das Eis wurde mächtiger, die Rinnen kürzer, und schließlich mußten wir uns unseren Weg durch über meterdicke Preßeisrücken bahnen. Wir waren von Eisbergen umgeben, und während der Station am Nachmittag stieß die Rosette schon bei 1666 Metern auf den Meeresboden; nachdem wir es tagelang nur mit Tiefen von 5000 Metern zu tun gehabt hatten, hatten wir jetzt den Kontinentalhang erreicht. Gegen Abend brachen wir noch einmal zu einer breiteren Rinne offenen Wassers durch, aber gegen Mitternacht verlangsamte sich die Fahrt fast auf Null. »Es hat keinen Zweck, zu nahe heranzufahren«, sagte der wachhabende Offizier, »es reicht, um rüberfliegen zu können. Wenn das Wetter gut ist, sind wir morgen auf der Neumayer-Station.«

Die Georg-von-Neumayer-Station

Als ich mich am Sonntag, dem 12. Oktober, zum Schreiben in mein eigenes Labor zurückzog, hörte ich das Dröhnen des Hubschraubers und sah, wie er auf die Küste zuflog. Er hatte die Morgensonne erwischt, und ich blickte ihm Richtung Süden nach, bis er außer Sicht war.

Dann hörte ich, wie über Lautsprecher mein Name ausgerufen wurde, ich war für den nächsten Flug zur Georg-von-Neumayer-Station, zwanzig Minuten später, eingeteilt. Das kam ganz unerwartet, und ich mußte schnell handeln — Schwimmanzug aus dem Frachtraum, gefütterte Stiefel aus dem Spind, Schal, Handschuhe, Extrasocken (warum, weiß ich nicht, aber es schien mir ganz ratsam), Notschokolade und den Fotoapparat aus der Kabine. Ich hörte, wie der Hubschrauber zurückkehrte, rannte raus zur Landeplattform und kam gerade noch rechtzeitig, um mit Christoph Kottmeier, Monika Rhein, Frau Hempel und einem ganzen Stapel Pakete für die Station in den Hubschrauber verfrachtet zu werden.

Ein ruhiger, angenehmer Flug brachte uns über das Packeis zur Schelfeiskante und dann noch sieben Kilometer über das Ekström-Schelfeis landeinwärts, entlang einer Art Straße, die durch Ölfässer gekennzeichnet war. Die Station selber, tief im Schnee begraben, sah aus wie ein halb versunkenes Schiff, wir erkannten nur Masten, Belüftungsschächte und Gebilde, die wohl die Treppentürme sein mußten, die nach unten führten.

Wir landeten, taumelten aus der Maschine und wurden von einem großen, bärtigen Menschen in einer fast steif gefrorenen Windjacke begrüßt. Ein kräftiger Wind wehte; der Schnee pfiff uns um die Ohren und wurde vom Hubschrauber noch hochgepeitscht, als er wieder abhob, um die nächste Gruppe vom Schiff zu holen. Unser Führer schüttelte jedem die Hand, hieß uns willkommen und begleitete uns zur Haupttreppe. Wir passierten eine dicke Kühlschranktür, stiegen eine metallene Wendeltreppe hinunter, wieder durch eine Kühlschranktür, über einen mit Kunststoff ausgelegten Korridor und standen dann schließlich in der Georg-von-Neumayer-Station.

Georg von Neumayer war ein berühmter deutscher Geophysiker des vergangenen Jahrhunderts und Initiator der Polarforschung. Die nach ihm benannte Station widmete sich Forschungen im Bereich der physikalischen Wissenschaften. Sie wurde im Sommer 1981/82 errichtet und gerade so tief eingegraben, daß sich der Neuschnee darüber gleichmäßig ansammeln konnte. Heute liegt die Station über sieben Meter tief, und jedes Jahr legt der Schnee einen halben Meter zu. An den Küsten der Antarktis, wo der Niederschlag sehr hoch ist, verbleiben derartige Stationen nicht lange an der Erdoberfläche. Wenn man ein, zwei Jahre lang den Schnee immer wieder wegräumt, bleiben sie noch sichtbar, aber früher oder später begräbt der Schnee sie unter sich, und alle Benutzer werden zu Höhlenbewohnern. Sofern die Gebäude nicht speziell dafür gebaut sind, werden sie bald durch den wachsenden Druck der Schneemassen zusammengequetscht und müssen schließlich aufgegeben werden. Viele in den vergangenen Jahren entlang der antarktischen Küste errichteten Stationen ereilte dieses Schicksal. Sowohl im Ross-Meer als auch im Weddell-Meer schwimmen Tafeleisberge, die sich von ihrem Schelfeis losgelöst haben und in denen die versprengten, historisch faszinierenden Überreste ganzer Stationen stecken.

Angesichts dieses Problems entwarfen die Konstrukteure der Neumayer-Station ein Gebilde mit zwei Röhren aus geriffeltem, verzinktem Stahl, die durch eine Querverbindung miteinander verbunden und in der Lage sind, dem massiven Druck der wachsenden Schneemassen ein Jahrzehnt oder mehr standzuhalten. Die Wohnquartiere und Labors bestehen aus genormten Containern. Sie sind miteinander verbunden und stehen, einer hinter dem anderen, auf einer stabilen Holzplattform im Innern der Röhren. Über mehrere Treppen ist die Station mit der Außenwelt verbunden. Am Ende einer dieser Treppen befindet sich eine Rampe, die von Zeit zu Zeit mit Schneepflügen freigeräumt wird und über die die für die Arbeit der Station notwendigen Vorräte und technischen Ausrüstungsgegenstände ins Innere geschafft werden können.

In dem hellerleuchteten, mit lindgrüner Farbe ausgestrichenen Korridor zogen wir uns die Schuhe aus und legten die schwere Kleidung ab. Die netten jungen Wissenschaftler der Stationsbesatzung stellten sich vor und führten uns dann in die Hauptmesse. Teppiche, niedrige Decke, lange polierte Tische, lederbezogene Sofas und Sessel, an den Wänden Bücherregale und freundliche Urlaubsposter − ein wirklich komfortabler, geschmackvoller Raum, den man da tief unter dem antarktischen Schnee gar nicht erwartet hätte.

Die Luft war frisch, der ganze Raum sah sauber und gepflegt aus, und auf dem Tisch standen Kaffee, ein paar Snacks und frischgebackener Kuchen. Der Arzt und Stationsleiter Friedrich Schuster − es war der, der uns schon am Hubschrauber abgeholt hatte − hieß uns noch einmal willkommen; Professor Hempel, der mit dem ersten Flug gekommen war, dankte im Namen der Gäste, und dann unterhielten wir uns mit unseren Gastgebern bei einer Tasse Kaffee.

Norbert Kaul, einer der beiden Geophysiker, unternahm mit mir eine kurze Besichtigungstour. Im Winter haben neun Personen bequem Platz in der Station; im Sommer jedoch erhöht sich die Anzahl der Bewohner, Gruppen mit Schlitten und technische Inspektoren kommen hinzu, und oft ist die Station überfüllt.

In dem winzigen Hospital traf ich den Arzt, der hier einen angenehmen Winter verbracht hatte, weil er kaum praktizieren brauchte: zuwenig Patienten – und die auch noch gesund. In den Labors lernte ich den Elektriker kennen, den Ingenieur und einen der beiden Meteorologen; der andere, wurde mir mitgeteilt, schlief sich nach einer Nachtschicht gerade aus. Dann ging es schnell vorbei an den ununterbrochen stampfenden Dieselgeneratoren, die Tag und Nacht Strom lieferten, durch die gut ausgestatteten Arbeitsräume, die Werkstatt, dann durch die Waschräume, die spartanisch, aber ausreichend eingerichteten Kabinen und am Ende des Rundgangs in die kleine Kombüse zurück. Der Koch führte mich in den Vorratsraum voller Konserven und Trocken- und Gefriernahrung; sie lebten ganz gut, versicherte er mir, und ich glaubte es ihm. Ein paar aus unserer Gruppe räumten die Tassen und Teller ab und hielten beim Abwasch ein halbstündiges Schwätzchen.

Ich hatte den Eindruck, daß es sich um eine zufriedene, zwanglose, aber doch in sich geschlossene Gemeinschaft handelte, die sich auf unseren Besuch gefreut hatte, aber auf Außenkontakte auch nicht unbedingt angewiesen war. Der Sommer würde besseres Wetter bringen, und man konnte mehr Zeit draußen im Freien verbringen, mit dem Motorschlitten den Kaiserpinguinen und Robben in der Atkabucht einen Besuch abstatten. In der Zwischenzeit stand ihnen ein bequemes, behagliches Heim zur Verfügung.

Die Zeit verging viel zu schnell, und wir mußten wieder gehen; wir holten unsere Stiefel, die Windjacken, stiegen die Wendeltreppe hoch und verabschiedeten uns.

Die Station tief unten im Schnee hatte zwar nichts Bedrückendes an sich, aber es tat doch gut, wieder an der frischen Luft zu sein. Der Wind war nicht mehr so stark, die Sonne schien hell, der Himmel war strahlend blau, und der Schnee glitzerte. Als wir auf den Hubschrauber warteten, fragte ich mich, wie mir wohl ein Jahr als Höhlenbewohner bekommen würde. Bislang hatte ich in der Antarktis immer in Stationen gearbeitet, die an der Erdoberfläche lagen, wo es Fenster gab und man den Himmel sehen konnte. Es bedurfte eines Besuches auf der Neumayer-Station, um mir darüber klarzuwerden, was für ein Glück ich bislang gehabt hatte.

Wir flogen los, über die Atkabucht hinweg. Unterhalb der Eisklippe sah ich die Kolonie der Kaiserpinguine, die jedes Jahr dorthin zurückkehren, um zu brüten. Die meisten standen im Schutz der Klippe, zwei kleinere Gruppen befanden sich in der Nähe eines Eisbergs in der Mitte der Bucht. Ich nahm mir vor, Professor Hempel zu fragen, was man über diese Kolonie wußte, wieviel brutfähige Tiere ihr angehörten und wie ihre Lebenschancen waren. Die Station lag nur ein paar Meilen entfernt, und die Atkabucht bot daher die Gelegenheit, Robben und Pinguine das ganze Jahr über zu studieren.

Die Wasserrinne entlang der Küste

Als wir wieder auf der Landeplattform aufsetzten, hieß ich die »Polarstern« diesmal besonders willkommen. Bei unserem Abflug war sie noch von kleinen Eisscheiben umgeben, die jedoch in den Morgenstunden größer geworden waren und schon bald in eine geschlossene Decke übergehen sollten. Während unseres Sonntagsausflugs war an Bord die Arbeit weitergegangen; Bongonetz, Fransznetz, Mikronetz und AquaTracker waren alle zum Einsatz gekommen, und nach dem Mittagessen wurde das Schleppnetz ausgeworfen. Das konnte nur geschehen, wenn der Hubschrauber nicht draußen war, denn bei den Bewegungen des Hebegalgens waren Flugoperationen zu gefährlich. Das Schleppnetz wurde in die Tiefe gelassen und traf schon bei 300 Metern auf den Meeresboden. Nach kurzer Fahrt, nur wenige hundert Meter weiter, tauchte es wieder auf, voll grauem Matsch, Schwämmen, Schlangensternen, Würmern, Chitons und ein paar kleiner Fische. Der ganze Fang wurde gleich durch die Decksluke nach unten in den Fischraum befördert, wo ein halbes Dutzend eifriger Biologen über ihn herfielen und so etwas wie Ordnung in das Durcheinander brachten. Ich sah zu und half ihnen dann bis zum Kaffeetrinken.

Sonntags gab es immer Schwarzwälder Kirschtorte zum Kaffee, und die beiden Stewardessen der Messe auf dem B-Deck,

Sylvia Friedrich und Irene Pötsch, trugen aus diesem Anlaß extra weiße Blusen und schwarze Röcke. Die beiden bildeten ein munteres Team, sie arbeiteten hart, versorgten uns bestens und hatten immer noch ein nettes Wort für jeden übrig.

Beim Abendessen unterhielt ich mich mit Tom Grenfell, einem Physiker von der University of Washington, dessen Arbeit unter anderem in der Messung der Kurzwellenstrahlung besteht, die von der Eisdecke reflektiert wird. Er gehörte zu dem Team, das die Eisdecke ständig beobachtete. Er befürchtete, daß wir jetzt in der Nähe der Küste die Routinebeobachtungen vernachlässigen würden. Wir waren beide der Ansicht, daß wir auf die kontinuierlichen Berichte über die Eisverhältnisse angewiesen waren. Mittlerweile waren wir bei der zweiten Tasse Kaffee angelangt und beschlossen, daß die Beobachtungen zu wertvoll waren, um einfach eingestellt zu werden, und daß wir beide sie weiterführen wollten – weniger Beobachtungen am Tag, aber dafür detaillierter.

Als das geklärt war, unterhielten wir uns über andere Dinge. Im Laufe des Gesprächs stellte sich heraus, daß Tom noch auf eine zweite, völlig andere Art mit der Polarregion verbunden war: Er war der Enkel von Sir Wilfred Grenfell, Arzt, Missionar und Begründer der »International Grenfell Association«, der in den ersten Jahrzehnten dieses Jahrhunderts mit den Fischern und Fallenstellern in Labrador zusammengearbeitet hatte, Hospitäler, Schiffskrankenhäuser, Schulen und Waisenhäuser errichtet und Industriegebiete erschlossen hatte. Tom hatte seinen Großvater nie kennengelernt, er starb, bevor Tom auf die Welt kam, aber er sprach mit Stolz von ihm. Ich hatte immerhin eine kuriose, indirekte Verbindung mit der Arbeit von Wilfred Grenfell anzubieten, denn er war immer mit Hundeschlitten unterwegs gewesen, um seine verstreuten Patienten zu erreichen, und brachte auch seinen Sanitätsoffizieren den Umgang mit Hundeschlitten bei. Es war ein ehemaliger Chirurg aus der Gruppe um Grenfell, der meine erste Polarexpedition geleitet hatte und die Antarktisforscher meiner Generation mit den Techniken der Hundeschlittenführung vertraut gemacht hatte, die er in Labrador gelernt hatte.

Am Montag ließen wir die Atkabucht hinter uns und fuhren weiter entlang der Küste Richtung Südwest. Wir befanden uns jetzt in der Küstenpolynya, dem eisfreien Gebiet, das sich erst kürzlich durch Windströmungen auf eine Breite von sieben bis acht Kilometer erweitert hatte. Das Wetter war einmalig schön, und das Schiff schob sich ohne jede Anstrengung durch die dünne Eisdecke, die sich über Nacht gebildet hatte. Zur Linken erhoben sich die Eisklippen der Schelfeiskante, und auf der Steuerbordseite breitete sich am Horizont das Packeis aus. Niedrige Eisberge, die sich frisch von den Klippen gelöst hatten, trieben erhaben an uns vorbei.

Wir wollten jetzt möglichst bald das Drescher-Inlet erreichen, solange das gute Wetter noch anhielt. Dienstag morgen, in aller Frühe, fuhren wir um die letzte Schelfeisnase herum und näherten uns unserem Ziel. Professor Hempel und Kapitän Suhrmeyer flogen mit dem Hubschrauber voraus, um einen guten Platz für das Camp zu suchen, und gegen Mittag machten wir neben einem soliden Brocken aus festem Eis halt.

Das Drescher-Inlet ist eine Spalte, eine Art Fjord im Riiser-Larsen-Schelfeis, der sich wohl vor einigen Jahren gebildet hat. Hinter den Klippen verläuft er in einem Bogen nach Süden, zwanzig Kilometer in das Schelfeis hinein. Das sich jedes Jahr im März und April auf dem Fjord bildende Meereis ist daher vor der Zerstörung durch Dünung geschützt und schon im frühen Winter fest − ein idealer Lebensraum für die beiden am weitesten südlich lebenden antarktischen Warmblüter, die Kaiserpinguine und die Weddell-Robben.

Kaiserpinguine sind die größten aller lebenden Pinguine, sie werden bis zu einem Meter groß und können bis zu 40 kg wiegen. Sie benötigen stabiles Meereis im Winter, denn im Gegensatz zu allen anderen Pinguinen brüten sie im Winter auf der Eisdecke. Im ausgehenden Herbst versammeln sie sich zur Balz auf dem neuentstandenen Eis und sind auf die Stabilität der Decke angewiesen, wenn es zur Paarung kommt und sie dann im Laufe der kältesten Monate des Jahres die Eier legen und ausbrüten. In manchen Kolonien, vielleicht bei den meisten, sinken die Temperaturen im Winter oft unter −40° C.

Weddell-Robben leben als einzige Robben der Antarktis immer in der Nähe der Küste. Den Winter verbringen sie unterhalb der Eisdecke, tauchen nur gelegentlich auf, aber schwimmen immer unter dem festen Eis, auch in hohen Breiten. Sie sind auf Risse oder Löcher angewiesen, denn es sind Säugetiere, und sie müssen daher selbst im tiefsten Winter ihre verschließbaren Nasen in die Luft strecken können. Anfang Oktober fangen sie wieder an, sich oberhalb der Eisdecke zu zeigen. Die ersten, die sich rauswagen, sind immer die tragenden Weibchen, die von Oktober an ihre Jungen gebären. Auch die Weddell-Robben brauchen also stabiles älteres Meereis, nicht unbedingt den ganzen Winter lang, aber auf jeden Fall vom Frühjahr an.

Diese beiden Spezies wollten Norbert Klages, Manfred Gräfe, Joachim Plötz und die anderen Biologen untersuchen und aus diesem Grund zusammen mit zwei Meteorologen auf dem Drescher-Inlet ein Camp aufschlagen. Obwohl das Wetter gut schien, hatte Jochen Püttker seine Zweifel; wir fingen daher sofort damit an, die Gruppe an Land zu bringen. Die beiden Hubschrauber stiegen auf, und die großen Deckkräne der »Polarstern« traten in Aktion. Vom Krähennest aus sah ich, wie die Kräne eine ganze Reihe Holzkisten, jede zwei mal zwei Meter und einen Meter hoch, über die Reling hievten und seitlich sanft auf das Eis aufsetzten. Dann flogen die Hubschrauber so, daß sie wenige Meter über den Kisten in der Luft stehenblieben, während sich dick eingepackte Gestalten, sich gegen den Abwind des Rotors stemmend, daranmachten, die Kisten an einem Haken unterhalb des Rumpfes zu befestigen. Mit einem Dröhnen stieg dann jede Kiste einzeln die Luft und verschwand Richtung Camp, vom Klippenrand eine halbe Meile landeinwärts gelegen.

Anschließend wurden 150-Liter-Fässer abgeladen, mit Kerosin aus den Schiffstanks gefüllt, dann zu je drei zusammengebunden und ebenfalls zum Camp geflogen. Auf dem Drescher-Inlet wartete bereits die Baumannschaft, um die Ladungen entgegenzunehmen und das Camp zu errichten. Mit meinem Fernglas konnte ich verfolgen, wie die Hütten langsam Gestalt annahmen und das Lager immer größer wurde, je mehr von den Frachtgütern und Vorräten eingeflogen wurde. Es war eine eingespielte Operation, die den ganzen Nachmittag bis in den frühen Abend andauerte. Bei dem abendlichen Palaver wurde uns mitgeteilt, daß insgesamt Güter mit einem Gewicht von über 16 t bewegt worden waren, daß die Hütten halb fertig waren und daß bei Tagesanbruch die letzten Fässer mit Treibstoff rübertransportiert würden.

Kapitel 10
Unter Walen und Pinguinen

In den nächsten sechs Wochen patrouillierten wir mit der »Polarstern« vor der Küste von Dronning Maud Land und Coats Land hin und her und machten gelegentliche Abstecher in die tieferen Gewässer weiter draußen, um dort das Meereis zu untersuchen, den Meeresboden und die Wasserschichten dazwischen. In den ersten zehn Tagen erstreckte sich unser Arbeitsbereich hauptsächlich auf das Küstengebiet entlang des Drescher-Inlets, aber auch auf das Tiefenwasser, um an den eisfreien Stellen und unter dem nahe gelegenen Meereis die Lebensbedingungen in den ersten Frühlingstagen zu untersuchen.

Die Eisküste hier ist typisch für etwa neun Zehntel der antarktischen Küstenlinie, eine Küste ohne Strände, Felsklippen oder Inseln. Eisküsten entstehen in Gebieten, in denen sehr viel Schnee fällt, der sich dann, bevor er schmilzt oder verdampft, zu Firn verfestigt. Auf der Neumayer-Basis hatten wir gesehen, welche Auswirkungen das hat. Der Niederschlag einer ganzen Saison wird durch die sich darüber ablagernden Schichten nach unten zusammengepreßt. Im Laufe von Jahren verwandelt sich der Schnee unter dem gleichbleibenden Druck in grobkörniges, kristallines Eis, im Laufe von Jahrzehnten entweicht durch die Kompression auch die Luft zwischen den Kristallen, und im Laufe von Jahrhunderten schließlich werden die Kristalle zu harten, blauen Eismassen gepreßt, die unter ihrem eigenen Gewicht ins Rutschen kommen. Die Eismassen überfluten förmlich die Ebenen und die Berge im Küstenbereich, radieren die Küstenlinie vollständig aus und schieben sich als schwimmende, von Klippen umrandete Schelfeise auf das Meer hinaus.

Die Klippen der Schelfeiskante links und rechts von uns, nur durch den blau-weißen Horizont zusammengehalten, ragten etwa zwanzig bis dreißig Meter aus dem Wasser, ungefähr ein Fünftel der Gesamttiefe der Eisdecke. Wenn man ins klare Wasser hinunterschaute, sah man, wie sich der Rest in immer dunkler werdenden Blauschattierungen in der Tiefe verlor. Die Tafeleisberge, an denen wir vorbeikamen, hatten sich erst vor wenigen Tagen von der Eisdecke gelöst und machten sich jetzt auf eine lange Reise, die sie binnen Jahren in wärmere Gewässer und damit ihrem Ende entgegenführen würde. Hinter den Klippen erstreckte sich eine gleichmäßige, sanft ansteigende schneebedeckte Eisebene, unter der sich vermutlich einige Schären versteckten; weiter landeinwärts erhob sich die Ebene über steil aufragende Gletscherstufen bis zum Südpol und darüber hinaus.

Eisküsten sind landschaftlich nicht so abwechslungsreich wie Felsküsten; es ist oft schwierig, die Schelfeiskante von gestrandeten Eisbergen oder Eisinseln zu unterscheiden, die sich losgekalbt haben. Trotzdem sind Eisküsten alles andere als langweilig, vor allem an einem schönen Morgen, wenn die Sicht klar ist. Mal im Schatten, mal von der Sonne beschienen, überzieht die Eisklippen bis in die Ferne ein zartes Farbgemisch aus Blau, Grün und Weiß, bei dem jeder Innenarchitekt vor Neid erblassen würde. Anfang des Frühjahrs liegt an ihrer Wasserlinie das Meereis, im Sommer erheben sie sich steil aus der dunkelblauen See; ein Bild, das man so schnell nicht vergißt.

Die nächsten Felsen, von unserem Küstenabschnitt aus zu erreichen, waren sogenannte Nunataks – aus dem kilometerdicken Eis herausragende Berggipfel –, 300 km landeinwärts. Vom Meer aus konnten wir die Berge nicht sehen, aber wenn wir an der Schelfeiskante entlangflogen, stiegen sie wie eine Fata Morgana am Horizont auf.

Frühere Forscher, die diese Küstengewässer befuhren, wußten aufgrund der Untiefen, daß sie sich in der Nähe von Land befanden. Heute wird statt der Lotleine ein Echolot benutzt, und unseres zeigte von See kommend kontinuierlich geringer werdende Tiefen an, als wir den Kontinentalabgang landeinwärts überquerten. Dann kam eine Art Plateau oder sanfter Hang, als wir uns der Schelfeiskante näherten.

Mit der zum Meer hin gerichteten Bewegung der Eisdecke verändert sich das Profil dieser Kante, die Hauptmerkmale bleiben jedoch erstaunlicherweise konstant. »Kapp Norvegia«, das uns auf unseren Streifzügen ein vertrautes Seezeichen wurde, erhielt seinen Namen im Jahre 1929, aber es ist noch heute wie damals eine hohe, markante Eiszunge. Die Eismassen, aus denen das Kap besteht, haben sich vermutlich sehr oft verändert, seit sie zum ersten Mal gesichtet wurden, aber sind aufgrund irgendeiner besonderen Eigenschaft des Einflusses oder des Meeresbodens stabil geblieben. Das Stancomb-Wills-Vorgebirge ist noch immer das riesige, tiefe, aus dem allgemeinen Verlauf der Küste herausragende Vorgebirge von damals. Das ist nicht selbstverständlich; Norselbukta zum Beispiel, eine kleine Bucht zwischen der Neumayer-Station und »Kapp Norvegia«, an der 1949/50 eine Expedition überwinterte, scheint verschwunden zu sein und mit ihr wahrscheinlich auch eine Brutkolonie der Kaiserpinguine. Jedoch kann man selbst aus Karten, die bis zu fünfzig Jahre alt sind, noch gut vorhersagen, wie die Klippen heute verlaufen; kluge Navigatoren genießen sie allerdings mit Vorsicht und schalten doch lieber das Schiffsradar ein. Seitdem der Küstenverlauf durch Luftaufnahmen erfaßt wird, früher von Flugzeugen, seit einiger Zeit von Satelliten aus, können Veränderungen genauer festgestellt und die dauerhaftesten Merkmale erkannt und benannt werden.

Ein Meer mit Geschichte

Die Namen in dem Gebiet des Weddell-Meeres spiegeln wider, wie sich Forscher verschiedener Nationalitäten dieses Gebiet zu eigen gemacht haben. James Weddell, gebürtiger Holländer, später Kapitän eines englischen Robbenfängers, stieß als erster in das Gebiet vor. Als Befehlshaber über eine 160-Tonnen-Brigg, die »Jane«, stach er im Februar 1823 von den Süd-Orkney-Inseln aus in See, kreuzte durch eisfreie Gewässer Richtung Süden, auf der Suche nach neuen Fanggründen, und erreichte immerhin die Breite von 74° 15′ S, ein beachtlicher Rekord für damals. Es muß, was die Eisverhältnisse betraf, ein außergewöhnliches Jahr gewesen sein, denn normalerweise befindet sich im Zentrum des Weddell-Meeres dickes und solides Packeis.

An seiner Westflanke liegt das Bellingshausen-Schelfeis, benannt nach Fabian Gottlieb von Bellingshausen, einem Deutschen, der später zum Admiral der kaiserlich-russischen Marine aufstieg und 1821 an der Westseite der Antarktischen Halbinsel die Peter-Insel und das Alexander-Land (benannt nach Zaren) entdeckte.

Auch im Nordwesten hinterließen viele Expeditionen ihre Spuren in Form von Namen. Die James-Clark-Ross-Insel und der Erebus- und Terror-Golf tragen die Namen des Kommandeurs und der beiden Schiffe einer englischen Expedition, die 1843 vergeblich versuchte, ins Weddell-Meer vorzudringen. Die nahe gelegene Joinville-Insel ist benannt nach einer französischen Expedition, die auch in der Mitte des vorigen Jahrhunderts stattfand. Dundee-Insel erinnert an den Besuch unternehmungslustiger Walfänger aus Schottland, 1892/93; ein Jahr darauf benannten norwegische Walfänger die König-Oskar-II.- und die Foyne-Küste. Das Larsen-Schelfeis erinnert an den norwegischen Kapitän einer schwedischen Expedition von 1901 bis 1903, deren Schiff, die »Antarktik«, im Februar 1903 im Packeis zerschellte. Ein Jahr darauf war es jener C. A. Larsen, der auf South Georgia die sagenhaft erfolgreiche Walfangindustrie begründete.

Weiter südlich liegt Coats-Land, benannt von dem schottischen Forscher William Bruce, der unseren Küstenbereich bis 73° S zum ersten Mal 1904 erkundete; die Coats-Brüder waren Baumwollhändler aus Glasgow, die bei der Finanzierung der Expedition geholfen hatten. Luitpold-Land, Filchner-Schelfeis und Vahsel-Bucht sind deutsche Namen, die auf Wilhelm Filchners Expeditionsfahrt mit der »Deutschland«, 1911/12, zurückgehen. Prinzregent Luitpold war ein Förderer der Expedition, Kapitän Vahsel starb während der Eisdrift.

Die Caird-Küste, der Dawson-Lambton-Gletscher und das Stancomb-Wills-Vorgebirge, von Verwaltungsfachleuten erst kürzlich in Stancomb-Wills-Eisscholle umbenannt, erinnern an Förderer von Sir Ernest Shackleton, dem aus Irland stammenden Forscher, der 1914 die Antarktis vom Weddell-Meer zum Ross-Meer durchquerte. Sein Schiff, die »Endurance«, zerschellte 1915 im Packeis des Weddell-Meeres.

Dronning (Königin) Maud Land, Prinzessin Märtha Kyst, Vestkap und andere norwegische Namen entlang der Nordostküste stammen von Walfängern, die sich in den 20er Jahren auf kleineren Entdeckungsreisen von ihrem Walfang erholten. Das Riiser-Larsen-Schelfeis und Kapp Norvegia wurden benannt nach einem norwegischen Schwimmflugzeugpiloten beziehungsweise dem Robbenfängerschiff, von dem aus er startete; in den späten 20er und 30er Jahren wurden von Norwegen aus eine ganze Reihe von Entdeckungsfahrten in die Antarktis unternommen.

In der sehr gebirgigen Landschaft hinter der Küste, manchmal auch Neu-Schwabenland genannt, tauchen sowohl norwegische als auch deutsche Namen auf. 1939 wurde dieses Gebiet während der kurzen Expeditionsreise der »Schwabenland« von der Luft aus vermessen. Erst später, 1950 bis 1952, wurde es teilweise erforscht, von einer Expedition, an der sich Norwegen, England und Schweden beteiligten und die ihr Basislager in Maudheim in Norselbukta aufgeschlagen hatte, der Bucht, die heute verschwunden ist. Im äußersten Südwesten liegt das Ronne-Schelfeis, benannt nach Finn Ronne, dem amerikanischen Leiter der Expedition, die 1947/48 weite Teile von der Luft aus vermessen konnte.

Immer wenn Dr. Berger, dessen Verantwortungsbereich sich auch auf das Unterhaltungsangebot auf der »Polarstern« erstreckte, den Videofilm über die Shackleton-Expedition zeigte, holte die Geschichte uns wieder ein. Der Originalfilm, aufgenommen an Bord der »Endurance«, dann auf dem Eis, konnte dank der aufopfernden Hingabe von dem Filmfotografen Frank

Hurley gerettet werden, als sich die Besatzung in die Rettungsboote begab. Auch Shackleton war fest entschlossen, dafür zu sorgen, daß der Film unbeschadet in die Heimat kam; er gehörte zu den wenigen wertvollen Produkten dieser Expedition, die übriggeblieben waren, und Shackleton hoffte, noch offene Rechnungen damit zahlen zu können.

Der halbstündige Film − die Kopie ist zerkratzt, das Bild unruhig und die Bilderfolge unzusammenhängend − enthält Aufnahmen von Hundeschlittenrennen auf dem Eis, von Robben und Pinguinen, von den Wissenschaftlern und der Besatzung bei der Arbeit, vom Packeis und den Eisklippen, die für uns heute schon zum Alltag gehören. Die eindrucksvollste Szene des Films zeigt die langsame, gnadenlose Zerstörung der »Endurance« in den Klauen des Packeises − das Umstürzen der Masten, das Zersplittern der Spanten und schließlich der endgültige Untergang im Eis, 28 Männer in einem Zeltlager zurücklassend.

UWE

Manchmal kam mir die »Polarstern« wie ein Spielzeugladen vor, voller wunderbarer Spielzeuge für Erwachsene. Es liegt mir fern, den wissenschaftlichen Apparat − und das repräsentierte das Schiff nun mal − oder auch unsere Arbeit ins Lächerliche zu ziehen: Spielzeuge wirken stimulierend auf den Geist, können eine neue Art des Denkens provozieren und sind alles andere als lächerlich. Während der Reise jedoch stieß ich alle paar Tage auf einen neuen Ausrüstungsgegenstand, auf ein neues Gerät, meist noch in glänzender, leuchtender Plastikverpackung und eindeutig teuer aussehend, das eine Freude für jedes Kinderzimmer gewesen wäre und sicher einen, wenn nicht alle unsere Wissenschaftler faszinieren und anregen würde. UWE war so ein Spielzeug − sein offizieller Name, »Sprint«, wurde an Bord schnell durch den Spitznamen ersetzt.

Das erste Mal traf ich UWE auf dem Gang von Deck E; ein

schickes Gerät in einem gelb-schwarzen Plastikkasten, an dem ein gelbes schwanzartiges Steuerkabel baumelte. Es war sicher etwas sehr Bedeutendes, hatte vorne ein breites Fenster, aus dem Inneren ragten einige teure Linsen heraus. Hans Peter Marschall und Frank-Peter Rapp, seine Meister, hatten den Deckel angehoben und stocherten gedankenverloren im Inneren herum. UWE, erklärten sie mir, sei ein Unterwasserfahrzeug, ausgerüstet mit Kameras und Scheinwerfern, das sich unter Wasser, von oben gesteuert, frei bewegen konnte. Es gab Probleme, mal mit dieser, mal mit jener Steuerung. »Was habt ihr erwartet, wenn ihr es andauernd ins Wasser laßt?« meinte ein wenig hilfreicher Passant; aber Frank-Peter wußte, wo der Fehler lag, und wollte dafür sorgen, daß es morgen früh auch einwandfrei funktionierte.

UWE ist 70 cm hoch, auf einer Fläche von 60 × 60 cm, und besteht aus zwei wasserdichten, stromlinienförmigen, übereinander montierten Gehäusen. Konstruiert von amerikanischen und gebaut von norwegischen Ingenieuren, speziell für den Einsatz in der Ölindustrie, kann es sowohl von Land wie vom Schiff und natürlich auch von einer Bohrinsel aus ferngesteuert werden. Es kann sich an einem Kabel frei im Wasser bewegen, bis auf eine Tiefe von 600 Metern, und macht dabei Videoaufnahmen, die auf einem Schirm des Operators erscheinen und gleichzeitig aufgezeichnet werden; auch einzelne Fotografien können aufgenommen werden. Arbeiter auf Bohrinseln benutzen UWE, um Rostfraß, undichte Stellen und andere Unterwasserschäden festzustellen. Fischereibiologen untersuchen damit das Verhalten von Fischen und überprüfen die Tauglichkeit von Reusen und Schleppnetzen; Benthosbiologen suchen mit dem Gerät den Meeresboden ab, um Ablagerungsmuster und die räumliche Verteilung der einzelnen Tierarten zu untersuchen. Peter Marschall nun wollte mit dem Gerät von der »Polarstern« aus die Unterseite der Eisdecke erforschen: die Struktur von Eishöhlen, nach Clustern von Phytoplankton suchen und nach Krill, Fischlarven und anderen Organismen, die sich möglicherweise davon ernährten.

Hinter einer dicken, gebogenen Plastikscheibe im oberen

Gehäuse sind zwei Scheinwerfer und eine Stroboskoplampe angebracht. Im unteren Gehäuse befindet sich eine Kamera, montiert in einem waagerecht liegenden Zylinder, der entlang seiner Längsachse rotiert und damit, je nach Steuerung durch den Bediener, die Linsen nach oben oder unten über je einen Winkel von fast 90° bewegen kann. Zwischen den beiden Gehäusen sind vier schwarze Steuermotoren montiert, mit Propellern ausgestattet, die wie kleine Ventilatoren aussehen. Mit diesen Propellern steuert der Operator das Unterwasserfahrzeug nach links oder rechts, nach oben oder unten oder läßt es sich um die eigene Achse drehen. Im unteren Teil befindet sich noch ein fünfter, waagerecht montierter Motor mit einem weiteren Propeller, damit läßt sich das Gerät nach oben oder unten bewegen.

Schon ein paar Tage nach unserem ersten Zusammentreffen hatte UWE seine Arbeit aufgenommen und ging fast regelmäßig auf Tauchstation. Peter Marschall bediente das Gerät von der Winschgalerie aus, saß dabei mit der Steuerbox auf den Knien vor einem Monitor, während Frank-Peter das Ganze vom Deck aus überwachte. Zwei Schwenkhebel und einige Schalter sind die wichtigsten Steuereinrichtungen; es dauerte ein paar Tage, bis Peter sie beherrschte, denn das Fahrzeug genau zu lenken kam einer Übung in dreidimensionaler Koordinierungsfähigkeit gleich, wie beim Hubschrauberflug. Ich sah Peter über die Schulter zu und verfolgte zusammen mit einem halben Dutzend anderer Zuschauer UWEs erste Ausflüge.

Sobald er eingeschaltet war, begann UWE schon an Deck zu fotografieren. Wie ein lauernder Zwerg hockte er da und zeigte uns zuerst die Holzplanken, eine Auswahl Schuhkappen und Knie und dann, als der Kran ihn über die Seite hievte, ein Mosaik aus Körpern, Gesichtern, Kabeln und einem Teil des Schiffsaufbaus. Das Wasser stieg, und dann tauchten wir in eine Traube aus Luftblasen ein. Jetzt tasteten wir die vom Eis zerkratzten Seiten der »Polarstern« ab, dann erkannten wir vor einem blaßblauen Hintergrund die scharf konturierte Silhouette des Rumpfes; hier war das Ruder zu sehen, dort die sich langsam drehende Steuerbordschraube. Hellweiße Punkte flimmerten vor der Kamera, wahrscheinlich kleine Eisstücke, die an der Seite des Schiffes aufgewirbelt wurden. Die Details der Großaufnahme waren klar, die Auflösung exzellent, die Farben ausgewogen – wie auf dem Fernsehbildschirm zu Hause.

Jetzt drehte UWE im Wasser bei und bewegte sich auf die 30 Meter entfernte Packeisgrenze zu, tauchte auf Peters Befehl hin tiefer und tastete die Eisschollen von unten ab. Die Scholle war ein Gemisch aus neuen und alten Eismassen – das neue Eis war 15 cm, das alte 30–40 cm dick –, durch Druck aufgeworfen in tiefe Preßeisrücken und Höhlungen und mit einer ungleichmäßigen Schneedecke bedeckt. Ohne Probleme schwamm UWE unter dem neuen Eis, das wie eine blasse, gleichmäßige blaugraue Decke über ihm hing. An der Grenze, wo die Preßeisrücken begannen, lenkte Peter das Fahrzeug vorsichtig tiefer, um zu vermeiden, daß es gegen die Kanten der abgesenkten Schollen stieß. Die Decke – aus der Sicht von UWE – war löchrig und das Licht mal hell, an den Stellen, an denen die Sonne durchbrach, mal dunkler unter den Schneeverwehungen. Vorsichtig tastete sich UWE vor, um scharfe Ecken herum, lugte in blaue, kristallartige Höhlen hinein, wich zurück und tauchte tiefer, wenn die Eismassen von allen Seiten her anrückten. An manchen Stellen drehte er sich um, und wir konnten das lange geschwungene Steuerkabel sehen, das sich zum Schiff zurückschlängelte.

Bei diesen ersten Ausflügen mit UWE traten die Kinderkrankheiten mit einigen elektrischen Verbindungen und der Mechanik erst richtig zutage, aber Frank-Peter konnte sie anschließend eine nach der anderen beheben. Für Peter war es mehr eine Probierphase, um herauszufinden, was man mit UWE unter dem Eis alles machen konnte, wie manövrierfähig er war, wie er auf Steuerbefehle reagierte und welche Lichteinstellungen die Farb- und Schwarzweißkameras benötigten. Es mußte äußerst vorsichtig gearbeitet werden, damit sich das Fahrzeug mit dem langen Steuerkabel nicht in einer Höhle verfing, das Kabel verhedderte und die Schrauben vom Eis nicht zerquetscht wurden. Die ersten Ausflüge waren, wissenschaftlich gesehen, dennoch keine Verschwendung, denn sobald alle

Systeme einwandfrei arbeiteten, konnte Peter nützliche Videoaufnahmen von den Verhältnissen unter der Eisdecke machen,
wie sie sich Anfang bis Mitte Oktober präsentieren, den ersten Frühlingstagen also, noch vor der eigentlichen »Planktonblüte«.

Bei den meisten Fahrten hing UWE an einem 600 Meter langen Kabel, das Frank-Peter von einer Kiste an Deck aus abrol-
len ließ, obwohl UWE auch von einem gleich langen Kabel auf
einer großen Trommel aus operieren konnte; sie sah aus wie
die Spule für einen Gartenschlauch und rollte sich auf Befehl
selber ab beziehungsweise auf. Wenn auch noch die Spule auf
eine Tiefe von 500 Metern heruntergelassen wurde, hatte das
Fahrzeug einen sehr weiten dreidimensionalen Manövrierra-
dius. Peters unmittelbares Interesse galt jedoch der Schicht direkt unter der Eisdecke und dem Meeresboden in seichten Gewässern, 200–400 Meter tief, und meistens gab er sich damit
zufrieden, UWE ohne die komplizierte Spule ins Wasser zu setzen.

Untersuchung des Meeresbodens

Sobald sich die Drescher-Gruppe sicher in ihren Hütten an
Land niedergelassen hatte, fingen die Ozeanographen und
Meeresbiologen mit ihren Stationen an, die uns immer wieder
von der Polynya weg ins Packeis, 50 bis 60 km von der Schelf-
eisküste entfernt, führten. In den neun Tagen vom 16. bis
25. Oktober erforschten wir den Meeresboden, legten Strommesser-Ketten aus und untersuchten das neue und das nicht
mehr ganz so neue Eis – immer nur eine Fahrt von wenigen
Stunden. Die Entnahme der Wasserproben und das Fangen
von Plankton wurden fortgesetzt, aber wir befanden uns jetzt in
flacherem Wasser: Der Meeresboden unter der »Polarstern«
fiel steil ab, mit Tiefen von 300 Metern vor der Schelfeiskante,
800 Metern bei einer Entfernung 6 bis 8 km und über 3000
Metern in der Region 60 km von der Küste entfernt. Hier lag
unser neues Untersuchungsgebiet, und die Biologen, die sich

für die Lebensformen auf dem Meeresboden und in den mittleren Tiefenschichten interessieren, rückten jetzt mit neuen Geräten an, die über die Seite ins Wasser gelassen wurden. Zur allgemeinen Heiterkeit förderte unser »schwimmender Spielzeugladen« fast jeden Tag eine neue Überraschung zutage.

Für die Entnahme von Proben auf dem Meeresboden benutzten wir eine ganze Reihe von Baggern, Schleppnetzen, Kernbohrern und Greifern, jedes Teil für nur einen bestimmten Zweck. Außer dem kleinen Bodengreifer, den wir auch schon in der Atkabucht benutzt hatten, waren diese Geräte meist groß und schwer; zu ihrer Ausstattung gehörten ein regelrechtes Geschirr aus Stahl und starken Drahtseilen, massiven Ankerschäkeln und Senkblei oder Stahlgewichten – man kann sich vorstellen, welche Kräfte einwirken, wenn diese Geräte den Meeresboden tief unter dem Schiff abkratzen oder ausstechen. Jetzt kam zum Beispiel auch das Agassiz-Netz zum Einsatz; mit seinen langen Querbalken und dem riesigen Maul lassen sich Proben von einer noch größeren Fläche des Meeresbodens und gleichzeitig Proben der direkt darüber befindlichen Wasserschicht entnehmen. Der Hauptteil dieses Gerätes, benannt nach dem Begründer der amerikanischen Ozeanographie, einem italienischen Einwanderer, besteht aus einem schlittenförmigen Stahlrahmen, zwei Meter breit, einen Meter hoch, drei Meter lang, mit starken Kufen an den Seiten. An diesen Rahmen ist ein 30 Meter langer grobmaschiger Netzsack gekettet, dessen Maschenweite 10 cm beträgt. Der Schlitten ist mit einem Stahlseil am Schlepptau befestigt, einem der kräftigsten Stahlkabel an Bord der »Polarstern«, und wird meist 20 bis 30 Minuten lang hinter dem Schiff hergezogen. Das Schleppnetz beförderte mehrmals täglich aus Tiefen bis zu 600 Metern Steine, Schlamm, Fische und ein Gemisch aus wirbellosen Tieren zutage – alles türmte sich unten im Fischladeraum zu einem kleinen wimmelnden Berg auf.

Als ich zum ersten Mal an Bord kam, war mir ein Kastengreifer aufgefallen, eine drei Meter hohe Metallskulptur, die, gegen stürmisches Wetter geschützt, fest an Deck gezurrt war. Am Morgen des 16. Oktober, nicht weit vom Drescher-Inlet entfernt, benutzten wir diese einfache, aber effektive Maschine zum ersten Mal. Sie wiegt über eine Tonne und ist damit das schwerste Einzelgerät, das ins Wasser gelassen wurde. Die Maschine ist eigentlich nur eine stabile, rechteckige Box aus verzinktem Stahl, die zum Boden hin geöffnet ist und von einem Metallrahmen gehalten wird. Die Maschine gräbt sich einen Würfel Sand oder Eisschlamm aus dem Meeresboden, verschließt den Kasten mittels eines einfachen, aber genialen Hebelmechanismus und bringt dann den »Probewürfel« intakt an die Oberfläche. Die Seiten des Würfels messen 50 cm, und er allein wiegt schon eine viertel Tonne.

Der Greifer wird durch einen Mantel aus Schweißmetallröhren gestützt, der ihn an Deck und auf dem Meeresboden immer in aufrechter Position hält. Wenn der Kastengreifer an das Kabel gehängt und über Deck gehievt wird, rutscht der Stahlkasten durch sein eigenes Gewicht unter den Mantel und bleibt beim Abtauchen auf den Meeresboden in dieser Position. Die Box dringt in den Boden ein, bis der Mantel aufliegt und der ganze Apparat zum Stillstand kommt. Dann wird gehievt. Der obere Deckel des Kastens schnappt zu, und mit einem langen Seitenarm wird auch der Kastenboden verschlossen. Das Seil spannt sich, der Bohrkasten wird aus dem Schlamm herausgezogen und langsam zurück an Deck gehievt, seine Last an allen Seiten fest verschlossen.

An Bord wird der Kasten abgenommen und sofort mit einem Handwagen weggeschafft, während das Gerät abgespritzt und bis zum nächsten Eintauchen zur Seite gestellt wird. Der Kasten wird geöffnet. Er enthält eine Säule aus Sand oder zähem Schlick, ausgestanzt aus dem Meeresboden. Die Oberfläche ist ungestört, auf ihr lagert ein feiner, flockiger Schlamm. Unsere eifrigen Biologen machen sich sofort daran, die oberste Schicht mit rechteckigen Platten, kleinen Bohrern und Pflanzenhebern abzutragen und die Kreaturen mit ihrem relativ unzerstörten Lebensraum zur weiteren Untersuchung in Eimer und verschließbare Gläser zu überführen. Wenn der Meeresboden aus Sand besteht, ist das Ganze eine saubere Angelegenheit. Besteht er dagegen aus grauem Schlick – und das war, wie zu erwarten, meistens der Fall −, dann wurde daraus eine wahre Schlammschlacht. Nasser Tiefseeton ist klebrig, trockener Tiefseeton pulvrig, auf jeden Fall bleibt er haften, ob an Kleidung, Kabeln oder am Schiffsrumpf; an Deck, bei −21° C, gefror er zu einem glitschigen Zement, der allen verhaßt war. Sobald die Arbeit der Biologen beendet ist, wird der Kasten an die Bordkante gezogen und die Überreste dahin gekippt, woher sie kamen. Wie schnell und sauber das auch vonstatten geht, immer bleiben Spuren zurück: an Deck, an den Stiefeln, an der Kleidung, in den Kabinen, dem Laderaum und sogar auf der Brükke − immer ein Zeichen, daß der Kastengreifer wieder ganze Arbeit geleistet hat.

Als wir ihn das erste Mal einsetzten, funktionierte er nicht. Wir ließen ihn 800 Meter abtauchen, dann stieß er am Meeresboden auf einen Stein und mußte beschämenderweise ohne Inhalt wieder an die Wasseroberfläche geholt werden. Eine Seite des Stechkastens hatte eine ziemliche Beule, aber das war kein Problem; wir hatten Ersatzteile an Bord sowie einen Schweißbrenner und Hämmer, groß genug, die Seite wieder geradezubiegen. Bald danach wurde der Greifer regelmäßig eingesetzt und brachte intakte Proben lebender Schlammbewohner. Diese und viele mit den Schleppnetzen und Planktonnetzen gefangenen Tiere wurden ins F-Deck geschafft, wo sie den Rest ihres Lebens gut versorgt und putzmunter in unseren angenehm gekühlten Aquarien verbringen würden.

Laborcontainer

Wenn von den Räumen mit den Aquarien unter Deck die Rede ist, dann handelt es sich um Container − Standardcontainer, 2 mal 2 Meter breit und hoch und 7,7 Meter lang, die überall in Europa und Amerika mit Sattelschleppern transportiert werden. Das Containerkonzept − anstelle einzelner Kisten und Pakete wird die Fracht in geräumigen Metallcontainern an Bord genommen − hat den Güterverkehr zu Wasser innerhalb einer Generation total verändert. Die alte behäbige Form der

Frachtschiffe ist der neuen kastenförmigen der Containerschiffe gewichen, und jedes fortschrittliche Küstenland der Welt baut neue Häfen, die speziell für die Containerschiffahrt eingerichtet sind. Ein typischer Großcontainer hat ein Volumen von etwa 30 Kubikmeter und kann eine Fracht von 20 Tonnen aufnehmen. Die Seiten sind aus gewelltem Stahl, die Ecken verstärkt, und wenn der Container richtig bepackt und sorgfältig verschlossen wird, kann man davon ausgehen, daß alles, was drinnen Platz gefunden hat, auch sicher ans Ziel kommt.

Container haben auch das Packen für Polarexpeditionen total verändert. Noch vor wenigen Jahren hätte jeder Wissenschaftler der »Polarstern« ein ganzes Dutzend oder noch mehr einzelner Kisten von Heidelberg, Cambridge oder San Diego aus zu dem Verladehafen in Deutschland, Südafrika oder Südamerika schicken müssen und wäre damit unfreiwillig das Risiko eingegangen, daß unterwegs ein wichtiger Teil der Ausrüstung verlorengeht. Heute wird alles in Container verpackt, die nicht so schnell verlorengehen können wie kleine Kisten und die von den Wissenschaftlern selber vor Ort, in ihren Instituten, bepackt und verschlossen werden. Wenn ich sage »alles«, kann damit auch ein komplettes Labor gemeint sein, denn vor ein paar Jahren kam jemand auf den Gedanken, daß man in dem Container der Standardgröße auch bequem ein Labor oder eine Werkstatt unterbringen, sich notfalls sogar auch ein Wohnquartier einrichten konnte.

Container sind hoch genug, um aufrecht darin stehen zu können, ihr Gehäuse ist solide, aber trotzdem leicht, stabil und wetterfest. Sie können nicht so leicht vom Wind weggefegt werden. Mit ein bißchen Erfindungsgabe und handwerklichem Geschick kann man sie mit Isoliermaterial und Verkleidung ausschlagen und mit Bänken, Betten, Regalen, Trennwänden, Elektrizität und Wasserleitungen ausstatten. Fenster können ebenfalls eingebaut werden, mit Gardinen, falls gewünscht, und der ganze Container kann beheizt, gekühlt, klimatisiert oder sogar tiefgekühlt werden.

Einen Teil des sehr großen Frachtraums der »Polarstern« nahmen derartige Laborcontainer ein. In manchen, im vorderen Laderaum, standen reihenweise Tanks aus durchsichtigem Plastik, gefüllt mit zirkulierendem Meerwasser. Ein paar waren schon belegt, mit Schwämmen, Garnelen, Seesternen, Seeigeln, Weichtieren, Tintenfischen und richtigen Fischen, die vom Meeresboden hochgeholt worden waren. Andere Behälter standen bereit für zukünftige Fänge. Ab und an stattete ich ihnen einen Besuch ab, um zu sehen, ob wieder neues Material hereingekommen war. Bei dem schwachen Licht der Laborcontainer sahen mir die Bewohner der Meerwasseraquarien recht gesund und lebendig aus. Dieter Gerdes und Stefan Hain, zwei der jungen Biologen vom AWI, die sich der Erforschung der Tiefsee widmeten, zeigten mir, wie die erbeuteten Tiere gehalten wurden, unter Bedingungen nämlich, die ihren tatsächlichen möglichst nahekamen; daher die ständige Kühlung, um die Temperatur bei 1° C zu halten. Ja, sie hofften sogar, die Kreaturen den ganzen Rückweg über den Äquator bis nach Hause in die Labors des AWI in Bremerhaven am Leben zu erhalten, um Ernährung und Wachstum über Monate und Jahre untersuchen zu können.

Es gab auch kleinere Aquarien, für die Planktontierchen, zu denen auch die fast unsichtbaren Ruderfüßer gehören, die etwas größeren Schwimmfüßer und die Krillkrebse, blaßrosa, garnelenartige Tiere, die im Oberflächenwasser der Antarktis heimisch sind und manchmal in so dichten Schwärmen auftreten, daß sich das Wasser verfärbt. Sie bilden die Nahrungsgrundlage für die größten Wale. Fast jeder von uns interessierte sich für Krill, besonders für die Spezies *Euphausia superba,* die aber in unseren Planktonnetzen kaum zu finden war. Irmtraut Hempel, die Frau des wissenschaftlichen Leiters unserer Expedition, der auch Biologe am Institut für Polarökologie an der Universität Kiel ist, ist Euphausiden-Spezialistin, die sich mit der Verteilung und dem Lebenszyklus von Krill beschäftigt; sie war immer die erste im Arbeitsraum, um nachzusehen, was die Netze diesmal hochgeholt hatten.

Peter Marschall wiederum hielt sich Krill als Labortiere, fast als Haustiere; er interessierte sich für ihr Verhalten und die Nahrungsaufnahme und hoffte, mit UWE mehr über ihr Leben und ihre Bewegungen unter dem Eis zu erfahren. Die Algen-Planktologen betrachteten Krill eher als Weidetier für ihre Algen, und für die Wissenschaftler, die sich für Fische, Robben und Pinguine interessierten, war Krill vor allem als eine wichtige Nahrungsquelle für ihre Tiere von Bedeutung.

Die Laborcontainer im mittleren Frachtraum waren für die Algen reserviert, die Renate Scharek-Mutlu betreute. Renate war Doktorandin, die mit Viktor Smetacek zusammenarbeitete und das Wachstum von Plankton-Algen unter kontrollierten Temperatur- und Lichtverhältnissen untersuchte. Sie wollte herausfinden, wodurch draußen im Meer der Wachstumszyklus im Frühjahr ausgelöst wurde. Renate war klein, schlank, trug ihre Haare hinten in einem Pferdeschwanz zusammengebunden, war immer guter Laune und sehr lebhaft; ständig war sie bei den Containern, um nach »ihren Kleinen« zu sehen − den großen Flaschen mit Meerwasser, in denen der Algenaufguß schwamm. Ab und zu mußten sie geschüttelt werden, damit Sauerstoff einströmen konnte und sich die Algen nicht absetzten, und nach einem strengen Zeitplan »ins Bett gebracht werden« − mit einem dunklen Tuch abgedeckt werden, um auf diese Weise unterschiedliche Tageslängen zu simulieren.

Strommesser-Ketten

An jenem Morgen Mitte Oktober, als Eberhard Fahrbach damit anfing, Bojen und andere ozeanographische Instrumente zu Strommesser-Ketten zu verbinden, die dann ins Meer heruntergelassen werden sollten, glich der Arbeitsraum auf dem E-Deck mehr denn je einem Spielzeugladen. Von allen verwendeten Apparaten waren die Strommesser-Ketten die komplexesten und anfälligsten, mit ihnen gab es die meisten Probleme.

Strommesser sind an sich einfach aufgebaut; man braucht einen Kasten, in dem innen ein Zähler montiert ist und außen ein Propeller, der sich in der Strömung dreht. Der Kasten liegt entweder auf dem Meeresboden oder hängt unter einer Boje nahe der Wasseroberfläche. Es lassen sich aber auch mehrere untereinander an einem vertikalen Kabel anordnen, will man ein Profil der Stromgeschwindigkeit in unterschiedlichen Wasserschichten erhalten. Um sicherzustellen, daß die Propeller auch immer in der Strömung liegen, wird hinten an dem Kasten ein Flügel montiert. Ein Registrierkompaß im Inneren zeigt jederzeit an, wie der Kasten im Wasser ausgerichtet ist.

Eine Strommesser-Kette ist nichts anderes als mehrere solcher Meßgeräte, an einem langen Seil am Meeresboden verankert und von Bojen herabhängend; die Tiefen, in denen gemessen wird, sind also bekannt. Die Aufzeichnung erfolgt elektronisch. Magneten an der Propellerwelle aktivieren batteriebetriebene Schaltungen, die einmal pro Minute oder Stunde den Strom messen und auf Band aufzeichnen; die Meßgeräte arbeiten so lange, wie die Batterien Strom abgeben. Wenn der Kasten wasserdicht und gegen Korrosion durch Meerwasser geschützt ist, wenn die Elektronik im Inneren einwandfrei arbeitet und die Batterien − spezielle nichtmagnetische Lithiumzellen − im guten Zustand sind, kann so ein Meßgerät ohne Wartung ein ganzes Jahr lang einmal stündlich eine Messung vornehmen und aufzeichnen.

Derartige Meßgeräte werden oft zusätzlich noch mit anderen Sonden bestückt. Zum Beispiel kann man noch die Wassertemperatur und die Leitfähigkeit des Wassers aufzeichnen, aus der sich der Salzgehalt berechnen läßt, sowie Druckveränderungen, die anzeigen, wie der Meeresspiegel sich innerhalb der Aufzeichnungsperiode verändert.

Strommesser müssen ohne Wartung auskommen und daher so einfach und verläßlich wie möglich sein. Gewöhnlich lohnt es sich, die Meßgeräte schon nach einigen Monaten zu bergen, aber gelegentlich müssen sie auch über Jahre unten bleiben und daher für lange Tauchzeiten vorbereitet werden. Das Kabel muß sehr stark sein, denn eine Strommesser-Kette stellt im Strom einen ungeheuren Widerstand dar; ferner darf es nicht knicken, korrodieren oder gar verrotten, und die Dehnung muß berechenbar sein, damit das Meßgerät auch in der richtigen Tiefe hängenbleibt. Mit Seilen, die sich aus vielen einzelnen Plastikfasern zusammensetzen, hat man die wenigsten

Komplikationen. Oberflächen aus Metall werden durch Plastik oder Antikorrosionsanstrich voneinander getrennt, um die heftige Korrosion zu vermeiden, die bei Berührung sofort auftreten würde. Die Strommesser müssen so aufgehängt sein, daß sie sich in der Strömung frei bewegen können; die Verbindungsstücke, die die nötige ungehinderte Drehung ermöglichen, ohne daß sich das Kabel verwickelt, sind aus stabilem korrosionsfreiem Plastik.

Das Hauptproblem bei der Handhabung dieser Ketten ist ihre Länge. Auch die kürzeren sind immer noch zu lang, um voll an Deck ausgelegt werden zu können, also müssen sie in Abschnitte unterteilt und während der Verlegung ins Wasser wieder zusammengefügt werden. Bei Ketten, die im Polarmeer verlegt werden, kommen noch einige Schwierigkeiten hinzu. Die Bojen, von denen sie herabhängen, dürfen nicht direkt an der Wasseroberfläche schwimmen; das Treibeis würde sich ihrer bemächtigen und sie mit Sicherheit verdriften. Sie müssen vollständig untergetaucht sein, zur Sicherheit bis zu zehn Metern, und an der Kette muß irgendein Erkennungszeichen sein, damit man sie, auch völlig unter Wasser, wiederfinden kann, wenn das Schiff zurückkommt, um sie einzuholen.

Im Polarmeer kann so eine Kette auch nicht zusammengestellt und ins Wasser gelassen werden, wenn das Schiff in voller Fahrt ist. In wärmeren Gewässern setzt man erst die Bojen aus, die der Wasseroberfläche am nächsten sind; die Kette liegt hinter dem Schiff auf dem Wasser und sinkt erst dann in die richtige Position, wenn ganz zum Schluß der Anker fällt. Im Packeis würde das natürlich nicht funktionieren, denn die Kette würde sich in den Eisschollen hinter dem Schiff verheddern. Jede Kette muß also einzeln zusammengesetzt werden, und das Schiff muß die Fahrt unterbrechen, wenn sie in die richtige Position abgesenkt wird.

Ein paar Tage bevor die erste Kette verlegt werden sollte, löste sich auch eines der Rätsel, denen ich in den ersten Tagen an Bord begegnet war. Als ich einmal kurz nach unserer Abfahrt aus Kapstadt in dem Frachtraum nach einer Kiste vom Scott-Polarinstitut suchte, hatte ich ein paar Eisenbahnräder entdeckt und mich gewundert, wofür die wohl gebraucht wurden. Jetzt sah ich sie auf dem E-Deck wieder; jeweils drei hingen, zusammengeschweißt und verschraubt, an starken, drei Meter langen verzinkten Ketten. Das sollten die Anker für die Strommesser-Ketten sein. Obwohl sie über 1000 kg wogen und damit die schwersten Teile der Ketten waren, hatten wir mit ihnen noch die geringsten Probleme. Lagen sie erst einmal auf dem Meeresboden, brauchte man sie auch nicht wieder zu bergen, sie blieben dort und sammelten Sedimente an. Zukünftige Meeresarchäologen werden sich vielleicht den Kopf darüber zerbrechen, welcher verschrobene Einfall die Menschen des ausgehenden zwanzigsten Jahrhunderts dazu veranlaßt hat, von Deutschland aus in die Antarktis zu fahren und Bahnräder auf dem Boden des Weddell-Meeres auszulegen.

Auch für ein anderes Teil fand sich schließlich eine Erklärung: Kisten, voll mit gelben Plastikteilen, die fast kugelförmig waren, einen halben Meter im Durchmesser und mit einer breiten Flansch um die Mitte herum; über einhundert Stück lagen auf dem E-Deck. Sie sahen ziemlich stabil aus, und man hätte sie auch für – allerdings unbequeme – Gartenstühle halten können. Andererseits erinnerten sie einen auch irgendwie an Volksfeste. Waren sie am Ende gedacht für eine noch ausstehende grandiose Feier? Jetzt stellte sich heraus, daß es sich um Bojen handelte – die stärkere und stabilere Version der Fischerkugeln aus Plastik, die man manchmal an Stränden angeschwemmt sieht; in jeder Boje steckte eine kleine Kugel aus gehärtetem Glas, die den Wasserdruck in einer Tiefe von mehreren hundert oder sogar tausend Metern messen sollte.

Um Eberhard und seinen Kollegen Gerd Rohardt hatte sich eine spontane Arbeitsgruppe gebildet, die die Schwimmkörper mit Seilen zu Trauben von je zwei, drei, vier oder vierzehn Stück zusammenband. Monika Rhein, Dr. Berger und jeder, der etwas Zeit erübrigen konnte, band die gelben Kugeln zusammen, verschraubte sie miteinander und brachte sie dann zur Sammelstelle an Deck. Bündelweise lagen sie dort nebeneinander, ein freundlicher Anblick an dem trüben Tag, eigentlich schade, daß sie über Bord gelassen werden sollten.

206

Die erste Kette, die kürzeste, sollte am frühen Nachmittag des 15. Oktober, einem Mittwoch, ausgesetzt werden. Das jedoch wurde zugunsten des Flugprogramms aufgeschoben; das Wetter war so günstig, daß man alle Vorräte und die Ausrüstung für das Camp auf dem Drescher-Inlet rüberfliegen wollte; das hatte oberste Priorität. Aber schon am Abend desselben Tages wurden die Einzelteile der ersten Ketten ausgelegt, miteinander verbunden und dann ohne Probleme über Bord gehievt. Am nächsten Morgen folgte die zweite Kette mit einer Länge von 780 Metern, am Tag darauf noch einmal zwei in tieferen Gewässern.

Die Prozedur für die langen und kurzen Ketten ist die gleiche, lediglich die Position der Instrumente und die Länge der Verbindungsleinen variieren. Zunächst werden die Bahnräder, an die schon eine drei Meter lange Kette befestigt ist, mit einer Palette an die Bordkante gefahren, an den großen Kran gehängt, dann über die Reling gehievt und bis knapp über die Wasseroberfläche heruntergelassen. Am losen Ende der Kette befindet sich ein Ring, an den jetzt der erste Apparat eingehängt wird, ein Antwortsender zur Fernauslösung. Darin ist das erste Aufzeichnungsgerät gelascht, meistens ein akustischer Strommesser. Der gelbe Stahlzylinder, etwa so lang wie der Sender, ist eines der sensiblen Meßgeräte, die am Meeresboden eingesetzt werden, wo die Strömung in der Regel nicht sehr stark ist. An einem Ring am oberen Ende hängt die erste Traube mit vier Schwimmkörpern und der erste Kabelabschnitt, 80 Meter lang. Das Kabel, aus einer getrennten Trommel, wird über eine Seilwinde gelegt, von einem zweiten Kran hochgehievt und dann langsam mit einer der Winden an Deck gespannt. Sie nimmt das Gewicht der sich entfaltenden Strommesser-Kette auf, die langsam absinkt, je mehr Kabel nachgegeben wird. Beim Untertauchen driften die gelben Schwimmer in die andere Richtung, in die Höhe, und nehmen schon einen Teil der Spannung aus dem Kabel.

Dann folgt der zweite Kabelabschnitt, auf die richtige Länge geschnitten und an beiden Enden mit eingespleißten Nylonösen für die Verbindungslaschen, dann das nächste Instrument, ein kombiniertes Strom-und-Temperatur-Meßgerät mit einem roten Rotor auf der Oberseite und einem ein Meter langen Flügel an der Seite. Noch in der Luft schwebend, wenn das Gerät langsam zu Wasser gelassen wird, fängt der sehr gut ausbalancierte Rotor an, sich im Wind zu drehen, bereit, die vor ihm liegende Aufgabe zu erfüllen. Drei Schwimmer tragen das Meßgerät und weitere 290 Meter Kabel, gefolgt von einem Temperatur-Aufzeichnungsgerät. Die Gewichte, an das Kabel geschnallt, ziehen ihre Sensoren jeweils zu unterschiedlichen Wassertiefen. Noch mehr Schwimmer werden eingelascht, noch mehr Kabel, dann wieder ein Meßgerät ... und so weiter.

Wenn die einzelnen Komponenten zusammengesteckt und ins Wasser gelassen werden, werden sie noch einmal einer nach dem anderen überprüft. Monika Rhein half freiwillig mit bei dieser Arbeit mit den Ketten, saß in dem Windenleitstand und hakte eine nach der anderen auf dem Arbeitsplan ab.

Etwa 200 Meter unterhalb der Wasseroberfläche werden von Eberhard noch zwei zusätzliche Geräte eingehängt, die später bei der Bergung der Kette durch das Schiff behilflich sein sollen. Das erste Gerät ist wieder ein Antwortsender, der auf ein Rufsignal vom Schiff aus reagiert. Das zweite ist ein Radiosender, der mit Schwimmern ausgestattet ist. Über eine Ausgleichsantenne, die erst auseinanderklappt, wenn sie an die Wasseroberfläche stößt, wird ein Signal ausgesendet.

Wenn Eberhards Berechnungen stimmten und das Schiff von seiner Position nicht abgetrieben worden war, mußten die als Anker fungierenden Eisenbahnräder jetzt 30 Meter über dem Meeresboden schweben. Jetzt wird die Kette freigesetzt; die Anker sinken runter auf den Boden und fallen in den Schlamm, und die obersten Schwimmer nehmen ihre Position ein, ebenfalls bei 30 Meter Tiefe, aber von der Wasseroberfläche aus gemessen. In diese Tiefe reicht selbst das dickste Packeis nicht. Es kann vorkommen, daß Eisberge mit sehr tiefem Kiel die Kette streifen, aber es ist unwahrscheinlich, daß sie von ihnen eingeschlossen und abgedrängt wird.

Während sich die Strommesser-Ketten an ihre Aufgabe

machten und aufzeichneten, fuhren die »Polarstern« und ihre Wissenschaftler schon wieder der nächsten Aufgabe in ihrem Programm entgegen.

Die Kehrseite der Holländer

Vier oder fünf in warmer, gepolsterter Kleidung dick einge-packte Hinterteile, nebeneinander, dicht gedrängt an der Re-ling − dieser Anblick bot sich einem des öfteren während der Fahrt. Ganz besonders eindrucksvoll in dieser Reihe unsere drei holländischen Kollegen: George Fransz, Winfried Gieske und Cornelis Veth. Als ich sie das erste Mal sah − ich schaute vom darüberliegenden Deck runter −, dachte ich erst, sie wä-ren seekrank, aber dazu war das Meer eigentlich zu ruhig. Viel-leicht hatten sie Angeln ausgeworfen; einer ließ ein Stück Seil im Wasser baumeln, und alle anderen schauten erwartungsvoll hinterher in die Tiefe. Ein paar Tage später standen sie wieder da, und bei dem Palaver am Abend wurde das Geheimnis ge-lüftet: Sie wollten die Klarheit des Meerwassers messen und benutzten dazu eine *Secchischeibe*. Mit ihren Ergebnissen er-zielten sie tatsächlich einsame Weltrekorde.

Verglichen mit dem komplizierten Aufbau der ozeanographi-schen Ketten, funktioniert die Secchischeibe geradezu verblüf-fend einfach. Es handelt sich um eine matte, weiße Scheibe, einen halben Meter im Durchmesser − ein großer Diskus wür-de es auch tun −, die mit einem Gewicht runtergedrückt wird und an einem Seil in der Mitte hängt. Die Scheibe wird hori-zontal ins Wasser getaucht, so tief, bis man sie gerade noch von der Oberfläche aus sehen kann. Die Tiefe, in der sie noch gera-de sichtbar ist, gibt dann den Meßwert für die Klarheit des Wassers an. In einer verschmutzten Meeresbucht würde sie schon nach wenigen Zentimetern verschwinden, in der trüben Nordsee würde man sie im Sommer vielleicht noch nach ein paar Metern sehen, und im blauen Wasser des Nordatlantiks wären 20−30 Meter eine gute Messung. Bevor unsere holländi-schen Kollegen in Aktion traten, lag die Rekordtiefe bei 50

Metern, gemessen in einer klaren Stelle im östlichen Mittelmeer.

Aus den Berichten der allabendlichen wissenschaftlichen Konferenz wußten wir, daß sich innerhalb und direkt unter der Eisdecke hohe Konzentrationen von Kieselalgen und anderen Algen befanden. Jedenfalls erzählten uns das die Eisbiologen, und wir konnten es auch selber sehen; das Kielwasser verfärbte sich oft grünlichbraun von den Kieselalgen, die von der Unterseite der älteren, festen Eisbrocken losgespült wurden, wenn wir die Eisdecke durchbrachen. Die Benthosbiologen erzählten uns, daß unten auf dem Meeresboden kein Mangel an Leben herrsche. Nur die Wassersäule dazwischen war relativ leer. Sigi Schiel und die anderen Planktologen berichteten über bescheidene Konzentrationen von Ruderfüßern unterhalb von 150 Metern, aber die obere Wassersäule, in die das Tageslicht noch eindringen und man freischwimmendes Plankton erwarten konnte, war leer. In den Netzen gab es nur sehr wenig Krill, und in den sehr schnell über den Boden gezogenen Schleppnetzen war bislang auch nur wenig Fisch zu finden gewesen.

Die Holländer, die sich mit Wassertrübung und Chlorophyllmessungen beschäftigten, kamen dem Problem am nächsten; daher ihr reger Gebrauch der Secchischeibe. An einem Abend berichteten sie, sie seien in der Lage gewesen, die Scheibe noch bei einer Tiefe von 55 Metern zu sehen, womit sie den Weltrekord um fünf Meter gebrochen hatten. Ein paar Tage darauf meldeten sie einen neuen Rekord − die Scheibe war bei sagenhaften 79 Metern noch sichtbar gewesen. Sie wußten, daß dieser Rekord kaum geschlagen werden konnte, denn der theoretische Höchstwert für die Erkennung einer solchen Scheibe in klarem destilliertem Wasser liegt nur ein Meter darüber.

Die vier beteiligten Wissenschaftler, Winfried, Kees, Andreas Wöhrmann und Manfred Gräfe, setzten nun gemeinsam einen kurzen wissenschaftlichen Text auf, der sehr amüsant zu lesen war, und schickten ihn per Telemail an eine wissenschaftliche Fachzeitschrift in die USA. Es war das erste wissenschaftliche Ergebnis dieser Expedition, das der Welt noch während unseres Aufenthaltes auf See bekanntgegeben wurde.

Die verräterischen »Hühnerleitern«

Während der rasanten Fahrt Richtung Süden, von der Neu-mayer-Station zum Drescher-Inlet, hatten wir nur sehr wenige von den größeren Tieren der Antarktis gesehen – Robben, Wale, Pinguine oder andere Vögel. Mehrere Male stieg ich zum Krähennest, weil man von da aus einen besseren Über-blick hatte. Dazu mußte man eine Leiter am Hauptmast hoch-klettern, die zum Glück im Innern des Stahlgebildes verlief und nicht draußen, wo man dem kalten Wetter ausgesetzt gewesen wäre. Im Zeitalter der großen Segelschiffe war der Mastkorb eine einfache offene Tonne, auf der »Polarstern« ist es ein ge-mütlicher kleiner Raum, rundherum verglast, mit einem Tisch, einem gut gepolsterten Stuhl, einem Telefon und einem Laut-sprecher, der mit der Sprechanlage auf dem Schiff in Verbin-dung steht, der aber auch leise Hintergrundmusik liefert, wenn man will. Man betritt den Raum durch eine Falltür im Boden, schließt diese hinter sich wieder zu, und sofort ist man vom Rest der Welt vollständig abgeschnitten. Ein angenehmer Platz, um, ausgerüstet mit einem Feldstecher, Pinguine und Robben zu zählen, auch wenn die Nachmittagssonne dort oben eine einschläfernde Wirkung hat.

An den Rändern der Polynya konnten wir nur etwa ein Dut-zend Krabbenfresser-Robben ausmachen und dann und wann eine Wasserfontäne von ein oder zwei Walen. Als ich mir ein-gestehen mußte, daß ich ganz vergessen hatte, wie man Walar-ten auf See bestimmen kann, legte ich mir einen kleinen Merk-zettel an, auf dem ich die sechs oder sieben Arten, auf die wir möglicherweise noch stoßen würden, kurz beschrieb. Die er-läuternde Skizze war erst nur für den eigenen Gebrauch ge-dacht, aber zwei Schiffsoffiziere und mehrere aus der Gruppe, die die Robben beobachtete, baten mich um eine Kopie. Dar-aufhin erweiterte ich meine Aufzeichnungen zu einer kleinen Broschüre und verteilte sie an alle. Renate und Viktor über-setzten den Text freundlicherweise ins Deutsche, und dann ko-pierten wir mein Heftchen ein paar dutzendmal.

Selten sah man mehr als zehn oder zwölf Sturmvögel und kaum mal Pinguine − wenn überhaupt, dann ausschließlich Kaiserpinguine. Sie standen auf dem Eis und sahen zu, wie wir vorbeifuhren. Wenn wir die Fahrt unterbrachen, um Station zu machen, und die Bohrgruppe absetzten, kamen den Wissenschaftlern schon mal zwei oder drei Kaiserpinguine entgegengewatschelt und sahen ihnen bei der Arbeit zu. Kaiserpinguine mögen anscheinend Gesellschaft, und diese merkwürdigen Wesen, die ihnen auch noch Löcher für die Nahrungssuche ins Eis bohrten, waren besser als gar keine Gesellschaft. Sie beobachteten alles, quakten sich freundschaftlich gegenseitig etwas zu, stellten sich in Pose für Fotos und watschelten dann wieder fort. Mitte Oktober ist für Kaiserpinguine Fütterungszeit für die Jungen; diese hier waren entweder Eltern, die sich für ein paar Stunden ihrer Pflichten entledigen konnten, oder zwei- bis dreijährige Jungtiere, die noch nicht brüteten.

Als wir um Vestkapp herum waren, das Eiskap ein paar Kilometer nördlich vom Drescher-Inlet, nahm die Zahl der Kaiserpinguine rapide zu. Zu Dutzenden standen sie unten am Fuß des Schelfeises, und manchmal schwammen bis zu zwanzig Tiere in dem offenen Pool um das Schiff herum. Peter Marschall steuerte UWE in eine Gruppe aus etwa sechs Tieren und konnte gute Videoaufnahmen machen, als sie um das Gerät herumschwammen, elegant, aber vorsichtig, bevor sie wieder in der Tiefe verschwanden. Die plötzliche Zunahme der Pinguine kam nicht überraschend, wir befanden uns in der Nähe der Drescher-Kolonie, zu der mehrere tausend Brutpaare gehörten. Ich war recht erstaunt, daß sie sich nur in einem Umkreis von etwa fünf oder sechs Kilometern um die Kolonie herum aufhielten, und ich war gespannt, ob wir sie auch weiter draußen im Eis sehen würden. Diesmal machten wir sogar mehrere Ausflüge in tiefere Gewässer, konnten aber weiter als ein paar Kilometer von der Schelfeiskante entfernt kaum Pinguine ausmachen.

Natürlich intensivierte sich jetzt auch die Arbeit der Biologen; vier oder fünf Male am Tag machten wir Station, abwechselnd im Flachwasser, dann im tiefen, dann wieder bei den Eisklippen; alle waren mit einemmal sehr beschäftigt. Ich half mit, neue und kompliziertere Schleppnetze auszupacken und zusammenzusetzen, beobachtete die Arbeit vom Deck oder der Galerie des Windenleitstandes aus und suchte die Labors auf, um unsere Beute zu inspizieren, die meist nur recht mager ausfiel. Die Kaiserpinguine um uns herum gaben mir immer mehr Rätsel auf.

Aus dem rosa und weiß gefärbten Kot, den sie uns freundlicherweise auf dem Eis hinterließen, konnte man schließen, daß ihre Nahrung hauptsächlich aus Fisch und Krill bestand; braune Tupfer in manchen Kotklümpchen wiesen aber darauf hin, daß auch Tintenfisch auf ihrer Speisekarte stand. Alle Tiere waren fett und sahen ziemlich gesund aus. Wenn man davon ausging, daß zu der Kolonie etwa 12 000 Tiere gehörten, dann mußten dort riesige Mengen Nahrung verspeist werden; nach vorsichtiger Schätzung täglich mehrere tausend Kilo Fisch, Krill und Tintenfisch.

Das Rätsel aber war: Wo hatten sie das alles erbeutet? Auch mit den intelligentesten Geräten, die uns die moderne Technik zur Verfügung stellte, konnten wir kaum etwas fangen. Die Kaiserpinguine wußten auf jeden Fall mehr als wir.

Meine Laufbahn als Biologe hatte mit Kaiserpinguinen seinen Anfang genommen. Zunächst arbeitete ich als Meteorologe und Pilot einer englischen Vermessungsexpedition in der Antarktis. Nachdem wir mit unserem leichten Flugzeug eine Bruchlandung gemacht hatten – es war viel zu leicht gebaut für unseren Zweck –, stieg ich auf Schlitten um und fing an, mich für die Robben und Pinguine in der Nähe unserer Basis zu interessieren. Im zweiten Jahr, auf einer langen Schlittenreise auf der anderen Seite der Antarktischen Halbinsel, entdeckten drei Kameraden und ich eine kleine Brutkolonie Kaiserpinguine auf den Dion-Islets – bis dahin waren nur zwei Kolonien in der ganzen Antarktis bekannt, dies war die dritte. Gezwungenermaßen mußte ich dann einen dritten Winter dort verbringen, was mir Gelegenheit gab, zwei Monate neben der Kolonie zu leben und Genaueres über den Brutzyklus der Tiere zu erfahren. Von da an betrachtete ich mich als Biologe.

Kaiserpinguine sind die größten von allen Pinguinen, sie erreichen eine Höhe von einem Meter und wiegen im vollen Fett mehr als 40 kg. Es sind die einzigen Tiere, die während des antarktischen Winters brüten, bei Temperaturen von −40° C und darunter. Nur die Männchen brüten und halten das einzige Ei sechzig Tage lang ohne Unterbrechung auf ihren Füßen. Um warm zu bleiben, kauern sie sich in großen dichten Klumpen zusammen. Nur wenn die Tiere im Winter brüten, verbleibt genügend Zeit, die Jungen bis zum nächsten Sommer, wenn sie sich selber überlassen werden, aufzuziehen. Seit unserer Entdeckung 1948/49 hat man dreißig weitere Kolonien aufgespürt; ich hatte das Glück, während einer neuseeländischen und einer amerikanischen Expedition in das Gebiet des Ross-Meeres zwei davon zu entdecken und den Bestand aufnehmen zu können. Mittlerweile beschäftigen sich viele Wissenschaftler aus Frankreich, Australien und den USA mit dieser außergewöhnlichen Vogelart.

Und noch immer gab es etwas zu entdecken: Norbert und seine Gruppe fanden genau heraus, wovon sich die Kaiserpinguine ernährten, wie häufig sie zur Fütterung der Jungen zurückkehrten und wieviel Futter sie zurückbrachten − all das füllte alte Wissenslücken auf und half, das Problem zu quantifizieren. Oben im Krähennest kam mir eines schönen Nachmittags der Gedanke, daß wir auf der »Polarstern« zu dieser Untersuchung etwas beitragen könnten, wenn wir uns die Verteilung der Tiere in dem Gebiet mal genauer ansehen und uns darauf konzentrieren würden, wo die Pinguine die Zeit außerhalb der Kolonie verbringen und wie weit sie für die Nahrungssuche schwimmen.

Das Krähennest eignete sich besser als die Brücke für diese Beobachtungen, aber aus der Luft könnte man die Verteilung der Kolonie über eine noch größere Fläche besser erkennen. Beim Frühstück am nächsten Morgen erzählte ich Professor Hempel, daß es doch möglich sein müßte, die Pinguine aus der Luft zu zählen, und er war sofort begeistert von der Idee! Christoph Kottmeyer bereitete sich gerade auf eine ganze Serie von regelmäßigen Flügen vor; er wollte das Meereis überfliegen und Luftaufnahmen machen, die er für seine Untersuchung über Fallwinde auswerten wollte. Ob ich nicht um 9.00 Uhr mit ihm fliegen wolle, um zu sehen, ob sich das mit der Zählung von Pinguinen kombinieren ließe. Wieder mußte ich in aller Eile Schwimmanzug, Stiefel, Notizbuch und Fotoapparat zusammensuchen, aber exakt um 9.00 Uhr wurde ich auf einen der hinteren Sitze im Hubschrauber festgeschnallt, und um 9.10 Uhr waren wir schon in der Luft, brausten bei starkem Gegenwind über die Schelfeiskante hinweg und begannen mit dem ersten zehnminütigen Abschnitt, der uns im rechten Winkel zur Küste über die Eisdecke fliegen sollte.

Wir drehten ab, machten einen zweiten Flug Richtung Norden, mehr oder weniger parallel zur Küste, dann zurück zu den Klippen, und hatten damit ein Rechteck beschrieben, das das ganze Gebiet des Drescher-Inlets acht bis zehn Kilometer weit erfaßte. Dann setzten wir dasselbe weiter nördlich fort und flogen wieder ziemlich dicht an den Klippen zurück. Wir waren etwa eine Stunde lang unterwegs, bei kristallklarer Sicht. Aus Höhen von 60 bis 120 Metern sah ich Gruppen von jeweils etwa 40 Pinguinen auf dem Eis, meistens um ein Loch oder eine Spalte versammelt. Ich konnte auch erkennen, wo sich vorher welche befunden hatten, der Schnee war von vielen Füßen plattgetrampelt, und der Kot hinterließ verräterische kleine, rosafarbene und graue Spuren. Nach meinem ersten Eindruck befanden sich alle Pinguine und auch die Kotansammlungen – »Hühnerleiter«, wir wir sie nannten – nicht weiter als fünf Kilometer von der Küste des Inlets entfernt; weiter draußen fanden sich keine mehr.

Nach unserer Landung zeichnete ich in meiner Kabine den Flugverlauf auf einer Karte nach und markierte die Stellen, an denen wir Pinguine beziehungsweise ihre »Hühnerleiter« entdeckt hatten. Es gab keinen Zweifel: Alles konzentrierte sich sehr dicht um die Kolonie herum, in einem Radius von wenigen Flugminuten beziehungsweise einer Stunde Schwimmzeit für die Pinguine.

Am Nachmittag unternahmen wir einen zweiten Flug, und diesmal kam Professor Hempel mit, um sich die Sache selber anzusehen. Den ganzen Tag über hatte ein sehr starker Wind geweht und das Eis wie ein Floß vor der Küste her nach Norden getrieben. Das Gesamtbild hatte sich verändert, aber wir entdeckten mehrere hundert Pinguine und viele »Hühnerleitern«, wieder lagen sie in einem Umkreis von acht bis zehn Kilometern um die Kolonie herum. Als ich am Abend alle Ergebnisse des Tages in eine Karte eintrug, aus der man die Konturen des Meeresbodens ablesen konnte, stellte sich heraus, daß sich Pinguine und »Hühnerleitern« alle über flachem Wasser sammelten; über die Tiefenlinie von 400 m hinaus erstreckte sich ihr Lebensraum nicht — ungefähr die Grenze des Kontinentalschelfs — und auch nicht in der Nähe von Vestkapp, wo unter den Klippen Tiefenwasser einströmt. Es sah so aus, als ob sich die Pinguine ihre Nahrung nur in Reichweite ihrer Kolonie und nur in seichten Gewässern holten und sie dort auch verdauten.

Das ergab einen Sinn; die Kaiserpinguine ernährten im Augenblick ihre Jungen und wollten die Nahrung in der Nähe fangen, wenn möglich im Umkreis von wenigen Kilometern. Aber es blieb die Frage: War es möglich, daß die gesamte Nahrung für so viele Tiere und ihre Jungen innerhalb des relativ kleinen halbkreisförmigen Gebietes um das Inlet herum zu finden war? Und was um alles in der Welt erbeuteten sie bloß, in einem Teil der See, der, nach unseren Fängen zu urteilen, fast kein Leben enthielt?

Die letzten Arbeitstage vor dem Drescher-Inlet waren für mich noch einmal sehr hektisch. Wir unternahmen weitere Flüge, sahen aber keine Pinguin-Ansammlungen mehr, sondern statt dessen Gruppen von Robbenweibchen, die sich auf dem schnellen Treibeis sammelten und ihre Jungen dort zur Welt brachten. Kein Zweifel, daß man aus der Luft viel mehr Pinguine und Robben sehen konnte als vom Schiff aus, und Professor Hempel und ich machten uns schon über den nächsten Reiseabschnitt Gedanken.

Gab es entlang der Küste noch andere Pinguinkolonien? Wir wußten nur von einer in der Nähe der englischen Station Halley — bei der wir uns schon für einen kurzen Besuch angemeldet hatten —, und ich erinnerte mich vage, daß Mitgliedern der Shackleton-Expedition irgendwo auf dem Weg eine Ansammlung von Kaiserpinguinen aufgefallen war, vielleicht in der Nähe des Stancomb-Wills-Vorgebirges.

Wenn wir die Biologie dieser Küstenregion untersuchen wollten, dann mußten wir auch Robben und Pinguine zählen, wo immer das möglich war, denn sie sind ein wesentlicher Teil der Biologie und ein wichtiger Hinweis für die wirkliche Produktivität dieses Gebietes. Als sich unsere Arbeit vor dem Drescher-Inlet langsam dem Ende zuneigte, arbeitete ich für zukünftige Untersuchungen einen Plan aus, bei dem auch der Hubschrauber eingesetzt würde — so könnten wir herausfinden, wieviel Pinguine und Robben in der Küstengegend wirklich leben und sich ernähren konnten.

Endlich hatte auch ich ein Projekt.

Kapitel 11
Antarktische Frühlingsboten

Während der letzten Tage vor dem Drescher-Inlet intensivierte sich die ozeanographische Arbeit; noch mehr biologische Proben wurden eingesammelt. Rosetten und Gerard-Flaschen gingen ins Wasser und wurden wieder hochgeholt, eine Station nach der anderen eingelegt und mit allen möglichen Netzarten, die wir im Repertoire hatten, im Tiefenwasser, an der Oberfläche, in mittleren Wasserschichten und auf dem Meeresboden gefischt. Mitten in der Nacht ließen wir Multinetze ins Wasser, um herauszufinden, ob Ruderfüßer in der Dämmerung an die Wasseroberfläche kommen; sie steigen tatsächlich auf, aber nur 50–100 Meter, was so gut wie keinen Unterschied in der allgemeinen Vertikalverteilung macht. UWEs Koboldaugen entdeckten am Meeresboden lebende Fische, die still durchs Wasser huschten und von denen wir mit altertümlichen drahtkorbartigen Reusen ein paar fingen. Mit den Planktonnetzen holten wir winzige durchsichtige Fischlarven aus dem Wasser, die offensichtlich gerade erst an irgendeiner Laichstelle am Meeresboden geschlüpft waren. »Ein erstes Frühlingszeichen . . .«, versicherten wir uns gegenseitig – so als hätten wir gerade die ersten Krokusse entdeckt.

Immer häufiger zogen unsere Fischereibiologen Werner Ekau, Gerd Hubold und Andreas Wöhrmann noch größere und komplizierter gebaute Netze durchs Wasser, stets auf der Suche nach ausgewachsenen Fischen, aber auch solchen in unterschiedlichen Stadien der Entwicklung, gerade geschlüpft und heranwachsend. Sie arbeiteten sehr systematisch und gaben sich alle Mühe, aber die geringe Beute war für mich jedesmal eine Enttäuschung.

Wenn Robben und Pinguine Fische zu Tausenden fangen konnten, warum gelang uns das nicht auch? Ich weiß, das ist eine Frage, über die unsere Robben vermutlich nur lachen können. Ihr müheloses Sichzurechtfinden im Meer, ihre Unterwasserortung, ihre Erfahrung und ihr Instinkt machten sie in diesem Spiel zu den Profis − wir, mit all unserem Know-how und der teuren Ausrüstung, blieben immer die Amateure.

Gerd, Andreas und Werner schreckte das nicht ab; sie hatten das Talent, mit den plumpen Mitteln, die ihnen zur Verfügung standen, alles mögliche zu fangen; jede Beute, auch wenn sie noch so gering ausfiel, hatte für sie einen informativen Wert. Eine Art Arbeitsvertrag zwischen ihnen und einem Dutzend Robben hätte sich trotzdem bestimmt ausgezahlt.

Die Polynya

Während sich die Ozeanographen im Zuge der ersten Serie von Stationen in der Polynya an ihre abschließenden Beobachtungen machten, überprüften Tom Grenfell, Hajo Eikken, der junge Glaziologe vom AWI, der sich dem Meereisteam angeschlossen hatte, und ich noch einmal die Berichte, die wir schon angefertigt hatten, und gaben sie in meinen Computer ein. Wir hatten eine beachtliche Menge von Einzelinformationen über die Küstenpolynya zusammengetragen, darüber, wie sie sich täglich präsentierte, und die Kräfte, die dafür sorgten, daß sie eisfrei blieb. Alle möglichen Theorien wurden vorgebracht, um dieses Phänomen eines ganzjährig eisfreien Gebietes zu erklären, einschließlich aufsteigendes Warmwasser und Turbulenzen. Soweit ich das beurteilen kann, ließ sich alles, was wir bisher beobachtet hatten, ausschließlich durch Winde und Strömungen erklären.

Landwinde drücken das Eis von der Küste weg, öffnen so das Meer, und neues Eis kann sich bilden. Südwinde binden die neue Eisdecke wie Flöße zusammen, sie werden kompakter, es bilden sich Preßeisrücken, und das Eis wird von der Küste weg in das Zentrum der Kreisbewegung des Weddell-Meeres geschoben. Gleichzeitig wird die Kreisbewegung durch eine starke nach Süden gerichtete Küstenströmung als Teil der gesamten im Uhrzeigersinn verlaufenden Meereszirkulation aufrechterhalten; auf unserer Seite des Meeres wurde daher das gesamte Packeis immer nach Süden abgetrieben. Shackleton war mit seiner »Endurance« durch die Polynya gesegelt und von den Eismassen aufgehalten worden, auf die wir uns nun zubewegten, bevor er von dem unerbittlichen Karussel erst nach Süden, dann nach Westen und schließlich seiner Zerstörung entgegen nach Norden getrieben wurde. Tom, Hajo und ich dachten, es könnte doch ganz interessant sein, die Erfahrung der »Endurance« einmal zu wiederholen, aber wir konnten uns nicht darüber einigen, wer diesen Vorschlag dem wissenschaftlichen Leiter oder dem Kapitän unterbreiten sollte.

Die Eisexperten können sich von mir aus ruhig den Kopf darüber zerbrechen, wie die Polynya entstanden ist und wie sie offenbleibt; uns Biologen interessiert vielmehr die Auswirkung auf die Tier- und Pflanzenwelt. Die abendlichen Besprechungen gestalteten sich mehr und mehr zu einem interessanten Forum, auf dem Informationen ausgetauscht und Diskussionen über die Lebensformen in der Polynya ausgetragen wurden. Ich war nicht der einzige, der seine alte Vorstellung schnellstens ablegen mußte. Schon vor mehreren Jahren war mir aufgefallen, daß sich immer an den Stellen in hohen Breiten, an denen sich große Gruppen Pinguine zum Brüten versammelten, auch eisfreie Gebiete befanden, die ihnen gegen Ende des Frühlings und im Sommer genügend Nahrung boten. In Gegenden, in denen es keine eisfreien Gebiete gibt, sondern nur festes Eis, können auch keine Pinguine leben. Das erschien mir nur logisch; naiverweise hatte ich daraus gefolgert, daß sich im offenen Meer, wo das Licht eindringen könnte, auch ein reiches Pflanzenleben und Zooplankton entfalten müßte und die Pinguine dort für sich und ihre Jungen genug Nahrung finden würden.

Das traf vielleicht auf den Frühsommer zu, aber ganz sicher

nicht auf den Winter oder den Frühling. Wir befanden uns hier mitten in einer großen Polynya, die Strahlen der Frühlingssonne strömten auf uns herab – aber wie wir erkennen mußten, gab es im offenen Wasser kein bißchen Pflanzenleben zu sehen und auch kein Zooplankton. Die Meereisbiologen fanden mehr Algen in der Eisdecke und an der Unterseite und sogar Anzeichen dafür, daß das Frühlingswachstum der Algen bereits eingesetzt hatte, während es im Meer selbst leer blieb.

Fehlte irgend etwas im Wasser – ein lebenswichtiges Mineral, eine organische Substanz –, auf die die Pflanzenzellen zur Teilung angewiesen waren? Waren die Pflanzen im Eis dadurch begünstigt, daß sie dichter zusammengepackt waren und ihre Umgebung stabiler war als das offene Meer? Die Biologen stritten mit den Chemikern, Theorien wurden aufgestellt und wieder verworfen; wir benötigten mehr Informationen und kamen täglich mit einer neuen an, die das Theoriemodell des Vortages wieder über den Haufen warf. Diese Seminare gehörten zu den interessantesten und lebhaftesten, die ich jemals mitgemacht hatte; sie gingen wie im Flug vorbei, die Teilnehmer bewiesen viel Humor und ein echtes Interesse, herauszufinden, was in dem Meer um uns herum vor sich ging. Das Meer aber, ein paar Meter hinter den Stahlplatten der »Polarstern« vor sich hin glucksend, schien seinen Spaß daran zu haben, uns so lange wie möglich raten zu lassen.

An der Debatte über die ursprüngliche Entstehung konnte ich mich nur erfreuen und mich gelegentlich in sie einschalten, wirklich daran teilnehmen konnte ich nicht. Mein Interesse beschränkte sich darauf, welchen Nutzen Pinguine und Robben von eisfreien Gebieten hatten; hier lag mein Beitrag, den ich – wenn überhaupt – im Zusammenhang mit dieser Diskussion leisten konnte. Ich stöberte ein bißchen in der Schiffsbibliothek, um mehr über die Kaiserpinguin-Kolonien in unserem Küstenbereich zu erfahren. In der Literatur war von fünf Kolonien in dem Gebiet des Weddell-Meeres die Rede, die entweder bekannt waren oder die man dort vermutete. Eine hatten wir in der Atkabucht schon entdeckt, eine zweite befand sich wenige Kilometer weiter südlich, und eine dritte vermutete man in Norselbukta, in der Nähe von Kapp Norvegia. An den beiden letzten waren wir vorbeigekommen, ohne auf die Entfernung irgendein Anzeichen zu entdecken, das auf eine ungewöhnliche Ansammlung hindeutete. Diese beiden mußten wir auf dem Rückweg noch einmal näher inspizieren. Die vierte, in der Halley-Bucht, hofften wir bei unserem Aufenthalt dort kurz aufsuchen zu können. Die fünfte, südlichste lag in der Gould-Bucht an der Südküste, weiter, als wir auf dieser Reise kommen würden.

In den Unterlagen der kleinen Bibliothek konnte ich keinen Hinweis finden, der meine Erinnerung an eine Kolonie in der Nähe des Stancomb-Wills-Vorgebirges bestätigt hätte, aber wenigstens wußte ich jetzt wieder, woher ich die Information hatte. Fünfunddreißig Jahre vorher hatte ich einen Hinweis gefunden, und zwar nicht in einem Buch oder wissenschaftlichen Magazin, sondern in einem Tagebuch im Archiv des Scott Polar Research Institute in Cambridge. Das Tagebuch enthielt die persönlichen Aufzeichnungen von Frank Worsley, Eigentümer der »Endurance«, Shackletons Schiff. Als guter Kapitän und Beobachter hatte er an bestimmten Stellen der Eisgrenze ungewöhnliche Ansammlungen von Kaiserpinguinen ausgemacht und sie aufgezeichnet. Ich konnte mich nicht mehr an Einzelheiten erinnern, aber war mir ziemlich sicher, daß sich angeblich an einer dieser Stellen, in der Nähe der Ausläufer des Vorgebirges, eine Kolonie befinden sollte, bei etwa 74° S. In einem frühen Forschungspapier von mir hatte ich einmal auf Worsleys Beobachtungen aufmerksam gemacht, aber leider gab es davon keine Kopie an Bord. Keiner war bisher dem Hinweis von Worsley nachgegangen oder hatte die Anwesenheit von Pinguinen in diesem Gebiet bemerkt. Auf unserer Fahrt weiter südlich zur Halley-Bucht und darüber hinaus mußten wir unbedingt darauf achten.

Weddell-Robben

In der Zwischenzeit wurde das Fliegen nicht vernachlässigt. Christoph Kottmeiers Flüge zur Beobachtung der Eisdecke führten uns über das eisfreie Gebiet, das Meereis und entlang der Eisklippen. Wir hatten sonniges, klares Wetter; Südwinde wehten direkt vom antarktischen Plateau her und führten sehr kalte Luft mit sich. Leichte Änderungen in der Windrichtung riefen gleich rapide Temperaturstürze hervor, von $-22°$ C auf $-29°$ C. Jedesmal wenn die Temperatur abfiel, stieg aus der Polynya eine Art gefrorener Wasserdampf wie aus einem Kessel auf. Dieser sogenannte »Seerauch« – eine Ursache für Vereisung bei Flugzeugen – war für Gunter Mahler eine Mahnung, höher zu fliegen.

Einer dieser herrlichen Erkundungsflüge führte uns über die große, unbenannte Bucht nördlich von Vestkapp; auf der Seekarte war für dieses Gebiet seichtes Wasser eingetragen. Bedeckt mit einer dicken Eisschicht, die sich im Winter ungehindert hatte aufbauen können, hier und da verstreut ein paar gestrandete Eisberge, hätte es ein geeigneter Ort für eine Kaiserpinguinkolonie sein können. Aber wir sahen nicht mal einen einzigen Pinguin. In dem engen, kleinen eisfreien Gebiet vor der Bucht statt dessen vier Wale: zwei rötlichbraune Entenwale mit langen, schmalen »Schnäbeln«, etwa $8-10$ Meter lang, die sich gemächlich hintereinander entlang der Wasserstraße Richtung Süden bewegten; ein Killerwal, schwarz, mit leuchtenden, weißen Flecken und einer hohen Rückenflosse. Den vierten sah Professor Hempel, ich verpaßte ihn leider. Er erzählte, er hätte ein großes, dreieckiges Maul aus dem Wasser ragen sehen, wahrscheinlich von einem Minkwal. Wale zu dieser Jahreszeit so weit südlich zu sehen konnte nur eins heißen – daß das eisfreie Gebiet den ganzen Winter offengeblieben war und auch im Frühjahr offenbleiben würde. Denn Wale sind Säugetiere, die ohne weite Strecken offenen Wassers zum Auftauchen nicht überleben können.

In der Bucht selber war eine Gruppe von 23 Weddell-Robben, die sich neben einem komplexen System aus offenen Spalten im Meereis niedergelassen hatte und schlief. Drei hatten Neugeborene neben sich liegen, die anderen waren trächtig; es sah so aus, als würden sie jeden Augenblick ihre Jungen zur Welt bringen. Bisher hatten wir sie nur in Gruppen zu jeweils zwei oder drei gesehen, dies war die erste größere Ansammlung. Die Robben hatten gerade erst angefangen, nach einem unter Wasser verbrachten Winter wieder aufzutauchen. Wie Pinguine und Wale ernährten sie sich wohl von Krill und Tintenfischen aus der näheren Umgebung.

Weddell-Robben sind die Küstenrobben der Antarktis. Während Krabbenfresser-Robben sich mit und auf dem Packeis fortbewegen, leben die Weddell-Robben auf dem Küsteneis, und man sieht sie nur selten weit vom Land entfernt. Im Winter ziehen sie das kalte Wasser den noch kälteren Lufttemperaturen vor und kommen kaum zum Vorschein. Jedoch sind sie genau wie Wale und alle anderen Säugetiere auf Luft zum Atmen angewiesen, und in den kältesten Monaten kann man sie gewöhnlich in den Gezeitenspalten im Eis und in eisfreien Löchern schnaufen und blasen hören. Auf gestrandeten Eisbergen finden sie die Lebensbedingungen vor, die sie benötigen, denn während sich das Meereis mit der Flut auf und ab bewegt, liegen die Eisberge still, und an den Berührungsstellen gibt es daher immer offene Spalten. Anfang Oktober erscheinen die Weddell-Robben wieder auf dem Eis und suchen sich dafür stabiles Eis in Buchten aus, das sich in der Regel bis November oder Dezember hält. Die trächtigen Weibchen sind immer die ersten, die auftauchen und von Anfang Oktober an ihre Jungen gebären.

Am letzten Tag vor unserer Abreise aus diesem Gebiet, als die Erkundungsflüge über das Eis mit einem Besuch im Drescher-Camp zu Ende gingen, konnten wir die Weddell-Robben ganz aus der Nähe erleben. Professor Hempel und Kapitän Suhrmeyer waren mitgekommen, um ein letztes Mal zu überprüfen, ob auch alles in Ordnung war, denn schon bald würden wir uns weiter südlich befinden und waren damit für die Campbewohner nicht mehr unmittelbar erreichbar. Nachdem die

Einsatz von Ballons zur Wetterbeobachtung *(Maria Pia Casarini)*

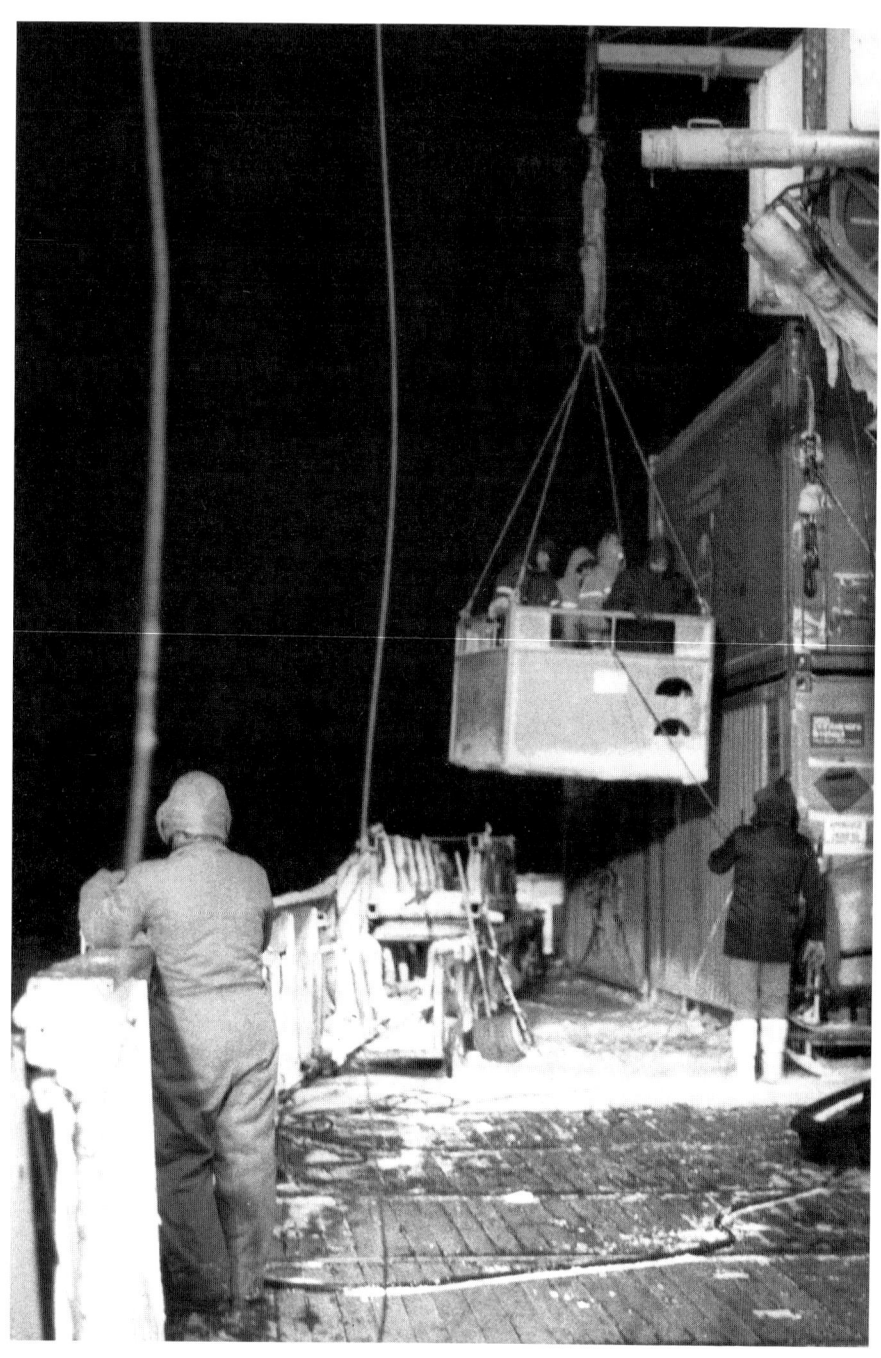

Der »mummy chair« während eines nächtlichen Experiments
(Maria Pia Casarini)

oben: Wichtige Analysen (hier eine C 14-Untersuchung) können direkt an Bord ausgeführt werden *(Maria Pia Casarini)*
unten: Laboratorium auf dem E-Deck *(Maria Pia Casarini)*

oben: Die CTD-Rosette beim Eintauchen in das Wasser *(Roswitha Lieboner)*
unten: Einsatz des Schlittens bei schlechtem Wetter *(Holger Weidel)*

Prof. Ernst Augstein, wissenschaftlicher Leiter des ersten Teils der Expedition
(Maria Pia Casarini)
Kleines Foto: Sein Nachfolger: Prof. Gotthilf Hempel *(AWI, Bremerhaven)*

oben: Zauber der antarktischen Landschaft *(Hannes Grobe)*
unten: Sonnenuntergang im Weddellmeer *(Roswitha Lieboner)*

Hütten aufgestellt worden waren, war ein Teil der Eisklippe am Ende des Inlets abgebrochen. Auch hatte sich das Eis in der Bucht gelöst, und offene Wasserrinnen waren zum Vorschein gekommen. Die Rinnen waren jedoch wieder zugefroren, und alles schien sicher zu sein.

Die Biologen und Meteorologen hatten sich die Hütten gemütlich eingerichtet, umgeben von Stapeln mit Vorräten, und hatten auch schon mit ihrer Arbeit begonnen. Christoph unterhielt sich mit den Meteorologen, und Norbert fuhr Professor Hempel auf einem Elektroschlitten zur Inspektion der Notzelte, die sie auf dem Eis aufgeschlagen hatten, und zur Pinguinkolonie, ein paar Kilometer von der Bucht entfernt. In der halben Stunde, die wir noch Zeit hatten, gingen Kapitän Suhrmeyer und ich den mit Fähnchen markierten Pfad entlang vom Camp zum Rand der Klippe und dann die Rampe aus hartem Firnschnee runter aufs Meereis. Vom höchsten Punkt der Rampe aus sahen wir etwa dreißig Robben auf dem Eis liegen. Unten, neben der Gezeitenspalte, lag die erste Gruppe: eine Entbindungsstation mit sechs schläfrigen Müttern, vier mit ebenfalls schläfrigen Jungen.

Aus 150 Metern Entfernung sehen Weddell-Robben wie übergroße Nacktschnecken aus. Aus nächster Nähe betrachtet, sind sie aber sehr einnehmende Wesen: friedlich, schläfrig, dicklich, drei bis vier Meter lang, mit graubraun gesprenkeltem Fell, liebenswürdigem Gesichtsausdruck und dunklen Augen. Wie bei anderen Robbenarten auch, haben sie keinen Tränenkanal, und ihre Augen scheinen immer in Tränen zu schwimmen. Sie haben schlechte Zähne und einen noch übleren Mundgeruch; wenn sie gähnen, fällt beides ganz besonders auf. Für die Nahrungssuche tauchen sie sehr tief und müssen dabei mit wenig Licht auskommen, große Augen sind dann wahrscheinlich von Vorteil. Unter Wasser benutzen sie auch eine Art Schallortung und stoßen dabei musikalische Triller aus, um ihre Beute aufzuspüren, aber auch um ihre Artgenossen zu finden. Wenn man sich an einem ruhigen Tag auf das Eis stellt, kann man dieses merkwürdige »Flötenorchester« der Weddell-Robben gut vernehmen.

Die Jungen, einen Meter lange, verkleinerte Ausgaben ihrer Eltern, haben ein schwarzes, silbriges Fell, blicken einen aus blauen, glasigen Augen an und versuchen, sich in der kalten Welt um sie herum zurechtzufinden. Vom Moment der Geburt an wenden sich die Muttertiere ihren Jungen mit einem sehr feinen Blöken zu, das man aus so einem riesigen Körper gar nicht erwartet hätte; die Jungen piepsen und bellen schlecht gelaunt zurück. Ihre schlechte Laune ist nur zu verständlich; wenn man fast ein ganzes Jahr Zeit hat, sich in dem warmen Mutterleib zu entwickeln, und dann plötzlich in eine Atmosphäre hinausgeworfen wird, die um 70 Grad kälter ist – das kann jedem die Laune verderben.

Wir waren tunlichst darauf bedacht, die entdeckten Tiere nicht zu stören, aber Weddell-Robben sind auch nicht so leicht aus der Ruhe zu bringen. Wir schlichen uns langsam um sie herum, genossen für ein paar Momente ihre Gesellschaft und überließen sie dann wieder ihrer Lieblingsbeschäftigung – schlafen.

Pinguine zählen

Gegen Ende eines der abendlichen Palaver stellte Hempel unser neues Programm für die Zählung von Pinguinen und Robben vor, und auch ich sagte ein paar Worte dazu. Wenn wir uns bemühten, möglichst genaue Schätzungen zu erzielen, und die Ergebnisse mit den Daten aus den Untersuchungen auf dem Drescher-Inlet kombinierten, könnten wir mit einiger Sicherheit sagen, wieviel Nahrung die Pinguine und Robben täglich aus dem Meer holten. Im Vergleich mit den winzigen Mengen Fisch und Krill, die wir mit unseren Netzen fingen, wäre diese Futtermenge sicher erstaunlich groß, aber Pinguine und Robben sind nun mal die besseren Fischer. Eine auf dem Mageninhalt dieser Tiere beruhende Schätzung der Biomasse entspräche wahrscheinlich eher der Wirklichkeit als eine, die sich aus unseren Fängen hochrechnen ließe. Schon deswegen würde sich der ganze Aufwand lohnen. Morgen früh um acht Uhr würden wir mit der Besichtigung der Kolonie in der Halley Bay beginnen. Wir hofften, am Ende der Reise eine Schätzung der Biomasse aller größeren Fleischfresser der gesamten Ostküste – Pinguine, Robben und Wale – zu haben.

Das löste eine rege Diskussion aus, denn auf die eine oder andere Art berührte es alle unsere Arbeitsbereiche. Wir hatten uns bereits damit abgefunden, was durch die Secchischeibe, die Plankton- und Schleppnetze deutlich geworden war, daß nämlich zu dieser Jahreszeit die Produktivität im Packeis und der Polynya sehr niedrig war. Und doch gab es hier schon Tausende von fetten Pinguinen und wer weiß wie viele fette Robben, die das Gegenteil bewiesen, daß es nämlich doch reichlich Nahrung um uns herum geben mußte. Wir hatten es hier mit einem Widerspruch zu tun, der – wie immer in solchen Fällen – stimulierend wirkt und zahlreiche Fragen zu unseren Untersuchungsergebnissen auslöste. Ich war froh, als sich am Ende der Besprechung viele bereit erklärten, mir bei der Arbeit zu helfen.

Obwohl sich die Kolonie in der Halley Bay in der Nähe einer ganzjährig besetzten Station befindet, sind die Tiere seit 1977 nicht mehr gezählt worden. Wir hatten ein Team zusammengestellt, das ursprünglich aus Leuten bestand, die ihre eigentliche Arbeit mal zeitweise unterbrechen konnten. Irmtraut Hempel war, wie zu erwarten, eine der ersten, dann kam Sigi Marschall, die Expeditionssekretärin und Frau von Hans-Peter. Renate Scharek, die mir bei dem kleinen Handbuch über die Wale geholfen hatte, wollte ebenfalls kommen, wenn sie einen Babysitter für ihre »Kleinen«, die Plankton-Algen, finden konnte. Ich selbst hatte Elke Mizdalski und Kirsten Beyer angeworben, zwei technische Assistentinnen, deren tägliche Arbeit darin bestand, unter einem Binokularmikroskop Zooplankton zu identifizieren und zu zählen. Wenn sie mit der gleichen Hingabe und Genauigkeit auch Pinguine zählen würden, dann würde es mit der Arbeit schon gut klappen.

Per Funk unterrichteten wir die englische Station Halley von unseren Plänen, teilten ihnen mit, daß ein paar von uns erst etwas später zu der Party kommen würden und ob nicht ein oder zwei von ihren Wissenschaftlern Lust und Zeit hätten, mit uns zu der Kolonie zu kommen. Sechs bis acht Zähler für eine Kolonie dieser Größe hielten wir für ausreichend; zu viele wären nur eine unnötige Beunruhigung, zu wenige würden zu Hast und Ungenauigkeiten führen.

Wir brauchten außerdem ein paar Leute in Reserve, sollte mal jemand in einem kritischen Moment nicht von seiner Arbeit wegkönnen. Amüsiert stellte Professor Hempel fest, daß ich das erste reine Frauenteam aufgestellt hatte, und er war sich daher sicher, daß es uns an zusätzlichen freiwilligen Helfern nicht mangeln würde, besonders wenn ich auch Männer zulassen würde. Er hatte recht; Pinguine zu zählen, das schien alle zu interessieren, und ich hatte immer genügend Helfer – beiderlei Geschlechts.

Pinguine zählen ist nicht gerade eine landläufige Tätigkeit; durch Zufall hatte ich mir vor einigen Jahren, als ich die historische Cape-Crozier-Kolonie im Ross-Meer untersuchte, eine Technik erarbeitet. Im Grunde ist es so, als würde man Schafe zählen, nur viel langsamer und ohne die Hilfe von Hütehunden, Gattern oder Zäunen. Kaiserpinguine bauen keine Nester; sie brüten gemeinsam in Gruppen von mehreren hundert Tieren und halten die Eier und die Jungen dabei auf ihren Füßen. Die Gruppen rücken im Laufe eines Tages mehrere hundert Meter weiter, immer auf der Suche nach sauberem Schnee, und die Jungen wandern dabei zwischen den Alten mit umher. Pinguine zählen bringt natürlich eine gewisse Unruhe in die Kolonie, man braucht gutes Wetter und viel Geduld und muß sich die natürliche Tendenz der Tiere, sich in Gruppen fortzubewegen, zunutze machen.

Die ausgewachsenen Tiere zu zählen ist am einfachsten, und aus ihrer Anzahl läßt sich bereits auf die Größe der Kolonie schließen. Aber außer im Winter, wenn nur die Männchen, diese aber ständig, anwesend sind, ist das nicht gerade der exakteste Maßstab, um eine Kolonie mit einer anderen vergleichen zu können. Im Frühjahr und Sommer füttern beide Eltern ihre Jungen, eine unbekannte Anzahl ist immer irgendwo im Meer, und wenn auch noch junge, nicht brütende Tiere in den

Kolonien herumwandern, wird das Ganze noch komplizierter. Für Vergleichszwecke ergibt sich aus der Zählung der Küken eine genauere Schätzung der Größe der Kolonie. Die beste Zeit für eine Zählung ist zwischen Ende Oktober und Anfang Dezember, wenn alle Küken den Füßen der Eltern entwachsen sind, aber ihr Daunenkleid noch nicht verloren und die Kolonie noch nicht verlassen haben. In dieser Phase repräsentiert jedes Jungtier zwei ausgewachsene Tiere; allerdings muß man noch die Elternpaare einkalkulieren, deren Brut noch im Ei oder beim Ausschlüpfen verlorenging.

Genau in dieser Phase würden wir auf die Kolonie stoßen, das Zählen würde also relativ einfach werden und ein sicheres Ergebnis bringen. Vorsichtig müßten wir uns zwischen den Kaiserpinguinen bewegen, sie würden sich langsam zurückziehen und wir vorrücken. Mit sanftem Druck würden wir die Gruppen von mehreren hundert in kleinere Untergruppen aufteilen, wenn möglich in sich langsam fortbewegende Scharen oder Reihen, was die Zählung sehr erleichtern würde. Es durfte auf keinen Fall eine Panik unter den Vögeln ausbrechen, sonst würden die kleineren zu früh von ihren Eltern getrennt oder totgetrampelt werden und die schon gezählten sich mit den noch nicht gezählten mischen. Ich wußte, wenn jeweils zwei Leute in einem Team zusammenarbeiteten, erzielte man die besten Ergebnisse; zu zweit ließ sich der Vogelmarsch am besten kontrollieren, und beide konnten jederzeit ihre Zählung gegenseitig überprüfen.

Das Team war bestens vorbereitet und wartete auf seinen Einsatz; jetzt brauchten wir nur noch einen Morgen lang gutes Wetter, und die Zählung in der Halley-Bucht konnte beginnen. Das gute Wetter blieb aber aus. Es vergingen noch mehrere Tage, bis das Team endlich in Aktion treten konnte, und als es dann soweit war, waren wir schon nicht mehr in der Halley Bay.

Der Dawson-Lambton-Gletscher

Abends und während des lang andauernden, hellen Dämmerlichtes, in das die Nächte jetzt übergegangen waren, hielten wir unsere Geschwindigkeit von 8 bis 10 Knoten konstant bei. Über das eisfreie Wasser, durchsetzt mit Eiskristallen, strich ein kalter Wind, der das Wasser ölig erscheinen ließ und den unappetitlichen technischen Ausdruck »Schmiereis« rechtfertigte. In der Nähe des Stancomb-Wills-Vorgebirges zwang uns ein breites Festeisfeld und schweres, aufgetürmtes Packeis weiter aufs Meer hinaus. Die Polynya verengte sich und verlief sich schließlich in schmalen Kanälen. Manchmal war überhaupt kein offenes Wasser mehr um uns herum zu sehen, und wir mußten uns durch das dickste Eis, auf das wir bislang gestoßen waren, brechen und stoßen.

Von der Brücke und dem Krähennest aus hielt ich Ausschau nach Pinguingruppen an der Küste, aber wir waren zu weit draußen; die wenigen Pinguine, die wir sahen, waren eindeutig Einzelgänger und kündigten keine größeren Brutkolonien an. Als das Dämmerlicht erlosch, drehte sich der Wind nach Osten und erhob sich zu Sturmstärke. Wenig später verschwanden die Küste, die Klippen, ja sogar das Meer zu beiden Seiten in einem Tumult aus wirbelnden Schneeflocken. Elefanten und federgeschmückte Zirkuspferde hätten auf dem Eis auftreten können – wir hätten sie nicht gesehen. Enttäuscht zog ich mich in meine Kabine zurück und hörte Musik.

Sonntag morgen war das Wetter immer noch nicht besser, fliegen kam überhaupt nicht in Frage, und unser Besuch auf der Halley-Station mußte abgesagt werden. Wir fuhren weiter Richtung Süden und erreichten gegen Mittag den Dawson-Lambton-Gletscher bei 75° S.

Der Wind hatte sich gelegt, das Wetter aufgeklart, die Wolken öffneten sich wie Vorhänge und gaben den Blick frei auf ein herrliches Panorama. An dieser Stelle steigt Coats Land hinter den Klippen steil auf über 1000 Meter an, in Terrassen, die durch spektakuläre Eisfälle gekennzeichnet sind. Von unserer Position aus, 15 bis 20 km von der Küste entfernt, blieben die niedrigeren Hügel im Dunst und Schneetreiben versteckt, aber die höhergelegenen, kaskadenartig herabstürzenden Eismassen erstrahlten in hellem Sonnenlicht. Elizabeth Dawson-Lambton war eine ältere, wohlhabende Mäzenin, die durch ihre Stiftungen und Schenkungen Shackletons Expedition ermöglicht hatte. Hoffentlich hatte sie in ihrem Leben wenigstens einmal Fotos von diesen herrlichen Eiskaskaden gesehen, die der von ihr so geförderte irische Abenteurer nach ihr benannt hatte. Wie wir kurz darauf entdecken sollten, beherbergte der Gletscher am Fuß ein weiteres Geheimnis, woran sie ihre Freude gehabt hätte.

Ich schlenderte hoch in das Büro der Meteorologen, mal zu erfahren, wie Jochen Püttker denn die Wetterlage beurteile. Sein Bart verlieh Jochen das Aussehen eines Mannes, der immer wohlwollend in die Zukunft blickt, aber dahinter verbarg sich ein wirklich weiser Mensch, der sich niemals Optimismus erlaubte, was das Wetter in der Antarktis betraf. Mißmutig blickten wir auf seine Wettervorhersage vom Morgen. »Kein Wetter zum Fliegen«, meinte er, »aber heute abend könnte es kurzzeitig etwas aufbessern.« Dem konnte ich nichts entgegensetzen, ein Blick nach draußen auf die dahinjagenden Wolken genügte. Von der Brücke sah es auch nicht besser aus; Ray Weiss kam mit, und gemeinsam starrten wir auf das sich ständig verändernde, theatralische Panorama des Dawson-Lambton-Gletschers. Allmählich aber brach die Wolkendecke auf, und die Sonne arbeitete sich wieder bis auf die Wasseroberfläche vor.

Dann ganz plötzlich fiel ein Sonnenstrahl auf die Düsterheit an der Küste und brachte in der Ferne eine Farbkette zum Leuchten. Ich weiß nicht mehr, wer von uns es zuerst bemerkte, aber wir hatten am Fuße des Gletschers eine ganze Ansammlung Kaiserpinguine entdeckt, wahrscheinlich mehrere hundert. Im Laufe des Vormittags hatten wir schon kleinere Pinguingruppen, manchmal sogar ein, zwei Robben ausmachen können, aber das war nichts im Vergleich mit dem hier. Mit Ferngläsern bewaffnet, erklommen Ray und ich das Krähennest und sahen uns die Sache von dort oben an. Es gab keinen Zweifel, es waren Kaiserpinguine, sehr viele sogar, in einer Enklave am Fuße des Gletschers. Wir sahen anscheinend nur die zum Meer gekehrte Seite der Gruppe, die zum Teil von einer vorgeschobenen Eisklippe verdeckt war. Es war nicht möglich, zu erkennen, wie weit sich die Gruppe ausdehnte, das schlechte Wetter und die Schelfeiskante ließen es nicht zu – möglich, daß es sich um eine große Brutkolonie handelte.

Sobald sie außer Sicht war, lief ich runter in das Büro des wissenschaftlichen Leiters und hinterließ ihm eine Nachricht. Später am Nachmittag kam Hempel zu mir, ebenso aufgeregt wie ich, und versprach, daß wir, sobald es das Wetter erlauben würde, mit dem Hubschrauber rüberfliegen würden.

Nach dem Abendessen hatten wir Glück: Jochens Vorhersage, daß es kurz aufklaren würde, war richtig gewesen; der Wind ließ nach, und die Wolken verschwanden, obwohl vom Horizont her noch immer dunkles Grollen zu vernehmen war. Im Laufe des Nachmittags waren wir ein paar Kilometer weiter südlich gefahren, jetzt flogen wir unsere eigene Fahrrinne bei strahlender Abendsonne zurück, dann nach Osten über das Meereis und über einen Arm des Schelfeises hinweg an den Fuß des Gletschers.

Ein erstaunliches Spektakel bot sich uns dar; in einem riesigen natürlichen Amphitheater zwischen Gletscher und Eisklippe zählten wir erst drei, dann sieben, dann neun, dann zehn, zwölf, schließlich vierzehn einzelne Gruppen Kaiserpinguine, verstreut über ein mehrere Hektar großes Gebiet. Eine schönere Stelle für eine Kaiserpinguinkolonie hatte ich noch nicht gesehen. Wir drehten eine kurze Runde, fertigten eine Skizze an, fotografierten wie verrückt, machten ein paar Aufzeichnungen über die herrschenden Windverhältnisse – der Wind wehte uns jetzt wieder kräftig ins Gesicht – und flogen dann, uns zwischen Windböen hindurchschlängelnd, zurück zum Schiff. Zum Gedenken an Elizabeth Dawson-Lambton – Gott segne sie! – gab es jetzt nicht nur einen Gletscher ihres Namens, sondern auch eine große Kaiserpinguinkolonie.

Erste Suche nach Drushnaya

Während der Nacht und am Morgen arbeiteten wir uns weiter Richtung Süden vor und durchbrachen dabei schweres Wintereis, zerborsten und von Preßeisrücken durchzogen. Unser Ziel lautete jetzt, so weit südlich wie möglich vorzustoßen. Um das aber zu erreichen, mußten wir über weite Strecken drei Maschinen einsetzen und verbrauchten irrsinnig viel Treibstoff dabei. Ich war so beschäftigt mit meinen Pinguinen, daß ich mich nicht mehr darum kümmerte, was sonst noch so lief. Ich hatte einfach angenommen, daß wir weiter Richtung Süden gefahren waren, um die ozeanographischen Untersuchungen fortzusetzen, und daß die Pinguinzählerei nur noch dazugekommen war. Ja, wir hatten die Nordwand des Filchnergrabens sogar schon überquert, den ganzen Morgen über Station gemacht und fleißig gearbeitet — was war also nun mit den Pinguinen? Professor Hempel bestellte mich jedoch in sein Büro und teilte mir mit, daß sich der Plan plötzlich geändert hätte, daß wir vorerst alle Gedanken an Kolonien und Zählen beiseite schieben müßten. Heute und wahrscheinlich auch morgen würden die Hubschrauber für eine Suchmission gebraucht, um *Drushnaya*, eine sowjetische Station, aufzuspüren, die auf einer schwimmenden Eisinsel, die sich vom Filchner-Schelfeis losgebrochen hatte, irgendwo südlich von uns im Meer trieb.

Drushnaya ist eine Station, die nur im Sommer besetzt ist, bei der Rettungsaktion ging es also nicht um Menschenleben. Wahrscheinlich bliebe sie auch nicht für immer verschollen, die Inseln sind groß genug, um ihre Wanderung im Meer über Satellit verfolgen zu können. Die Station beherbergte jedoch auch ein großes Depot mit Flugbenzin, das die Deutschen dort im vergangenen Sommer angelegt hatten und das für Vermessungsflüge im kommenden Sommer gebraucht wurde. Wir sollten das Depot finden und sicherstellen, damit es auch im Sommer zugänglich war. Die Mission war ursprünglich für einen späteren Zeitpunkt während der Reise geplant, aber wir waren schon in paar Tage eher als vorgesehen im Süden und hatten etwas Zeit übrig. Hempel hielt es für vernünftig, schon jetzt mit der Suche anzufangen, für den Fall, daß sie nicht erfolgreich war und wir es später dann noch einmal versuchen müßten.

Anhand von Satellitenfotos vom Juli hatte man festgestellt, daß sich diese Inseln losgelöst hatten. Teile des Filchner-Schelfeises am Südrand des Weddell-Meeres, die sich normalerweise etwa einen Kilometer im Jahr nach Norden schieben und nur an der Kante ein paar Eisberge verlieren, waren plötzlich auseinandergebrochen und in drei große Eisinseln, jede über 300 Meter dick, und viele kleinere Berge und Bruchstücke zersplittert. Die Fläche der drei Inseln entsprach ungefähr der Größe von Wales oder Hessen. Jemand rechnete aus, daß die drei Inseln etwa den tausendfachen Jahresverbrauch an Wasser der Bundesrepublik Deutschland enthielten. Der Leiter des sowjetischen antarktischen Programms machte sich jedoch mehr Sorgen um seine Station als um den deutschen Durst und bat um die Hilfe der »Polarstern«.

Gegen Mittag erreichten wir 76° 33′ S und machten halt; die Hubschrauber wurden startklar gemacht, und die französische Ecureil, mit Professor Hempel und einem Fotografen an Bord und Gunter Mahler als Pilot, begab sich auf den ersten Erkundungsflug. Das Wetter war nicht gerade ideal, um nach der vermißten Station zu suchen. Es war sonnig und ruhig, aber in höheren Lagen ziemlich nebelig; die Maschine schraubte sich hoch, um so lange wie möglich in Funkkontakt mit dem Schiff zu bleiben. Ich sah zu, wie sie im Nebel verschwand, der in südliche Richtung fast bis zum Horizont reichte.

In der warmen Sonne krempelte ich mir die Ärmel hoch und wanderte zwei Kilometer auf dem Meereis, um einem Robbentrio, das sich neben einer Wasserrinne sonnte, einen Besuch abzustatten. Zwei waren Muttertiere, tragend, aber für die Entbindungsstation an Land war es noch nicht soweit. Das dritte Tier war ein junges Männchen, fast ausgewachsen, das anscheinend gerade einen Kampf überstanden hatte. Im Gesicht und am Körper waren Abdrücke von Zähnen zu sehen, und es schaute mich argwöhnisch an, als würde es erwarten, daß ich ihn zur nächsten Runde herausforderte. Ich setzte mich auf den Eisrücken neben sie und mußte an die Unterwasserkämpfe um Territorien, Status, um Weibchen und andere Ambitionen, die Robben so haben, denken, die diese drei schläfrigen Kreaturen unten ausgefochten hatten, und freute mich über ein paar ruhige Minuten in der Sonne.

Nach zweieinhalb Stunden kehrte der Hubschrauber zurück. Die Flieger hatten die Eisinseln 100 km südlich vom Schiff entdeckt, ihre Nordflanke erkannt, als sie im Nebel nach Landmarken Ausschau hielten. Kein Zeichen von Drushnaya; aber sie hatten Belgrano entdeckt, eine alte argentinische Station, auf der am weitesten östlich gelegenen Insel. 1957 von den Amerikanern aufgestellt, lag die Station jetzt mehrere Meter unter Schnee begraben, nur die Spitze des alten Funkmastes ragte raus wie ein einsamer Leuchtturm und bildete ein gut erkennbares Wahrzeichen. Als die einzige erkennbare Landmarke in einem Gebiet so groß wie Wales hatte sich der Mast als äußerst nützlich erwiesen. Jetzt benötigte man eine genauere Übersicht über die Lage der Inseln und wollte dazu den Belgrano-Tower als Ausgangspunkt nehmen.

Am Abend flog das gleiche Team nun mit Kapitän Suhrmeyer als Navigator noch einmal raus, um die Vermessungen vorzunehmen und nach der sowjetischen Station und dem Depot zu suchen. Nach über drei Stunden kehrten sie mit einer Karte der Umrisse der drei Inseln zurück und wußten nun schon viel genauer, wie sich der Küstenverlauf verändert hatte. Die Vahsel-Bucht war jetzt unter Schelfeis, und im Sommer würden die Versorgungsschiffe Schwierigkeiten haben, Belgrano II anzusteuern, die neue argentinische Station in der Nähe.

Dieses Mal hatten die Flieger gegen starke Winde anzukämpfen, und Drushnaya war ihnen auch diesmal entgangen. Jedenfalls konnten sie jetzt sagen, wo sie sich in etwa befinden mußte, und hatten die Erwartung, sie zu einem späteren Zeitpunkt der Reise, wenn man mehr Zeit hatte, auch zu finden.

Zählappell im Frack

Nachdem wir diese Verpflichtung zunächst einmal los waren, verloren wir keine Zeit, mit dem Pinguinzählen endlich anzufangen. Um 6.30 Uhr einigte ich mich mit Professor Hempel darüber, wie wir vorgehen wollten, und um 8.20 Uhr waren Kirsten, Elke, Hempel und ich schon in der Luft, auf dem Flug zum Dawson-Lambton-Gletscher. Das Wetter war kalt und der Wind stärker als nötig, aber es sah so aus, als würde jeden Augenblick die Sonne durchkommen, und Jochen hatte versprochen – sagen wir: *fast* versprochen –, daß es noch schöner werden würde. Bei dem Aufklärungsflug vor zwei Tagen hatten wir uns überlegt, wie wir uns der Kolonie nähern könnten, wo wir am besten landen würden, um sowenig Unruhe wie möglich zu verursachen.

Wir suchten uns solch eine Stelle, landeten und luden dann schnell zwei Nylontaschen mit Zelt, Nahrung und Notausrüstung aus, für den Fall, daß das Wetter umschlug. Ich führte Kirsten und Elke rüber zur ersten Gruppe, und wir fingen gleich an, sie zu zählen. Sie verstanden schnell, wie man dabei vorging. In der Zwischenzeit hatten sich die Wolken verzogen, und Hempel und ich kauerten uns wieder in den Hubschrauber, kletterten auf 300 Meter hoch und machten die ersten Panoramaaufnahmen von der ganzen Kolonie. Die vierzehn Gruppen hatten sich leicht verschoben, im Vergleich zu der Position, die sie 36 Stunden vorher eingenommen hatten, und zwei hatten sich zusammengeschlossen. Jede Gruppe war auf frischen Schnee vorgerückt und hinterließ schattenartig eine Spur schmutzigen Schnees. Die meisten hatten sich in Windrichtung fortbewegt, etwa einen halben Kilometer am Tag, ungefähr die Hälfte der Gruppen in der Formation eines Halbmondes, mit dem Bogen voran. Weil Schnee für sie die einzige Form von Frischwasser ist, war dieses ununterbrochene Wandern auf frische Quellen zu ein wichtiger Aspekt in ihrem Verhalten.

Der Hubschrauber brachte mich zum äußersten östlichen Rand der Kolonie. Von da aus wollte ich mich alleine bis ins

Innere vorarbeiten. Eine Viertelstunde später kam er wieder angeflogen und setzte Irmtraut Hempel und Sigi Marschall neben den Nylontaschen ab. Sie übernahmen da, wo Elke und Kirsten aufgehört hatten, und machten mit dem nächsten Block weiter. Im Laufe des späteren Vormittags kamen noch Werner Ekau und Frederik Zaucker hinzu; sie berichteten mir, daß Professor Hempel noch Freiwillige gesucht hatte und sie sich gern bereit erklärt hätten. Ich wies sie in die Arbeit ein und schickte sie dann, die drei etwas außerhalb gelegenen Gruppen im Westen der Kolonie zu zählen.

Gibt es ein ästhetisch gefälligeres oder für seine Umgebung besser angepaßtes Federkleid als das der Pinguine? Es mit Worten zu beschreiben hört sich banal an. Kaiserpinguine haben einen grauen Rücken, die Vorderseite ist gelb, der Kopf schwarz mit orangefarbenen Streifen auf jeder Seite und einen mauve- oder orangefarbenen Schnabel. Zusammen mit anderen in einer Kolonie, vor einem Prospekt blauer, grüner und weißer Eisklippen, sehen sie einfach faszinierend aus. Die Jungen, nicht minder adrett in ihren Strampelanzügen, haben alle Qualitäten von Kuscheltierchen; es hat mich gefreut zu sehen, daß Spielzeugfabrikanten jetzt dazu übergegangen sind, genauere Nachbildungen herzustellen.

Eine Kaiserpinguinkolonie entspricht nicht gerade jedermanns Geschmack: Die Alten krächzen, die Jungen pfeifen, der Lärmpegel ist sehr hoch, und der Geruch, eine merkwürdige Mischung aus Fisch, Moschus und Ammoniak, kann bei Windstille wirklich überwältigend sein. Aber an einem klaren Frühlingsmorgen, in einer herrlichen Landschaft, bei einer Kolonie von etwa zwanzigtausend Kaiserpinguinen zu landen — das ist schon ein Erlebnis.

Ich kam mir eher vor wie ein Eindringling in einem Ministerium oder etwas ähnlichem, fing dann aber doch an, eine Gruppe von etwa dreihundert Jungen zu zählen, die zwischen etwa einhundert oder noch mehr Erwachsenen herumliefen. Sie hätten nicht entgegenkommender sein können; wie auf ein Signal hin übernahmen zwei oder drei ausgewachsene Tiere die Führung, die Jungen drehten sich zu ihnen hin und trotteten hinterher, im Gänsemarsch an mir vorbei. Die nächste kleine Gruppe, begierig, auch ja nichts zu verpassen, stellte sich am Schwanzende der ersten auf und drängte nach, wieder gefolgt von einem Trupp und noch einem und so weiter. Die Anführer sammelten sich schon wieder hinter mir, und ich mußte aufpassen, daß sie in ihrer Begeisterung nicht anfingen, aufzuschließen und ein zweites Mal an mir vorbeizuziehen. Innerhalb einer halben Stunde zählte ich über 1550 Junge und ging dann zur zweiten Gruppe über, die nicht minder kooperativ war.

Das Wetter klarte in den Morgenstunden immer mehr auf. Innerhalb des natürlichen Amphitheaters wehte kaum Wind, und obwohl die Lufttemperatur etwa $-10°$ C betrug, legte ich erst meine gefütterte Jacke, dann meine Handschuhe ab und krempelte mir zum Schluß die Ärmel hoch. Daraus ergab sich ein ganz praktisches Problem: Wo soll man mitten in einer Pinguinkolonie seine abgelegte Jacke aufhängen? Läßt man sie einfach am Boden liegen und geht weg, versammelt sich sofort eine Gruppe neugieriger Pinguine um sie herum, untersucht sie, schnappt mal mit dem Schnabel nach ihr, um zu sehen, worum es sich handelt, und schnattert dann darüber. Geht man noch etwas weiter weg, vermischt sich die erste Gruppe um die Jacke mit weiteren einhundert anderen. Und was passiert mit der Jacke? Spätestens jetzt merkt man, daß in jede Pinguinkolonie eigentlich ein Kleiderständer gehört.

Einen Fotoapparat oder einen Handschuh auf dem Boden einer Kolonie liegenzulassen ist eine noch stärkere Provokation; Kaiserpinguine reagieren instinktiv auf kleine, auf dem Boden der Kolonie liegende Objekte – sie legen sie auf ihre Füße und fangen an, sie wie Eier auszubrüten. Für die Kolonie ist diese Eigenschaft sehr von Nutzen: Wenn ein Elternteil das Ei oder das Junge mal für kurze Zeit verlassen muß, übernimmt es sofort ein Tier in der Nähe und brütet weiter. Nach ein paar Minuten läßt der Bruttrieb nach, und der Findling wird wieder freigesetzt, meist, um dann wieder von dem besorgten Elternteil aufgenommen zu werden. Eier und Jungtiere sind also selten der Kälte überlassen, ich konnte sogar beobachten, wie sich ein halbes Dutzend Pflegeeltern um ein Ei stritt und wie es wie

ein wohlplazierter Ballschuß zwischen den Füßen hervorge-
schossen kam. Dieses Verhalten fiel mir erst wieder nach der
Frühstückspause auf, als ich den Deckel meiner Thermoskanne
vermißte. Etwa zwölf Pinguine spielten »Stille Post« damit,
dann erwischte ihn einer unter den Tausenden und brütete jetzt
erst mal in aller Ruhe.

Mit den zwei Doppelteams und mir als Zähler konnten wir
die Aktion im Laufe des späten Vormittags beenden und trafen
uns wie geplant in der Mitte der Kolonie. Die Teams hatten die
Tricks schnell raus und die Vögel sich so aufgeteilt, daß man
sie zählen konnte; jetzt waren wir von Pinguinen umringt, die
in selbstbewußter Haltung für Aufnahmen posierten. Wir alle
hatten den Morgen sehr genossen, jetzt hatten wir noch etwas
Zeit, während wir auf den Hubschrauber warteten, und konnten den Vögeln dabei zusehen, wie sie ihren Tag verbrachten.
Wir sahen, wie Elterntiere aus dem Meer auftauchten, aufgeregt nach ihren Jungen riefen und sie dann auch fanden und
wie sich die Jungen von der wieder ausgewürgten Beute, die
die Eltern für sie gefangen hatten, füttern ließen. Ein schmutzi-
ges Geschäft, aber anscheinend auch ein nahrhaftes.

Erst auf dem Rückflug, in dem engen Hubschrauber, fiel uns
auf, daß wir mehr mitgenommen hatten als nur eine glückliche
Erinnerung: einen alles durchdringenden Geruch. Er war in die
Kleidung gedrungen und blieb an uns haften, bis zum Ende der
Reise. Noch nach einem Jahr kann ich ihn an meiner Windjak-
ke riechen, nur noch schwach, aber ich erinnere mich sofort an
den Geruch, trotz Waschmaschine und Reinigung.

Schon beim Mittagessen verglichen wir unsere Aufzeichnungen, und bei einer Besprechung später am Nachmittag zählten
wir alles zusammen: Wir hatten über 11 500 Jungtiere, das hie-
ße also mindestens 23 000 erwachsene Tiere. Auch Eier, die
von den Eltern aufgegeben waren, und tote Jungtiere waren
uns aufgefallen; rechnete man jetzt noch einen bestimmten Anteil der unter der Schneedecke begrabenen hinzu, dann kamen
wir auf schätzungsweise 200 Eier, die während der Brutzeit
oder kurz darauf verlorengegangen waren. Also 11 700 gelegte
Eier und damit 23 400 Bruttiere.

Mir waren noch ein paar andere Dinge in der Kolonie aufgefallen. Zwischen den größten und kleinsten Jungtieren gab es starke Größenunterschiede, was entweder auf eine Zeitspanne von drei bis vier Wochen, zwischen dem ersten und letzten Ausschlüpfen hindeutet oder auf unterschiedliche elterliche Zuwendung – wahrscheinlich beides. Einige der kleinsten Jungen sahen sehr schwächlich aus und würden wahrscheinlich nicht überleben, die größeren dagegen waren schon fett und ziemlich robust. Auch die ausgewachsenen Tiere waren gut gepolstert und sahen gesund aus, und ich konnte keine toten Tiere in der Kolonie ausmachen; an Nahrung für sie selbst oder ihre Jungen mangelte es ihnen jedenfalls nicht.

Noch am gleichen Abend machte ich einen kleinen Aufklärungsflug über die Halley-Bay-Kolonie und nahm drei Besatzungsmitglieder als Passagiere mit. Wir folgten dem Küstenverlauf Richtung Norden und hatten auch keine Schwierigkeiten, die Kolonie zu finden, in einer kleinen Einbuchtung an der nordöstlichen Seite der Halley-Landzunge. Wie die Dawson-Lambton-Kolonie teilte sie sich in etwa ein Dutzend Gruppen auf, von denen die meisten allerdings größer waren. Ekkehard flog einmal im Kreis, so daß ich meine Fotos machen und die einzelnen Gruppen eintragen konnte, dann flog er einen zweiten Kreis, damit auch die Passagiere alles sehen und fotografieren konnten.

Wie beim ersten Mal achteten wir auch diesmal auf die vorherrschende Windrichtung und suchten uns dann einen möglichen Landeplatz. Dann, als es schnell dunkel wurde, flogen wir direkt über das Meereis zurück. Wie gewöhnlich trug ich während des Fluges unseren Kurs und die Geschwindigkeit ein, zeichnete unsere Route in groben Zügen nach und trug die Zahl der Robben und Pinguine ein, die ich in Abständen von ein bis zwei Minuten zählen konnte. Entlang der Schiffsroute gab es nicht viele, aber ganz in der Nähe des Schiffes eine Ansammlung von etwa 70 bis 80 Stück.

Ich mobilisierte mein Zählerteam, damit es sich morgen sofort nach dem Frühstück an die Arbeit machen konnte. Es war auch der Tag, an dem auf der Halley-Station das Fest steigen sollte, alle freuten sich schon auf den Ausflug an Land. Ich trug noch einmal die beiden Flüge ein, fing schon über meinem Logbuch an zu gähnen und ging dann früh ins Bett, noch ganz angetan von der frischen Luft und der sportlichen Betätigung; bei dem Tagesausflug hatte ich mir sogar einen kleinen Sonnenbrand geholt.

Besuch auf der Halley-Station

Um 6.30 Uhr am nächsten Morgen stand ich hinten auf dem E-Deck − es war kalt und die Stimmung trübsinnig. Ich sah zu, wie das große Netz über Bord ging und fast leer wieder eingeholt wurde; fraßen etwa die Pinguine die ganzen Fische auf?

Nach dem Frühstück stellte Herr Wiese, der ranghöchste Funkoffizier, zusammen mit der Halley-Station einen Flugplan auf, und ich wechselte ein paar Worte mit Mike Roscoe, dem Stationsleiter der Basis. Er wollte dafür sorgen, daß einer seiner Wissenschaftler, Paul Alpin, mich mit einem Elektroschlitten zu der Kolonie begleitete, es täte ihm leid, daß er nicht mehr tun könne, aber man erwarte Besuch. Als wir uns um 9.00 Uhr auf dem Landeplatz versammelten, war es noch immer diesig und verhangen. Zuerst flogen Renate, Kirsty und ich und unser neuer Freiwilliger, Ralf Weppernig; dann folgten Elke, Sigi, Irmtraut und Willy Hagen, einer aus dem Zooplankton-Team des AWI.

Die dünne Schneedecke der vergangenen Nacht und der verhangene Himmel reduzierten die Kontraste auf dem Boden auf ein Minimum; es gab keine Schatten oder irgendwelche anderen Details, aus denen man schließen konnte, wie hoch man sich befand. Ekkehard kannte ein einfaches Mittel; er näherte sich aus sicherer Höhe vom Meer her und fegte mit dem Rotorabwind den frischen Schnee weg. Der alte Schnee kam zum Vorschein und mit ihm das Muster aus Pinguinkot − ein Zeichen, daß man hier sicher landen würde.

Wir hatten keine Zeit zu vertrödeln; der Morgen war nicht halb so angenehm wie der gestrige, und wir wollten bis Mittag fertig werden. Kirsty führte Ralf in eine entfernte Ecke, Elke und Willy gingen in eine andere, und Sigi und Irmtraut näherten sich der Kolonie von der Rückseite. Renate und ich wollten uns die drei größten Gruppen der zum Meer hin gerichteten Seite vornehmen. Wenn der Tag hell und sonnig gewesen wäre, hätte uns die Halley Bay wahrscheinlich genausogut gefallen wie Dawson-Lambton, aber der verhangene Himmel drückte auf alles, verflachte die Klippen und entzog den Pinguinen die Farbe. Es wehte kaum Wind, nur gelegentlich zog ein Schneeschauer über die Kolonie hinweg und hinterließ weiche federartige Schneeflocken auf unseren Notizbüchern und Windjakken. Die Sonne brach gelegentlich durch, aber nie für längere Zeit. Sogar die Pinguine waren von einer gewissen Lethargie befallen und längst nicht so kooperativ wie die von gestern, anstatt hintereinander an uns vorbeizuziehen, blieben sie zum Zählappell still in ihren Gruppen stehen. Ich konnte ihnen keine Vorwürfe machen − das war kein Tag, sich von übereifrigen Leuten belästigen zu lassen.

Kurz danach schloß sich uns Paul Alpin an, der mit einem Elektroschlitten die Eisrampe heruntergefahren kam. Zuerst half er Renate und mir, dann machte er die Runde zu den anderen und fuhr sie mit seinem Schlitten zwischen den weit auseinanderliegenden Gruppen hin und her. Bis gegen Mittag hatten sich Elke, Willy, Ralf und Kirsty bis an unser Ende heran vorgearbeitet; Paul sammelte uns ein und fuhr uns in die Mitte der Kolonie, wo Irmtraut und Sigi gerade die letzte Gruppe durchzählten. Wir wurden rechtzeitig fertig, verabschiedeten uns von Paul, den wir auf dem Fest am Nachmittag noch wiedersehen würden, und gingen dann zurück zum Landeplatz.

Zurück an Bord, hatten die anglodeutschen Feiern bereits angefangen; der Kommandeur der Halley-Station, sein Postamtsvorsteher und einige andere Mitglieder der *British Antarctic Survey* waren schon an Bord, in einem improvisierten Postamt wurde ein schwunghafter Handel mit bunten Briefmarken betrieben, und englische Wissenschaftler und Techniker gingen gruppenweise bewundernd durch das Schiff.

Ich flog um 16.00 Uhr rüber zur Party, zusammen mit Professor Hempel und eincr Gruppe gutgelaunter Engländer, die zu ihrer Station zurückkehrten. Edmund Halley, der englische Astronom des 18. Jahrhunderts, besonders bekannt für seine Vorhersagen über die zyklische Wanderung eines dann nach ihm benannten Kometen, war ein recht praktisch veranlagter Wissenschaftler, der sich sicher bestimmt gern einmal ein Jahr auf der Station, die seinen Namen trug, aufgehalten hätte. Wie die Georg-von-Neumayer-Station war auch diese ursprünglich auf der Oberfläche des Schelfeises errichtet worden und seitdem im Schnee versunken. Anders als die deutsche Station war diese hier ganz aus Holz; Holzhütten in einem Holztunnel.

Auf der obersten Stufe der Haupttreppe, über der ein Schild der Londoner Untergrundbahn hing, wurden wir herzlich willkommen geheißen. Als wir die Hauptmesse betraten, war die Party bereits im vollen Gange. Mehr als die Hälfte der Besatzung der »Polarstern« hatte sich häuslich niedergelassen, war guter Dinge, bediente sich an einem Buffet mit Speisen und Getränken und sah einer sehr unterhaltsamen Dia-Show zu, die das Leben an einer englischen Station porträtierte. Peter Salameh, in angemessener schicker Kleidung, hatte sich hinter die Bar verkrochen und kam sofort gut mit seinen englischen Kollegen aus. den Frauen widmete man sich ganz besonders — leider sind englische Stationen reine Männerstationen —, aber die anderen Gäste kamen auch nicht zu kurz. Wir hätten uns keine angenehmeren Gastgeber wünschen können.

Nachdem wir uns eine Weile die Show angesehen hatten, nahmen ein paar von uns an einer Führung durch die Station teil. Die Halley-Station ist größer als die deutsche und auch ein paar Jahre jünger. Sie ersetzt eine ältere aus den siebziger Jahren, die jetzt mittlerweile völlig im Schnee versunken ist. Im Winter bietet sie Platz für 18 Personen, hauptsächlich Geophysiker und technische Versorgungskräfte. Sie war gut geheizt und gut beleuchtet, nett gestrichen und sauber, aber irgendwie unpersönlich, wie eine Bahnstation oder eine Behörde. Der Kontrast zur Georg-von-Neumayer-Basis war auffällig. Die englische Gruppe war nett und freundlich und gut gelaunt; sie kamen wohl ganz gut miteinander aus; daß ihnen das in einer solchen Umgebung gelang, dafür mußte ich ihnen meine volle Anerkennung aussprechen.

Um 18.00 Uhr flogen wir zurück, die letzten Partygäste amüsierten sich immer noch. Der Pilot, seiner Rolle als Taxichauffeur überdrüssig, flog im Zickzack zwischen den Ölfässern hin und her, die den Weg von der Station zum Rand der Klippe markierten. Auf der »Polarstern« lief alles wie gewohnt – *business as usual* –, sowohl morgens als auch nachmittags hatte sie Station gemacht, und als wir landeten, tauchte UWE gerade aus der Tiefe auf.

Die Pinguinzähler kamen noch einmal zusammen, um sich gegenseitig die Eindrücke mitzuteilen und die Zählung abzuschließen. Zu meiner Überraschung hatten wir 15 700 Jungtiere gezählt, mit einer Schwankung von bis zu 5 Prozent. Im Vergleich zur Kolonie am Tag davor war diese größer, als ich erwartet hatte. Wir verglichen unsere Aufzeichnungen miteinander, konnten aber keinen Irrtum feststellen. Auch hier hatten wir nicht mehr als etwa zwei- bis dreihundert tote Jungtiere; alle lebenden, außer ein paar ganz kleinen, waren fett und sahen gesund aus.

Nach 21.00 Uhr machte ich wie gewöhnlich meine Runde. Auf Deck E hatten die Holländer mit ihrer Folktanzgruppe angefangen; mit Portia und zwei, drei anderen stolzierten sie zu Folkmusik vom Band zwischen Fischernetzen einher. Alle anderen hatten sich anscheinend in der »Zillertal-Bar« versammelt – vielleicht hatte jemand Geburtstag, vielleicht nur eine Fortsetzung der Party vom Nachmittag –, ich war zu müde, um das noch zu klären. Elke und Kirsten saßen wieder vor ihren Mikroskopen, holten ihre Tagesarbeit mit dem Zooplankton nach, und Renate bemutterte glücklich ihre »Kleinen«. Alle sahen sonnengebräunt aus und frisch und erklärten, daß es ein wunderbarer Tag gewesen sei.

Zuerst eine Kaiserpinguinkolonie, dann eine internationale Party tief unten im Schnee und am Ende wieder auf einem Eisbrecher – ganz sicher ein höchst ungewöhnlicher Tag.

Kapitel 12
Drushnaya, die verschollene Station

Auf der Fahrt Richtung Süden waren wir in der Küstenpolynya gut vorangekommen. Nach der Arbeit in der Halley Bay und nördlich des Stancomb-Wills-Vorgebirges Ende Oktober, Anfang November wurde uns erst klar, was wir für ein Glück gehabt hatten. Jetzt hatte sich der Südwind zu einem Westwind gedreht. Mit dem Wind hatte sich auch das Wetter verändert, von sehr kalt, trocken und klar zu warm, feucht und bewölkt. Dieselben Winde drückten jetzt die Hauptmasse des Packeises auf die Küste zu. Unter dem Druck aus westlicher Richtung schob sich neues Eis auf dem sonst eisfreien Gebiet zusammen, und es bildeten sich Preßeisrücken. Offene Wasserrinnen verschwanden fast vollständig, und die Schollen um uns herum rückten immer näher.

Es drohte keine direkte Gefahr, aber welchen Weg wir auch nahmen, immer kamen wir nur meterweise durch das schwere Eis voran. Bei Ausflügen in tiefere Gewässer südlich und nördlich der Halley Bay fuhr sich die »Polarstern« mehr als einmal fest. Wir mußten alle vier Maschinen einsetzen, um gegen den Druck anzugehen und uns freizubrechen. Jetzt mußten wir uns also die Fahrrinne Richtung Norden zum Vorgebirge frei stoßen, dann Richtung Nordwesten, um im Tiefenwasser mehrere Stationen durchführen zu können und schließlich wieder Richtung Norden zum Drescher-Inlet zurückzukehren.

Es war eine einzige Schinderei. Die »Polarstern« erbebte, die Kaffeetassen klapperten, und mein Wecker fiel vom Regal. Im Laderaum auf Deck E, wo man das laute Gepolter der

Schollen gegen den Schiffsrumpf hörte, kam man sich vor wie eine Maus in einer Trommel. Meine Arbeit in der Halley Bay war noch nicht beendet, denn ich wollte noch einige Pinguinküken vermessen, und Paul Alpin hatte mir von einem Brutplatz von Weddell-Robben erzählt, den man von der Klippe aus sehen könne und wo es sich lohnen würde zu zählen.

Die Gelegenheit dazu ergab sich am Tag nach der Party, am Donnerstag, dem 30. Oktober. Das Wetter war kalt und trübe, und es sah ganz so aus, als würde es auch so bleiben. Wir befanden uns mittlerweile ein paar Meilen weiter südwestlich von der Landzunge, aber bevor wir ganz aufbrechen konnten, mußte noch die Post von der »Polarstern« zur Halley-Station befördert werden. Wir einigten uns auf folgenden Plan: Der Hubschrauber sollte die Gruppe in der Pinguinkolonie absetzen, die Post abliefern, zurückkommen und uns wieder mitnehmen, dann könnten wir auf dem Rückflug zum Schiff die Robbenkolonie besuchen oder wenigstens überfliegen. Ray und Portia Weiss, die bislang alles, was mit den Pinguinen zusammenhing, versäumt hatten, erklärten sich jetzt nur zu gern bereit, uns zu helfen, und auch Professor Hempel kam mit.

Während unserer Abwesenheit bewegte sich die »Polarstern« etwa 10 km weiter durch eine dünne Eisschicht, die sich über Nacht gebildet hatte, und befand sich jetzt an einer Stelle, die für mich besonders interessant war, ein *Hot Spot,* wie ich sie nannte – ein Gebiet weit außerhalb vom Küsteneis, wo sich Pinguine zur Nahrungsaufnahme versammelten.

Nach dem Abschluß unserer Arbeiten auf dem Eis und dem Mittagessen, vollgestopft mit exzellentem Apfelstrudel, kletterte ich hoch ins Krähennest und zählte in einem Radius von einem Kilometer entlang schmaler Wasserrinnen etwa 400 Tiere. Anscheinend herrschte an dieser Stelle ganz besonders reges Treiben. Obwohl das Meerwasser noch immer sehr arm an Plankton war, hatten die Meereisgruppe und die Phytoplanktonbiologen in den letzten Tagen im Eis starke Algenkonzentrationen entdeckt, eingeschlossen zwischen Eisplättchen unterhalb der größeren, älteren Schollen. Daraufhin hatte man mit UWE sofort die jüngeren Eisschichten untersucht und in

Eistaschen und Ritzen auch tatsächlich kleine Krillkonzentrationen gefunden.

Vielleicht war es Zufall, jedenfalls holten wir bei der Station abends mit dem in mittlere Wasserschichten abgetauchten Krillnetz unseren ersten großen Krillfang hoch. Mehrere hundert Krillkrebse, erzählte Irmtraut Hempel, fast ausgewachsene Tiere, und alle waren vollgefressen mit Algen; anscheinend eine Stelle im Meer, an der es vor Leben nur so wimmelte. Während des Seminars am Abend machte sich allgemein ein Gefühl breit, daß sich jetzt die Dinge ändern würden.

War das der Frühlingsanfang, auf den wir so lange gewartet hatten − das antarktische Gegenstück zu Krokussen, Narzissen und Tulpen? Ich machte den Vorschlag, die Holländer sollten doch mit einem entsprechenden Volkstanz aufwarten, aber sie waren zu beschäftigt mit ihrer Secchischeibe und dem Aqua-Tracker.

Nördlich der Halley Bay

Manchmal wurde es an trüben wolkenverhangenen Tagen abends doch noch hell und ruhig; der Abend, an dem wir von der Halley Bay in Richtung Norden aufbrachen, war so ein Tag. Es war der Geburtstag von Herrn Schiel, dem Chefsteward, der unsere Messe beaufsichtigte, und ich ging kurz in die »Zillertal-Bar«, um auf seine Gesundheit zu trinken. Die meisten von der Schiffsbesatzung waren auf die gleiche Idee gekommen, und als ich um 22.00 Uhr wieder ging, war die Party noch im vollen Gange.

Als ich noch einmal meine letzte Runde an Deck drehte, sah ich, daß wir uns auf die äußerste Spitze der Halley-Landzunge zubewegten, auf einem Kurs, der uns ganz dicht an der Pinguinkolonie vorbeiführte. Die Sonne stand niedrig, und die Brücke war in goldenes Abendlicht getaucht. Wir fuhren eine schmale Küstenrinne entlang, ruhig wie in einem Kanal, drei bis vier Kilometer von den Eisklippen entfernt, mit Neueis an Backbord und der Grenze der festen Meereisdecke vor den

Klippen der Schelfeiskante auf der Steuerbordseite. Als wir am Zentrum der Pinguin-Ansammlung vorbeifuhren, nannte mir Kapitän Suhrmeyer, der gerade Wachdienst hatte, freundlicherweise die genauen Koordinaten vom Navigationscomputer.

Auch die Kolonie war in ein goldenes Licht getaucht, einzelne Sonnenstrahlen hoben die Klippen besonders hervor. Eine dramatische Szene, wie in Bayreuth; wenn Wagner eine Oper mit einem Pinguinchor geschrieben hätte, die Halley Bay an jenem Abend hätte einen hervorragenden Rahmen abgegeben. Die Kaiserpinguine standen wie Tramper zu beiden Seiten der Rinne und beobachteten uns mit großem Interesse, als wir vorbeifuhren – vielleicht zählten sie gerade Wissenschaftler. Zu Dutzenden schwammen sie vor uns im Wasser und schwangen sich in voller Größe rauf aufs Eis, wenn wir ihnen zu nahe kamen. Ein paar Seemeilen hinter der Kolonie wurden es immer weniger, und schließlich verschwanden sie ganz, außer ein paar Gruppen Verirrter – das gleiche Verteilungsmuster, wie wir es schon vor dem Drescher-Inlet vorgefunden hatten.

Ein paar Minuten später waren wir auf gleicher Höhe mit dem Brutgebiet der Robben, das wir im Laufe des Vormittags schon mal überflogen hatten. Weder von der Brücke noch von der Aussichtsplattform darüber konnte ich irgend etwas erkennen; wir wären einfach daran vorbeigefahren, ohne zu wissen, daß sich ein paar Kilometer landeinwärts eine große Brutkolonie befand – gut, daß es Luftbildaufnahmen gibt. Direkt vor uns lag eine große Robbe laut schnarchend auf einer schaukelnden Scholle. Suhrmeyer wartete, bis wir ganz dicht dran waren, und riß den Bug elegant herum, um vorbeizukommen. Die Scholle schaukelte ruhig im Kielwasser, die Robbe konnte ihren Schlaf ungestört fortsetzen.

Gegen Mitternacht wurde das Licht langsam schwächer, die Sonne sank noch tiefer, und das Gold wurde eher intensiver. Wer glaubt, die Polarregionen seien ein einziges Weiß, der irrt gewaltig.

Der Tag war lang gewesen; ich war schon ziemlich müde, aber merkwürdigerweise ging von dem Bild der vorbeitreibenden Schollen auf der einen Seite und der sich ständig verändernden goldenen Klippen auf der anderen Seite eine geradezu hypnotisierende Faszination aus. Um Mitternacht übernahm Oelkers, der Navigationsoffizier, die Wache. Normalerweise hatten er und ich uns viel zu erzählen, über Schiffe, Häfen, die Crew und die Gebiete, die wir schon bereist hatten; von ihm hatte ich das meiste über die »Polarstern« und ihre Gepflogenheiten erfahren. An diesem Abend jedoch legte das merkwürdige goldene Licht ein Schweigen über uns; es gab nicht viel zu sagen, aber sehr viel in sich aufzunehmen.

Kurz vor sieben stand ich für eine Routine-Eisbeobachtung wieder auf der Brücke. Die Sonne war verschwunden; die Dämmerung war so grau und trübe wie an einem kalten Montag in Bremerhaven. Hans, der selbst an stürmischen Tagen seine gute Laune nicht verlor, wünschte mir einen guten Morgen und machte mich auf einen Zettel aufmerksam, den sein Vorgänger hinterlassen hatte. Gegen Ende der Wache hatte Oelkers mehrere Gruppen Pinguine gesehen, eine, die größer war als der Rest und von der man vielleicht auf eine Kolonie schließen konnte. Er hatte nicht angerufen, weil er mich nicht schon wieder kurz nach dem Zubettgehen wecken wollte.

Das mußte genauer untersucht werden. Ich holte mir von Jochen die Frühwettervorhersage – sie sah nicht gut aus, und es würde sich im Laufe der nächsten Stunden wahrscheinlich auch nicht verbessern – und verabredete mich zum Frühstück mit Professor Hempel. Um 8.15 Uhr war ein Frühflug angesetzt, hauptsächlich gedacht als ein Aufklärungsflug für Götting, der sehen wollte, wie um das Stancomb-Wills-Vorgebirge die Eisverhältnisse aussahen. Hempel wollte mitfliegen und machte mir den Vorschlag, auch noch mitzukommen; wir würden die Route zurückverfolgen und auch über das Vorgebirge nach Norden fliegen. Wir mußten noch ein paar Minuten warten, bis ein pelagisches Schleppnetz, das am frühen Morgen zum Fischfang in mittleren Wasserschichten eingesetzt worden war, wieder an Bord kam, dann bestiegen Gunter Mahler, Götting, Hempel und ich den Hubschrauber.

Aufklärungsflug

Zuerst flogen wir unsere Route entlang zurück. Weil Hans Götting gerade erst seine Wache beendet hatte, ließ er sich in einer Ecke nieder und schickte sich an zu schlafen, während Hempel und ich abwechselnd jede Bucht zwischen den Klippen absuchten. Bestimmt waren an den von Oelkers eingetragenen Stellen ganze Scharen zu sehen gewesen, mit Hunderten von Vögeln, jetzt waren nur noch zwei oder drei übrig. Keine Bucht sah so aus, als käme sie für einen Brutplatz für Robben oder Pinguine in Frage. Das Eis war neu und zu unsicher, wahrscheinlich schon mehrere Male aufgebrochen und würde zum Sommeranfang verschwinden – zu früh für einen sicheren Nistplatz.

Wir flogen fast bis zur Robbenkolonie in der Halley Bay, drehten dann ab, zurück, entlang der Küstenrinne, am Schiff vorbei und bis zum nordöstlichsten Punkt des Vorgebirges. Götting wachte mit einemmal auf und verfolgte interessiert das Geschehen; jetzt kam der Teil, der ihn betraf. Die enge Küstenrinne, die sich bis über das Vorgebirge erstreckte, schien der einzige schiffbare Kanal in Sichtweite zu sein. Auch hier gab es zwischen den Landzungen nur seichte Buchten, keine Fundamente für feste Eismassen, die breit genug für Kolonien gewesen wären. In manchen Buchten entdeckten wir Robben, allein oder in Gruppen zu dritt oder viert und mit Jungtieren an der Seite. Dazwischen auch schon mal kleinere Gruppen schlafender Pinguine, aber keine Nistplätze.

Das Wetter wurde nicht besser; die niedrige Wolkendecke zwang uns, auf 30 Meter runterzugehen, und es wurde auch Zeit, zum Schiff zurückzukehren. Auf halbem Weg brach die Rinne vor uns plötzlich auf, und ein Dampfstrahl schoß hervor. Gunter und ich, die vorne saßen, sahen es zuerst und riefen gleichzeitig: »Wale!« Gunter riß die Maschine im Steilflug nach unten, damit wir uns das näher ansehen konnten; der arme Hans, der erneut fest eingeschlafen war, wurde ruckartig geweckt und dachte wahrscheinlich, sein Ende sei gekommen.

An einer Stelle, wo sich die Rinne bis auf 8 Meter verengte, lagen etwa zehn oder zwölf Entenwale nebeneinander wie Sardinen. Sie waren unterschiedlich lang, der längste schätzungsweise 15 Meter, die kleineren 5 bis 10 Meter. Ihre Farbe rangierte von ganz blaß bis zu einem dunkleren Teint. Anscheinend drängelten sie sich um die Rinne, rempelten sich an und tauchten abwechselnd mal an die Oberfläche auf, um zu spukken: daher der Strudel im Wasser und die Dampfstrahlen aus den Nüstern oben am Kopf.

Wir drehten ein paar Runden und sahen ihnen zu. Warum versuchten sie alle in dieser engen Passage an die Wasseroberfläche zu kommen, wenn die Rinne auf beiden Seiten doppelt so breit war? Sie wiesen nach Süden – handelte es sich um eine Frühjahrswanderung? Eine Familiengruppe: ein großes Männchen, mehrere Weibchen und ein bis zwei Junge. Es war ein wunderschöner Anblick; wenn man über sie hinwegflog, bekam man noch mehr von ihrem Verhalten mit; aber es war doch auch quälend, mit so vielen unbeantworteten Fragen wieder davonfliegen zu müssen. Mittlerweile war auch Hans hellwach und suchte genauso begierig wie der Rest von uns in der Rinne nach weiteren Walen.

Kartenarbeit

In der vorangegangenen Woche hatte ich zwischendurch angefangen, eine große Karte von der Küste zusammenzusetzen, und hatte sie mit Klebestreifen an meine Kabinenwand geheftet. Das seit zwei Tagen andauernde schlechte Wetter gab mir eine gute Entschuldigung, mich ihr wieder einmal zu widmen. Nach drei 24-Stunden-Tagen hintereinander ohne viel Schlaf freute ich mich auf ein paar ruhige Stunden in meiner Kabine. Draußen pfiff der Wind, niedrige Wolken trieben vorbei, und weicher, nasser Schnee fegte über Deck, blieb an den Fenstern hängen und sammelte sich schwer in den Ecken: der Frühling kam mit aller Macht.

Fast vier Meter lang erstreckte sich die Karte quer über den

Boden, an der Wand entlang bis zur Decke: ein Flickwerk aus kopierten Kartenabschnitten der gesamten Küste, von der Atkabucht im Norden bis zu den drei neuen Eisinseln im Süden. Ich hatte mir einige Filzstifte organisiert und fing nun an, alles, was wir über das Gebiet wußten, in die Karte einzutragen. Aus einer anderen Karte übertrug ich die Unterwasserkonturen der Stellen, die man untersucht hatte, dann die bekannten Kolonien und Brutgebiete und schließlich die neuen, die wir entdeckt hatten, die *Hot Spots* und den Küstenabschnitt, den wir vom Hubschrauber aus erkundet hatten.

Vielleicht war es noch zu früh, um Aussagen zu treffen, aber schon zeigten sich interessante Muster. Die bekannten Pinguinkolonien befanden sich an Stellen innerhalb ausgedehnter Festeisgebiete mit relativ geringer Wassertiefe – unter 500, meistens sogar unter 300 Metern. Konnte man daraus schließen, daß Pinguine nicht nur stabiles Eis weit ab von der Küstenrinne brauchten, sondern auch Hochwassergebiete, in denen sie auch am Meeresboden auf Fischfang gehen konnten? Andererseits gab es auch weite Gebiete aus festem Eis, wie das nördlich von Vestkapp, wo die Wassertiefe ebenfalls relativ gering war, es aber keine Kaiserpinguine gab. Die Robben waren weniger eigen, sie lebten verstreut in kleineren Gruppen; auch sie brauchten festes Eis, auf dem sie liegen konnten, aber die Wassertiefe spielte bei ihnen keine so große Rolle. Die Walansammlungen wiederum, die wir gesehen hatten, waren alle in Tiefwassergebieten, Entenwale sollen sich angeblich hauptsächlich von Tintenfischen ernähren, und für die größeren müssen sie sicher tief tauchen.

Sonntags auf der »Polarstern«

Am Vormittag des 2. November drehte sich der Wind plötzlich nach Süden, und innerhalb einer halben Stunde sank die Lufttemperatur von −3° C auf −12° C. Sofort bildete sich Nebel, der uns mehrere Stunden völlig einhüllte.

Es war Sonntag; während sonst auf der »Polarstern« ein Tag

dem anderen glich, gelang es uns doch manchmal, den Sonntag etwas anders zu gestalten; ich jedenfalls hatte mir vorgenommen, diesen Tag zum Ruhetag zu erklären. Bei den Weight-Watchers verlor ich eine Mark, weil ich fälschlicherweise eine Gewichtszunahme vorausgesagt hatte; sicher waren die 66 Stufen zwischen Deck E und Deck B, die ich täglich mehrmals erklomm, daran schuld, daß ich nicht zunahm. Ich verbrachte eine angenehme Stunde über meiner Karte, dann luden mich meine Nachbarn, die Hempels, in ihre Kabine ein, wo ein paar Leute den Geburtstag von Georg Fransz mit einem Glas Wein feierten. Danach hatte ich gerade noch genug Zeit bis zum Mittagessen, mit dem Hund auf dem Deck spazierenzugehen.

»Gassi gehen« hatte eines Tages angefangen, als ich an Deck spazierenging, um frische Luft zu schnappen, und Peter Salameh traf, einer aus der Gruppe der Scripps Institution. Er fragte mich, was ich denn hier draußen machte, und ich sagte ihm, ich würde meinen Hund spazierenführen. Er meinte, nicht unvernünftig, daß er gar keinen Hund entdecken könne, worauf ich ihm erklärte, Rover sei ein sehr kleiner, weißer Hund, der so schnell laufen könne, daß man ihn nicht sähe. Bei unserem nächsten zufälligen Zusammentreffen sah ich, daß er sich ebenfalls so einen Hund angeschafft hatte. Es freute mich ganz besonders, daß unsere beiden Hunde sich so gut verstanden.

Peter, Mitte Zwanzig, gehörte zur ersten in Amerika aufgewachsenen Generation einer Familie, die nach dem Zweiten Weltkrieg ihre Heimat Palästina verlassen hatte und in die USA übergesiedelt war. Als erfahrener Computerprogrammierer hatte er sich bereits auf mehreren ozeanographischen Expeditionen einen Namen gemacht und führte – das hätte ich am wenigsten erwartet – zusammen mit seinem Bruder ein Familienrestaurant in der Innenstadt von San Diego, wo er sozusagen »Mädchen für alles« war, Koch und Tellerwäscher in einem. Er konnte außerdem Klavier spielen, und als er herausfand, daß die elektronische Orgel im »Blauen Salon« auch einen annehmbaren Klaviermodus hatte, spielte er des öfteren während der Frühstückspausen darauf. Schließlich war er der führende Kopf von Achmed Enterprises Inc. – an der allerdings auch Ray und

Portia Anteile hatten —, einer völlig frei erfundenen und verrückten Firma von Unternehmern, die einfach alles machten, von Badewannen reparieren bis zu Symphoniekonzerte veranstalten. An diesem Sonntagmorgen führte auch Peter seinen Hund spazieren und paßte auf, daß er sich nicht im Nebel verlief. Er erzählte mir, daß er vorher für einen Konzertabend geprobt hätte, den er zusammen mit Georg und Winfried veranstalten wollte. Für Achmed Enterprises Inc.? Nein, das war ernst gemeint, und ich konnte mir für einen so trüben Sonntagvormittag im Weddell-Meer keinen kultivierteren Zeitvertreib vorstellen.

Auch wenn es ein Sonntag war, es wurden trotzdem Stationen gemacht, vormittags, nachmittags und abends. Am Nachmittag brach die Sonne durch, der Nebel löste sich auf und hinterließ auf der »Polarstern« und der umgebenden Eisdecke eine Kruste aus funkelndem Rauhreif. Es tat gut, aus der Düsternis der zurückliegenden Tage mal wieder herauszukommen, die Sonne zu sehen und sogar ihre Wärme zu spüren. Am Nachmittag kamen die Biologen zu einer improvisierten Diskussionsrunde zusammen, um sich über die kleinen Eisplättchen zu unterhalten. Dieser Lebensraum war für uns alle hochinteressant.

Es wäre sicher lohnend gewesen, diese Ansammlungen genauer zu untersuchen, aber mit den uns bekannten Methoden war es schwierig, sie zu erreichen und Proben zu entnehmen. Durch die Eisdecke hindurchzubohren hatte wenig Zweck, das Wasser in dem Bohrloch stieg sofort hoch und führte eine amorphe Suppe aus Eisplättchen mit sich. Dredgen unterhalb der Eisdecke taugten ebenfalls nicht, man konnte nichts sehen, und außerdem wollten wir die Temperatur und den Salzgehalt des Wassers innerhalb und zwischen den Eiskristallen messen. Sporttauchern wäre es wahrscheinlich gelungen, Wasser-, Eis- und Algenproben zu entnehmen, ohne sie durcheinanderzubringen, aber es gab unter uns keinen qualifizierten Taucher, und bei Wassertemperaturen um $-1,8°$ C hielt man sich auch zurück, wenn es darum ging, sich freiwillig zu melden. Peter Marschalls UWE konnte zwar sehen und uns zeigen, was unterhalb der Eisdecke passierte, aber keine Proben entnehmen. Irgend jemand mußte sich etwas ausdenken.

In diesem entscheidenden Augenblick erzählte uns Peter Marschall, daß UWE tatsächlich gerade die Unterseite der Eisdecke nach Krill abgesucht hätte. Krill tauchte jetzt immer regelmäßiger auf, nicht in der Wassersäule, sondern verteilt auf der Unterseite von Eisschollen. Die einzelnen Tiere schienen sich dort sehr wohl zu fühlen, hingen umgedreht mit ihren Schwimmbeinen am Eis, nutzten Ritzen als sichere Schlupflöcher und ernährten sich von Kieselalgen.

Peter Marschall führte uns einen Farbvideofilm vor, der das bestätigte, und je länger wir darüber nachdachten, desto merkwürdiger kam uns das Ganze vor. Ob Deutsche, Engländer, Amerikaner oder Holländer, alle hatten wir gelernt, daß es sich bei Krill um Organismen handelte, die in Schwärmen in den oberen paar hundert Metern der Wassersäule frei umherschwimmen. Das war die herkömmliche Vorstellung dieser Spezies; sie schwebten frei im Wasser und ernährten sich von Kieselalgen, die sie mit ihren körbchenartigen Vorderfüßen aus dem Wasser filterten. Gerade weil sie dafür so ideal geschaffen sind, kam man einfach nicht auf den Gedanken, daß sie vielleicht auch noch was anderes machten. Und doch fanden wir sie hier zu Tausenden vor, wie sie glücklich und zufrieden wie auf den Kopf gestellte Schafe unter der Eisdecke weideten.

Vielleicht trat das freie Herumschwimmen in Schwärmen nur im Sommer auf, wenn es im Wasser genügend Algenzellen gab, von denen der Krill sich ernähren kann. Was aber machten sie im Winter und im Frühjahr, wenn die Wassersäule leer war? Keiner wußte darüber wirklich Bescheid, denn im Winter gab es hier kaum Wissenschaftler, die das hätten untersuchen können. Vielleicht fraßen sich die Tiere im Sommer und Herbst voll und lebten im Winter von ihrem eigenen Fett, aber die Krillkrebse hatten bekanntlich keine größeren Speicherorgane. Es wäre viel sinnvoller, wenn sie an der Eisdecke siedelten und den Winter an einer Stelle verbrachten und sich dort ernährten, wo es auch Algen gab.

Das erklärte auch andere merkwürdige Beobachtungen, zum

Beispiel, warum oft Krill auf die Schollen hochgeschleudert wurde, wenn die »Polarstern« durch das Eis brach, und warum die Pinguine sie kiloweise fingen, während wir uns glücklich schätzen durften, wenn wir gerade mal ein paar hundert in unseren Netzen hatten. Nach der Besprechung gingen wir alle in nachdenklicher Stimmung auseinander; Victor Smetacek und einige andere wollten unbedingt sofort die Temperatur und den Salzgehalt unter der Eisdecke messen und berieten sich erst mal, wie man ein Gerät bauen konnte, mit dem sich das bewerkstelligen ließ.

Zum Tee wurde Sahnetorte gereicht, anschließend machte ich meine Tour durch die Labors − die ausnahmsweise mal fast alle leer waren −, schrieb eine Stunde, ging für ein paar Minuten auf die Brücke, um zu sehen, was wir gerade machten − nach unserer letzten Station fuhren wir jetzt langsam zurück, auf die Küste zu −, und beobachtete dann eine Stunde lang die Eisdecke, ob nicht irgendwo Robben oder Pinguine zu sehen waren. Es waren aber keine zu sehen.

Am Abend kamen wir, wie jeden Sonntag, mit Professor Hempel zusammen, um mit ihm die Arbeit der nächsten Woche zu besprechen. Die Besprechung dauerte nicht lange; in der »Robben- und Pinguin-Abteilung« warteten wir auf besseres Flugwetter, um die Küste weiter erforschen zu können; auf meiner Wandkarte gab es noch viele Lücken.

Mein beschaulicher Sonntag endete schließlich im »Blauen Salon«, wo sich einige zu einem improvisierten Liederabend − vom Band − zusammengefunden hatten. Aus meiner eigenen kleinen Sammlung spielte ich Schuberts »Winterreise« und Delius' »On Hearing the First Cuckoo in Spring«. Das schien mir angebracht für diese Zeit, Anfang November in der Antarktis.

Eine schwierige Woche

Am nächsten Tag, Montag, dem 3. November, näherten wir uns wieder dem Drescher-Inlet. Der Hubschrauber flog mit Ersatzteilen voraus und kam mit Norbert zurück; eine Zahnfüllung hatte sich gelöst, als er ein Würstchen aß, und der Arzt sollte sie wieder einsetzen. Sonst sah er aber gesund und munter aus und hatte schon eine ganze Menge zu berichten. Leider hatten wir aber nicht viel Zeit, weil er möglichst schnell zum Camp zurückkehren wollte. Die Brutvögel würden etwa 25 kg wiegen und brachten jedesmal etwa 5 kg Nahrung im Kropf zurück, die sie an die Jungen verfütterten. Sie ernährten sich von Fisch und Krill, von beidem reichlich, und auch von Tintenfisch, und aus der Anzahl der Vögel, die in die Kolonie kamen und sie wieder verließen, konnte man schließen, daß sie nie länger als zwei bis drei Tage im Meer auf Nahrungssuche gingen. Norbert blieb nur bis zum Mittagessen, ging dann kurz unter die Dusche und kehrte, pflichtbewußt wie Pinguineltern, zu seinen Schützlingen auf die Kolonie zurück.

Noch am gleichen Tag fingen wir wieder mit einer Serie von Routineflügen über das Küsteneis an, die auch im Zusammenhang mit Christoph Kottmeiers Arbeit über die klimatischen Verhältnisse stand. Das schlechte Wetter hielt an; Jochen Püttker konnte auch beim besten Willen nur eine Folge von Tiefdruckgebieten vorhersagen, die kräftige Winde und trübes Wetter mit sich führen würden. Täglich mußten wir die Erfahrung machen, daß seine Wettervorhersagen leider zutrafen.

Wenn eben möglich, flogen wir los, gerade unterhalb der Wolkendecke, und machten Aufzeichnungen von den Verschiebungen und Veränderungen im Meereis vor dem Drescher-Inlet. Ich wurde langsam ungeduldig und wollte das Gebiet hinter dem Stancomb-Wills-Vorgebirge erkunden, aber solange das schlechte Wetter noch andauerte, konnten wir nicht so weit fliegen. Jeden Tag schaute ich mir die sowjetischen und amerikanischen Satellitenfotos an. Unser eisfreies Gebiet war deutlich zu erkennen, und das vor der Halley Bay war genauso breit, aber um das Stancomb-Wills-Vorgebirge hielt sich das Packeis beharrlich. Befand sich dort irgendwo versteckt vielleicht eine Kolonie Pinguine? Es war nicht möglich, mit dem Schiff heranzukommen, aber ein paar Stunden Flug mit dem Hubschrauber hätten alle Fragen beantwortet.

257

Wir mußten eben einfach abwarten. In der Zwischenzeit hielten die Winde die Eismassen von der Küste ab, die Polynya blieb offen, was zumindest die ozeanographische Arbeit erleichterte. Endlich hatten unsere Fischer wieder offenes Wasser für ihre Netze, warfen sie in alle Richtungen aus und senkten sie in alle Tiefenschichten ab. Das Ergebnis war aber immer noch enttäuschend. Wir hatten ein paar reiche Fänge vom Meeresboden, sogar eine ganz gute Auswahl der am Meeresboden lebenden Fische, aber die Fänge in mittleren Wasserschichten zeitigten nur entmutigende Ergebnisse. Ein Netz eine halbe Stunde lang herunterzulassen und dann eine zweite halbe Stunde damit zu verbringen, es wieder einzuholen, um am Ende nur mit einer einzigen Qualle dazustehen, die sowieso keiner will, das hätte auch den Pessimistischsten unter uns enttäuscht.

Eines der großen Schleppnetze war mit einem Tiefenanzeiger ausgerüstet, den man über Monitore auf der Brücke ablesen konnte, und eines Morgens beobachtete ich Hempel, Götting und Gerd Hubold eine ganze Stunde lang, wie sie das Ding durch das Wasser manövrierten. Durch Regulierung der Schiffsgeschwindigkeit und der Länge der Außenleinen konnten sie mit dem Netz in jeder beliebigen Tiefe fischen, von der Wasseroberfläche bis zum Meeresboden. Es trieb mal weiter oben, mal weiter unten, aber auch mit dieser Methode ließ sich nicht mehr einfangen, es blieb bei einer Handvoll Fische. Wir hatten herausgefunden, wo sich der Krill versteckte, aber die Fische, laut Norbert die Hauptnahrungsquelle von Robben und Pinguinen, entzogen sich uns noch immer.

Die Enttäuschungen in dieser Phase blieben nicht nur auf das Schiff beschränkt. Über Funk erfuhren wir, daß die Gruppe im Drescher-Camp noch schlechteres Wetter hatte als wir; die Fallwinde fegten Unmengen von Schnee vom Antarktischen Plateau herunter, packten ihn um die Hütten herum, versperrten jede Sicht und machten das Arbeiten draußen fast unmöglich.

Unsere automatischen Wetterstationen auf dem Meereis hatten diese Probleme natürlich nicht. Christoph Kottmeier zeigte mir einen Ausdruck der Daten, die ihm die Argos-Bojen übermittelten, die wir auf dem Hinweg ausgesetzt hatten. Eine der ursprünglich acht Bojen hatte sich von Anfang an geweigert, Daten zu übermitteln, nachdem sie einmal in Position gebracht worden war, aber die übrigen sieben arbeiteten einwandfrei. Sie trieben in einem Zickzackkurs dahin, was die wechselhaften Windverhältnisse widerspiegelte, obwohl sich mittlerweile alle viel weiter westlich und ein Stück weiter südlich von ihrer ursprünglichen Position befanden, was wiederum auf die hauptsächlich im Uhrzeigersinn verlaufenden Strömungen im Weddell-Meer zurückzuführen war. Die nördlichste Gruppe, nördlich von der Georg-von-Neumayer-Station ins Wasser gelassen, befand sich jetzt viel weiter westlich und ein Stück weiter südlich von der ursprünglichen Position, als ob sie auf das Zentrum des Weddell-Meeres hin zustrebte. Die südlichere Gruppe, zwischen Neumayer-Station und Drescher-Inlet ausgesetzt, trieb mehr westsüdwestlich, an der Küste entlang, als ob sie den größtmöglichen Bogen schlagen wollte. Christoph wenigstens war zufrieden mit diesem Ergebnis und mit den sehr guten meteorologischen Daten, die die sieben Bojen jeden Tag übermittelten.

Bei dem Palaver am Abend des 8. November, einem Samstag, faßte Professor Hempel die Ergebnisse dieser schwierigen Woche zusammen. Nur den Ozeanographen und vielleicht noch den Meteorologen hatte das schlechte Wetter genutzt; die ersteren hatten ein komplettes Programm mit Stationen sowohl in seichtem Wasser als auch in Tiefenwasser absolviert, für die letzteren war schlechtes Wetter genauso interessant wie gutes, und am interessantesten wohl eine ganze Bandbreite unterschiedlicher Wetterlagen. Die Fischer hatten ihre Netze voll ausgelastet, ein paar Fische vom Meeresboden, aber nur wenige in mittleren Wasserschichten und an der Oberfläche gefangen. Das Meereisteam war ein gutes Stück weitergekommen mit der Lösung des Problems, das Umfeld direkt unterhalb der Eisdecke über Monitor aufzuzeichnen, wobei UWE einen großen Anteil bei diesen Untersuchungen einnahm. Die Pinguin-und-Robben-Spezialisten hatten eine frustrierende Woche hinter sich, aber nutzten sie als Denkpause, wenn es schon nicht anders ging.

Die anhaltenden Küstenwinde, fuhr er dann fort, hätten die Polynya fast die gesamte Küste entlang ausgedehnt; das Wetter hätte sich zum guten verändert und es sei Zeit, wieder Richtung Süden zu fahren. Es stünden noch einige ozeanographische Untersuchungen aus, wir wollten weiter nach Robben- und Pinguinansammlungen Ausschau halten und einen zweiten Versuch starten, nach Drushnaya und dem wertvollen Treibstofflager zu suchen. Die »Polarstern« hätte schon nach Süden gedreht und fahre mit einer Geschwindigkeit von 15 Knoten durch eisfreies Wasser; wir waren wieder unterwegs und täten besser daran, die Daumen zu drücken, damit sich das günstige Wetter drei oder vier Tage hielte.

Jetzt hätte uns natürlich besonders interessiert, was das Drescher-Team zu berichten hatte, ob die Kaiserpinguine und Weddell-Robben herausgefunden hätten, wo sich die ganzen *Pleuragramma antarcticum* denn versteckt hielten. Aber wir kamen auch so weiter. Victor Smetacek stellte uns »Else« vor; die Antwort der Planktologen auf das Problem, wie sich das Umfeld direkt unter der Eisdecke untersuchen ließ. Victor hatte uns mit seinen abstrusen Ideen und seiner Querdenkerei in den Seminaren immer amüsiert, und man konnte davon ausgehen, daß jedes Gerät, bei dessen Entwicklung er mitgeholfen hatte, erst mal mit einem freundlichen Mißtrauen begrüßt wurde. Else jedenfalls erwies sich als äußerst praktisch. Es war ein einfaches L-förmiges Hebelsystem, an dem ein Gerät zur Messung der Temperatur und des Salzgehaltes befestigt war; das Meßgerät konnte durch ein kleines Loch im Eis eingeführt, abgesenkt oder eingeholt werden oder sich im Kreis bewegen; bis zu einer Tiefe von zwei Metern konnte es eine Fläche in einem Radius von einem Meter abtasten. Else hatte schon einige Tests hinter sich, in Verbindung mit UWE, und würde sich nach ein paar Veränderungen sehr gut für die Aufgabe eignen, für die sie gedacht war.

Um 20.15 Uhr wurde das Palaver aufgehoben. Wie verbringt man an Bord eines Eisbrechers nach einer anstrengenden Woche seinen Samstagabend? Ein paar gingen in die »Zillertal-Bar«, ein paar in die Labors, ein paar in die Sauna, ein paar besuchten sich gegenseitig auf ein Glas Wein in ihren Kabinen. Ein paar wären, da bin ich mir sicher, auch nur zu gerne ins Bett gegangen.

Nach dem trüben Licht in dem Vortragssaal war es draußen richtig hell, der Himmel war klar, und die Sonne schien – gerne wäre ich mit meinem unsichtbaren Hund über das Meereis spazierengegangen. Aber nach fast einer ganzen Woche war zum ersten Mal wieder gutes Flugwetter, und so eine Gelegenheit durfte man nicht versäumen. »Wie wär's mit einem Erkundungsflug?« fragte mich Professor Hempel, und um 21.05 Uhr saß ich mit ihm, Christoph Kottmeier, Ekkehard Folkerts und Hajo Eiken im Hubschrauber.

Erkundung des Südens

Während die »Polarstern« ihre Fahrt durch das sonnenbeschienene, sich leicht kräuselnde Wasser der Polynya fortsetzte, flogen wir zunächst Richtung Osten zur Küste, dann nordwestlich an der Schelfeiskante entlang zum Drescher-Inlet, um die Eisverhältnisse näher zu untersuchen. Das Gebiet war mittlerweile so groß, daß man innerhalb der jeweils zehnminütigen Flugabschnitte gar kein Eis entdecken konnte. Über den ersten Abschnitt hinaus, etwa 5 km vor den Klippen, erstreckte sich das Packeis bis zum Horizont in einzelnen Schollen, die 50 bis 100 Meter Durchmesser hatten und sich wie ein Floß bewegten. Auf dem anderen, seewärtigen Ufer der Polynya waren nur wenige Pinguine und Robben zu sehen, und auch das Packeis schien verlassen.

Wieder zurück am Schelfeis, überflogen wir das Drescher-Inlet in südlicher Richtung, wo sich entlang der Festeisgrenze etwa 500 Pinguine versammelt hatten und weitere 40 bis 50 im Wasser waren. Als wir das Inlet überblicken konnten, sahen wir, daß die Kaiserpinguine der Kolonie in fünf großen Gruppen zusammenstanden, dicht gedrängt, denn starker Wind und kräftiges Schneetreiben blies noch immer vom Plateau her auf sie ein. Dann flogen wir in südwestliche Richtung dem Schiff hinterher, überholten es und flogen weiter südlich auf das Stancomb-Wills-Vorgebirge zu. Da schon über eine Stunde seit dem Abflug vergangen war, konnten wir nicht sehr viel weiter fliegen, aber ich war schon froh, wenigstens den Anfang dieses neuen Küstenabschnittes einmal zu sehen. Hier lagen die Klippen zurückgezogen in einer ganzen Reihe tiefer Buchten, jede ausgelegt mit sehr stabil aussehendem Festeis. In manchen sahen wir ein paar Pinguine oder Robben. Eine Bucht, größer als die anderen, beherbergte eine Population von 40 Weddell-Robben, die eine Hälfte, zusammen mit 18 Jungtieren, in einer Gruppe, die anderen weiter verstreut. Es war die erste große Brutkolonie südlich vom Drescher-Inlet, und die Anwesenheit von fast 300 Kaiserpinguinen in Gruppen entlang der Eisgrenze ließ den Schluß zu, daß es hier noch mehr Pinguine gab. Ich notierte mir die Uhrzeit und bat Ekkehard, die Peilung vom Schiff einzuholen, damit wir die genaue Position festhalten konnten.

Weiter konnten wir nicht fliegen. Vor uns und um uns herum lag zusammengepreßtes Packeis, auf das das Schiff in Kürze zusteuern würde. Wir drehten bei und flogen zurück, entlang der sehr schmalen Rinne, auf der sich über Nacht etwas Eis gebildet hatte und die den Weg nach Süden markierte. Alles war in dieses einzigartige goldene Licht des späten Abends getaucht, und um 23.00 Uhr landeten wir nach einem denkwürdigen Flug an Bord.

Es war ein ereignisreicher Tag gewesen, und eigentlich hätte ich ihn beenden sollen; ich war reif fürs Bett. Aber ich beging den Fehler, mich vor dem Zubettgehen noch mal auf der Brücke sehen zu lassen, und dort gab es immer etwas, das mich fesselte. Die »Polarstern« hatte das südliche Ende der Küstenpolynya bereits erreicht und befand sich jetzt mitten in schwerem Packeis. Von der Brücke aus sah das Eis noch solider aus, als es einem aus der Luft erschienen war, mit bis zu 2 Meter hohen Preßeisrücken. Kapitän Suhrmeyer hielt Brückenwache und konzentrierte sich darauf, das Schiff auch weiter voranzubringen. Es gab viel, was ich hätte wissen wollen, aber jetzt war nicht die Zeit dafür. Wir sprachen nur sehr wenig, und ich verbrachte einige faszinierende Stunden damit, herauszufinden, wie dieses Vorankommen im Eis vor sich geht.

Wir befanden uns in einer Scherzone, eingepfercht zwischen dem alten landfesten Meereis auf der Backbord- und dem langsam zirkulierenden Packeis auf der Steuerbordseite. Das Schiff wurde stoßweise weitergeschoben. Wenn das Packeis zugriff, schob sich die »Polarstern« mit der Decke mit einer Geschwindigkeit von einem Knoten vor, wenn das Landeis zugriff, blieb das Schiff stehen, während das Packeis an der Seite vorbeizog, was bei uns immer das merkwürdige Gefühl erzeugte, als würde man rückwärts fahren. Jedenfalls drückte sich das Schiff mit allen vier Maschinen vor, gelegentlich setzten wir zwei, drei Schiffslängen zurück, um wieder vorzustoßen, und benutzten die Wucht der »Polarstern«, um Hindernisse, die sich uns in den Weg stellten, beiseite zu schieben. Großer Energieaufwand war gar nicht das entscheidende, trotz der zwanzigtausend Pferdestärken unter Deck. Suhrmeyer benutzte seine Intelligenz, das Schiff von dem Druck tragen zu lassen, anstatt zu versuchen, ihn mit brutaler Kraft zu überwinden. Um 1.30 Uhr gab ihm sein einziger Zuschauer innerlich Applaus und ging zu Bett.

Bis zum Frühstück hatten wir die Ecke umschifft, uns aus dem Druck befreit und fuhren jetzt mit hoher Geschwindigkeit durch einen neuen, südlicheren Ausläufer der Polynya.

Das Schiff fuhr weiter Richtung Süden, nachmittags in das Gebiet mit den tiefen Einbuchtungen, das wir schon aus der Luft gesehen hatten. Es war seichtes Gewässer, an den meisten Stellen weniger als 300 Meter tief, mit vielen auf Grund gelaufenen Eisbergen, die das Festeis noch stabilisierten. Dahinter erhob sich in blaugrauen Terrassen, jede Stufe verhangen von einem Dunstschleier, das Innere von Coats Land. Ein paar Eisberge glitten an uns vorbei, fast konnte man die Hand nach ihnen ausstrecken; auf der gleichmäßigen ruhigen Wasseroberfläche spiegelte sich ihr getreues Abbild. In der klaren Nachmittagssonne schimmerten sie, als wären sie von Hand poliert;

viele hatten tiefe Spalten oder Höhlen, die in einem himmlischen Blau leuchteten. Ein riesiger Berg, zehn oder noch mehr Kilometer lang, von allen an Bord mehrmals fotografiert, sah aus wie ein Schloß mit hohen Türmen und gotischen Spitzbögen, eines Ludwig von Bayern würdig. »Meine Familie würde sich beklagen, wenn ich wieder nach Hause komme«, sagte Kapitän Suhrmeyer fast entschuldigend, als er seine Kamera wieder in die Hülle packte, »warum ich nicht mehr Bilder von Eisbergen aufgenommen habe.«

Etwa 200 Meter weiter, auf der zum Meer hin gerichteten Seite des eisfreien Gebietes, lag das Packeis, solide aussehend und leicht bedrohlich. Wir befanden uns jetzt weiter südlich als je zuvor und nutzten die Südwindlage, die uns schon eine Rinne ins Eis freigelegt hatte. Die Verhältnisse konnten sich innerhalb von Minuten ändern; selbst wenn es nur eine leichte Brise wäre, sie würde das Packeis gegen uns drücken, unerbittlich, und uns wie mit den Klauen einer Falle ans feste Eis nageln. Das Schiff würde nicht zerstört, die »Polarstern« würde dem Druck standhalten, aber es würde ein langer Kampf zurück und viel Zeit und Treibstoff kosten, denn die Hauptzirkulation des Weddell-Meeres würde gegen uns arbeiten.

Auf den alten Segelschiffen war es nicht gern gesehen, wenn man an Deck pfiff — der Wind könnte sich drehen. Als jemand, der leidenschaftlich gerne eine Melodie pfiff, von Pop bis Bach, hatte ich mich dazu durchgerungen, so lange still zu bleiben, bis wir aus der Falle raus waren.

Wir entdecken Drushnaya

Wir fuhren den sich verengenden Kanal runter, so weit wir konnten — jede zusätzliche Meile ersparte dem Hubschrauber zwei —, und kamen um 22.00 Uhr in festem, unnachgiebigem Packeis zum Stillstand. Das Wetter war klar, die Sonne stand niedrig, aber schien noch stark und warf scharfe Schatten auf die Eisdecke. Jochen Püttkers kündigte gutes Wetter an. Trotz der späten Stunde startete sofort der letzte Flug, der nach der

Drushnaya-Station suchen sollte. Der erste Hubschrauber, geflogen von Gunter Mahler, erhob sich, mit Hempel und Suhrmeyer an Bord, in einen wolkenlosen Himmel und drehte nach Süden ab. Ein paar Minuten später folgte Ekkehard Folkerts, der zusätzlich noch zwei Fässer Treibstoff geladen hatte, die es ihnen gestatten würden, die Suche, wenn nötig, auszudehnen.

Es war der dritte und letzte Anlauf, und ich glaube, niemand zweifelte daran, daß die Suche diesmal erfolgreich sein würde. Es war schon ein Flug ganz eigener Art, über viele Kilometer einer unwirtlichen Meereisdecke zu einem nicht ganz so unwirtlichen Ziel. Diesmal waren wir 60 km näher an der Station, und über weite Strecken des Fluges waren die Hubschrauber innerhalb des Radar-Auffaßbereiches.

Durch den Einsatz beider Hubschrauber stiegen die Sicherheitsfaktoren um das Doppelte und machten so erst die ganze Operation durchführbar. Wenn dem einen der Treibstoff ausging oder er eine Bruchlandung machte, konnte der zweite wenigstens versuchen, den ersten zu retten. Im schlimmsten Fall, wenn beide außer Betrieb wären, hätten wir vor dem heiklen Problem gestanden, das Schiff irgendwo in die Nähe steuern und einen Rettungsversuch über Eis unternehmen zu müssen. Für diese Notsituation gab es bestimmt einen Plan, und ich bin sicher, daß Helmut Schiel, Blackie Schwartz und die anderen aus der vortrefflichen Mannschaft das spielend gemeistert hätten. Michael Möhle und Martinus Sell, die beiden Hubschraubermechaniker, hielten den Funkkontakt von der Brücke aus und informierten diejenigen, die es interessierte, über den Fortgang der Aktion, aber fast alle, die nichts Besonderes zu tun hatten, mich eingeschlossen, gingen zu Bett.

Um 4.00 Uhr hörte ich, wie die Hubschrauber zurückkehrten und die Schiffsmotoren angelassen wurden; das Schiff hatte schon vorher angefangen zu wenden, um sich aus der Falle zu befreien. Bei der Frühstückspause erfuhren wir Näheres, und beim abendlichen Palaver dann die ganze Geschichte.

Die beiden Hubschrauber waren wieder in sehr großer Höhe geflogen und hatten direkt auf den einsamen Mast der alten Belgrano-Station zugehalten. Dort deponierten sie das Flugbenzin, und Ekkehard blieb zurück, als Rückbasis sozusagen, von der aus die anderen nach Westen weiterflogen. Diesmal wußten sie sehr viel genauer, wo sie zu suchen hatten, und folgten dem nördlichen Küstenverlauf der Inseln.

Gunter war der erste, der die Funkmasten und die vom Schnee eingeschlossenen Hütten der sowjetischen Station entdeckte. Nachdem sie eine Runde gedreht und nachgeschaut hatten, ob das Treibstoffdepot noch sicher war, landeten sie kurz und suchten den Weg in eine der Hütten. Sie hinterließen eine Nachricht für ihre sowjetischen Kollegen, die sie im Sommer vorfinden würden, und nahmen zur Erinnerung eine Streichholzschachtel mit und das Bild einer hübschen Athletin, Covergirl auf einer sowjetischen Zeitschrift.

Vor dem Rückflug umflogen sie noch einmal die am weitesten westlich gelegene Insel und kehrten dann zur Belgrano-Station zurück, um nachzutanken. Dann fingen sie an, die Kanäle zwischen den anderen beiden Inseln und dem Haupteisschelf gründlich zu untersuchen. Entlang der nördlichen Küsten gab es eine schmale eisfreie Wasserrinne, die nach Westen zur Gould Bay verlief; es war der Seeweg zur deutschen, nur im Sommer besetzten Filchner-Station. In den Kanälen zwischen den Inseln und auch südlich davon schwamm jedoch noch immer viel Brucheis. Die Vahsel Bay war sogar völlig versperrt, was den Zugang zu Belgrano II, der jetzigen argentinischen Station, äußerst schwer gestalten würde.

Holiday on Ice

Der Erfolg der Suchflüge zur Drushnaya-Station und der Beginn des nördlichen Reiseabschnitts nahm von uns allen den Druck, unter dem wir gestanden hatten, und markierte einen Wendepunkt der Reise. Es gab ein gutes Gefühl zu wissen, daß das Treibstofflager gefunden und man aus einer möglicherweise gefährlichen Situation sicher herausgekommen war; aber das war noch nicht alles.

Vor ein paar Tagen hatten wir die Halbzeit der Reise ohne

jegliche Zeremonie erreicht. Anscheinend hatten wir erst jetzt, auf dem Weg nach Norden, den wirklichen Wendepunkt überschritten; die Heimreise hatte begonnen. Es lag noch ein ganzer Monat vor uns und sehr viel Arbeit, und die Wissenschaftler, jedenfalls die meisten, wollten auch den Rest der Reise noch voll ausschöpfen. Ich hatte das Gefühl, daß der Mannschaft dieser Wendepunkt mehr bedeutete, was nicht überraschte, denn viele hatten auch an dem vorhergehenden Reiseabschnitt im Winter teilgenommen und freuten sich jetzt auf zu Hause, auf ihre Familien und Freunde an Land.

Hans Oelkers hielt mich wie immer auf dem laufenden. Der 11. November, erzählte er mir, ist traditionell der Beginn der Karnevalszeit in Deutschland, und Karnevalsstimmung hatte sich auch an Bord breitgemacht. Es gab Gerüchte, daß eine Party stattfinden würde, die die Mannschaft für die Wissenschaftler veranstalten wollte; das hörte sich gut an. Dann stand ein Besuch Neptuns kurz bevor, bei dem denjenigen, die den Polarkreis zum ersten Mal überquerten, ein Zertifikat ausgehändigt werden sollte. Ich hatte ihn schon mehrmals überquert, war also von der Zeremonie ausgenommen.

Der 11. November begann vielversprechend. Abends konnten alle, die Lust hatten, an Land gehen und sich die Kaiserpinguine auf dem Dawson-Lambton-Gletscher einmal aus der Nähe ansehen. Wir berieten zunächst, wie man es am besten so organisierte, daß den Vögeln auch nichts passierte. Es mußte ein warmer Abend sein, und am vernünftigsten erschien uns, jeden kurz einzuweisen, worauf er zu achten hatte. Ich machte eine kurze Aufstellung über die wichtigsten Fakten und vervielfältigte die Liste, die deutsche Fassung auf der einen, die englische auf der anderen Seite. Dann teilten wir uns so ein, daß auf jeden Fall immer zwei oder drei, die die Kolonie kannten, anwesend sein und für Fragen zur Verfügung stehen würden. Professor Hempel organisierte ein System mit Karten, so daß die Besuche über den ganzen Abend verteilt wurden; jeder zog eine Karte, wurde an Land geflogen und konnte sich dort drei bis vier Stunden aufhalten, bevor es wieder zurückging.

Am Morgen des 11. November standen wir mitten in der

Polynya, fünf Meilen vom Dawson-Lambton-Gletscher entfernt; die rosafarbene Dämmerung versprach einen wunderschönen Tag. Sogar Jochen war diesmal optimistisch. Um 9.00 Uhr hoben wir mit Malte Elbrächter und Sigi Schiel als Passagiere ab und inspizierten die Kolonie aus der Luft. Die Pinguine hatten sich schon aus ihren Formationen gelöst und freuten sich an der morgendlichen Sonne; ein herrlicher Tag für einen Freundschaftsbesuch.

Zurück an Bord, fanden wir die meisten schon in »Urlaubsstimmung« vor und damit beschäftigt, ihre Karten zu tauschen; die meisten wollten einen frühen Flug erwischen, damit sie länger an Land bleiben konnten. Es gab noch ein volles Programm mit Stationen, das um 18.00 Uhr zu Ende ging, wenn die ersten Flüge an Land starten sollten. Ich verbrachte den Nachmittag damit, fleißig an meinen Flugberichten zu schreiben und meine Wandkarte auf den neuesten Stand zu bringen.

Als wir damit anfangen konnten, die Leute an die Küste zu fliegen, lag zwischen uns und der festen Eisdecke nur ein oder zwei Kilometer dünnes Eis, eine wichtige Sicherheitsbedingung. Um 19.00 Uhr flog ich mit Jochen und Martinus Sell rüber; die beiden luden die Sicherheitseinrichtungen aus, dann kamen mit den Staffelflügen die »Touristen«.

Es war um einiges kälter, als ich gehofft hatte, aber das Abendlicht war uns freundlich gestimmt, und die Kolonie – geradezu selbstbewußt – lag stolz da. Später erfuhr ich von Professor Hempel, daß etwa 80 von den insgesamt 100 Besatzungsmitgliedern, Wissenschaftlern und Technikern des Schiffes an Land gegangen waren. Manche kamen nur, um sich die Beine zu vertreten; sie begrüßten die Pinguine und machten sich dann davon, über das feste Eis zu den entfernteren Klippen. Manche wollten nur die am nächsten gelegenen Klippen berühren, damit sie zu Hause sagen konnten, sie hätten ihren Fuß, das heißt eigentlich ihre Hand, auf die Antarktis gesetzt. Die meisten wanderten zwischen den Pinguinen einher, beobachteten sie, wunderten sich über sie, machten Fotos und stellten uns Fragen.

Ich begleitete sie die ganze Zeit, es war interessant, ein paar meiner Kollegen einmal in einem gänzlich ungewohnten Rahmen zu erleben. Ingenieure etwa, die ich vorher immer nur in ihren Overalls gesehen hatte und die jetzt in voller Polarmontur auf dem Eis stapften. Die Stewardessen Sylvia und Irene sahen allerdings in ihren orangefarbenen Michelin-Anzügen noch immer angenehm feminin aus. Shyzu aus Taiwan, der für die Wäscherei verantwortlich war, lockte die Jungtiere an und fotografierte sie dann; Rainer Surkow, aus der Gruppe der Meteorologen, schüttelte traurig den Kopf, als er neben einem Eisfall unter einer Klippe mehrere tote Küken entdeckte. Besatzungsmitglieder, die ich normalerweise immer nur dann sah, wenn ihre Arbeit sie völlig in Anspruch nahm, entspannten sich und hatten ihren Spaß mit den Tieren. Einer hatte einen aufblasbaren Pinguin mitgebracht und stellte ihn mitten unter die Vögel, die ihn aber vornehm übersahen.

Um 23.00 Uhr »nahm« ich den letzten Flug zurück zum Schiff.

Kapitel 13
Rolling home

In den nächsten Tagen baute sich eine stetig anwachsende Spannung wegen der bedrohlich näher rückenden Polartaufe auf, gesteigert durch sorgfältig plazierte Ankündigungen über das Lautsprechersystem. Aus einer erfuhren wir, daß Neptun am Samstag um 16.00 Uhr an Bord kommen sollte, aus einer anderen, daß Triton, sein Gefolgsmann, bereits am Freitag um 19.30 Uhr auf dem Landedeck erscheinen würde. Diejenigen, die ein Zeugnis vorzuweisen hätten, sollten es zur Brücke bringen und es dort registrieren lassen; diejenigen, die kein Zeugnis hätten, sollten sich vergewissern, daß der Arzt auch ja ihre Blutgruppe habe.

Wen wundert's, daß gefälschte Zeugnisse in Heimarbeit hergestellt wurden. Mit Hilfe von Eberhard und anderen setzte Ray Weiss ein Telex in lateinischer Sprache auf, gezeichnet mit Neptunus Rex, das jedem, der Radiantus alba (Ray) und Petra domicile (meine Wenigkeit) nicht den ihnen gebührenden Respekt entgegenbrachte, hohe Strafen androhte. Als zusätzliche Versicherung setzte ich ein Empfehlungsschreiben zu meinen eigenen Gunsten auf, das meinen langjährigen Dienst in der Antarktis belegte und die Unterschrift von prominenten Expeditionsleitern trug, angefangen mit Thaddäus von Bellingshausen, und aus dem hervorging, daß ich den Polarkreis zum ersten Mal noch im Kinderwagen überquert hätte; obendrein war das Ganze noch von der berühmten englischen Notarin Margaret Thatcher beglaubigt. Tom Grenfell half mir bei der deutschen Übersetzung, für den Fall, daß Neptuns Englisch etwas eingerostet war. Wir hinterlegten unsere Zeugnisse auf der Brücke und warteten gespannt auf das Ergebnis der Überprüfung.

Robben, zu Hunderten

Am Dienstag, dem 13. November, begaben wir uns gegen Abend von einem Punkt südlich des Stancomb-Wills-Vorgebirges aus zu einem langen Flug zurück über das Meereis, um die Robben in der Halley Bay noch einmal zu zählen. Nur zwei Tage vorher war Paul Alpin von der BAS-Station draußen bei den Klippen gewesen und hatte von da aus hundert erwachsene Tiere und hundert Junge gezählt. Wir mußten nachprüfen, was dort vor sich ging, und die Küste weiter nördlich absuchen, die wir vorher nur bei schlechtem Wetter überflogen hatten. Mit Lou Gordon als zusätzlichem Beobachter fanden wir schließlich die Kolonie, flogen im Kreis mehrmals über sie hinweg und zählten insgesamt 105 erwachsene Tiere und nur 76 Junge. Es sah so aus, als ob sich noch andere Männchen den Gruppen anschließen wollten, und die ersten Jungen schwammen bereits im Wasser. Wenn Joachim Plötz und seine Gruppe vom Drescher-Inlet ihren Bericht durchgaben, würden wir bessere Daten über das Fortschreiten der Saison haben.

Bei einer Wolkendecke in Höhe von 450 Metern, klaren Sichtverhältnissen und gutem Licht flogen wir weiter Richtung Osten, entlang der Nordflanke der Halley-Landzunge, dann Richtung Norden zur »Oelkers-Bucht«, dem Gebiet, in dem Oelkers entlang der Küstenrinne Kaiserpinguine gesehen hatte. Wie anderswo auch lagen in den seichten Buchten vor den Klippen kleine Gruppen von Pinguinen und Robben ohne Junge. In einer Bucht spielte sich gerade ein kleines Drama – allerdings mit Happy-End – ab. Auf dem engen Festeis, ein paar Meter von der Grenze der Polynya zurückliegend, stand eine Gruppe von etwa 40 Kaiserpinguinen, dicht zusammengerückt, wie eine Herde bunter Schafe und starrte mit gereckten Hälsen intensiv aufs Meer. Im Wasser vor ihnen lag ein Killerwal, schwarz und weiß glänzend und etwa 10 Meter lang. Es schien, als wollte er auf die Gruppe losstürzen, schwamm ein Stück vor und hängte sein Kinn über das Eis in der Hoffnung, sie zu schnappen.

Man weiß aus Erzählungen, daß Killerwale plötzlich neben einer Scholle hoch aus dem Wasser schießen können, um nach Pinguinen oder Robben Ausschau zu halten, dann gegen die Scholle stoßen oder sie brechen, um so an ihre Beute zu kommen. Dieser Killerwal hatte die Kaiserpinguine bereits entdeckt und versuchte nun, ihre »nähere Bekanntschaft« zu machen; die Kaiserpinguine wiederum hatten ihre Erfahrung mit Killerwalen und blieben ein gutes Stück vom Rand entfernt stehen. Während wir in unserem Hubschrauber kreisten, tauchte der Wal unter, spritzte Wasser, machte einen Satz vorwärts, schob sich ein paar Meter auf das Eis und rutschte dann wieder zurück. Die Pinguine preßten sich noch enger aneinander, behielten ihren Feind weiter im Auge, aber blieben in sicherer Distanz. Seine Chance, die Pinguine zu kriegen, war gering, es sei denn, das Eis wäre unter seinem Gewicht gebrochen.

Zehn Kilometer weiter entlang der Polynya sahen wir drei Entenwale und etwa zwanzig Pinguine, die neben ihnen im Wasser umherschwammen. Wie wir wissen, ernähren sich Entenwale hauptsächlich von Fisch und Tintenfisch, den sie in großen Tiefen fangen; es hätte sich kaum für sie gelohnt, Jagd auf Pinguine zu machen, auch wenn es Kaiserpinguine waren. Diese beiden Tierarten schienen völlig friedlich nebeneinander leben zu können.

In der »Oelkers-Bucht« gab es einige Dutzend Pinguine sowie Anzeichen dafür, daß vor kurzer Zeit noch mehr dagewesen sein mußten. Wieder suchten wir das Gebiet sorgfältig nach einer Kolonie ab, konnten aber keine entdecken. Allerdings war die Anzahl der Robben auffallend gestiegen. Bei dem Aufklärungsflug mit den schlechten Sichtverhältnissen vor zwei Wochen hatten wir nur sehr wenige Robben mit Jungen gesehen. Jetzt aber lag eine tiefe fjordartige Bucht vor uns, bedeckt mit Festeis und einer engen, aber markanten Rinne am Fuß der niedrigen Schelfeiskante. Zu beiden Seiten der Rinne lagen über zweihundert Weddell-Robben, die meisten mit Jungen. Die Gruppe war anscheinend erst in der Zeit nach unserem ersten Besuch hier aufgetaucht. Sicher waren die Sichtverhältnisse sehr schlecht gewesen, aber ich bezweifle, ob uns eine so auffallende Ansammlung entgangen wäre, auch wenn es nur halb so viele Tiere gewesen wären. Hier hatten wir also die größte Kolonie von Weddell-Robben, auf die wir bislang gestoßen waren, wahrscheinlich mehr, als je auf einem Fleck gesehen worden waren.

Nicht lange darauf mußte meine Karte noch einmal geändert werden. Am darauffolgenden Nachmittag, von einem Punkt nordwestlich des Stancomb-Wills-Vorgebirges, war es uns endlich möglich, die Nordseite und einen Teil des verdeckten Gebietes dahinter zu erkunden. Es war die Ecke, in die wir nie hatten vorstoßen können; das Gebiet war immer fest zu mit Packeis, das uns von der Küste wegdrückte, immer, wenn wir daran vorbeikamen. Shackletons »Endurance« war diesem Eis am Ende zum Opfer gefallen. In meinem Kopf spukte noch immer diese Stelle aus Worselys Tagebuch herum, an der er über die unerwartet hohe Anzahl von Kaiserpinguinen bei 74° S spricht. Seit Tagen hatte ich prophezeit, daß wir hinter dem Stancomb-Wills-Vorgebirge auf eine Kolonie stoßen würden. Nun waren wir also da, ganz dicht an Worselys Breitengrad, und alles war bereit, dahin zu fliegen, wo uns das Schiff nicht hinbringen konnte.

Das Wetter war nicht gerade einladend, überhaupt nach draußen zu gehen; zu Hause hätte ich an einem solchen Tag den Kamin angemacht und mich mit einem guten Buch zurückgezogen. Gunter Mahler flog uns zur Küste, in einer Höhe von 150 Metern, gerade unterhalb der Wolkendecke, und mußte auch noch Schneeschauern, die uns die Sicht nahmen, ausweichen. Wir erreichten die Schelfeiskante, drehten nach Norden und folgten ihr und dem Festeis, um die Nordseite des Vorgebirges herum. Es war ein ziemlich ödes Gelände; Packeis, fest eingekeilt zwischen den Eisklippen und ohne stabiles Fundament; ein viel zu unsicheres Terrain für Robben und Pinguine und für Wale gänzlich ungeeignet. Am östlichen Rand, wo das

Vorgebirge in die Hauptküste überging, sah es schon vielversprechender aus. Hier fielen die Klippen bis zum Meeresspiegel ab, und hinter dem Vorgebirge erstreckte sich eine weite, tiefe Bucht, mit Festeis bedeckt, eine riesige Arena, durch enge Rinnen aufgebrochen und übersät mit kleinen Tafeleisbergen.

Im südwestlichen Teil der Bucht, bei einem der Eisberge, lag eine Gruppe von etwa 50 Weddell-Robben, fast alle mit Jungen, und mindestens 100 erwachsene Tiere. Als wir nordwärts über das Festeis weiterflogen, sahen wir bei den Rinnen noch mehr Pinguine und noch mehr Robben, Hunderte – viel mehr, als wir bei der Geschwindigkeit zählen konnten. Gunter beeilte sich zu Recht, zum Schiff zurückzukehren, denn die Wetterlage verschlechterte sich rapide, die Wolkendecke sank immer tiefer, und wir waren umgeben von Schneeböen. Am nordwestlichen Ende der Bucht, da, wo das Festeis auf das Schelfeis des Festlandes traf, lag wieder eine Gruppe Robben, dazwischen etwa fünfzig Kaiserpinguine, und eine endlose Kette von Pinguinen erstreckte sich in der Bucht landeinwärts über das Festeis, so weit wir blicken konnten.

Mit einem Fernglas versuchte ich angestrengt herauszufinden, was denn das Ende der Reihe bildete, aber immer wieder fegten Schneeböen wie Vorhänge quer über die Bucht. Wenn es eine Kaiserpinguinkolonie geben sollte, dann mußte sie da hinten sein, und wir hätten praktisch in Sichtweite sein müssen. Wir drehten jedoch ab Richtung See und suchten das Schiff. Wieder einmal hieß es warten.

Wir landeten gerade rechtzeitig, um aus dem Lautsprecher zu vernehmen, daß Triton, Neptuns jüngerer Kollege, um 17.30 Uhr an Bord kommen wolle. Nachdem der Rotor zusammengeklappt und der Hubschrauber sicher in seinem Hangar untergebracht war, wurde der Landeplatz für das große Ereignis vorbereitet. Ich ging nach dem Abendessen auf das Achterdeck, um mir einmal anzusehen, was dort vor sich ging.

Alle Täuflinge, etwa die Hälfte der gesamten Schiffsbesatzung, waren auf dem mit Tauen abgesperrten Deck versammelt, hockten oder knieten in unbequemer Stellung und mußten ein langes Gedicht von Triton über sich ergehen lassen (dem grün geschminkten Zweiten Ingenieur Christopher Hedden, gekleidet in einem Kostüm aus aufgedrehtem Tauwerk). Seine Assistenten − ich entdeckte die meisten Techniker, aber auch einige Wissenschaftler unter ihnen − hielten das Publikum mit Paddeln in Schach.

Mir fiel auf, daß der hölzerne Dreizack und der Kopfputz von Triton erst kürzlich mit der Erkennungsfarbe der Scripps Institution rosa angemalt worden war; Ray Weiss, in Karnevalsstimmung, hatte die Amtsinsignien irgendwo im Laderaum entdeckt und gleich zu einem Präventivschlag ausgeholt. Zu Rays Verdruß kam Triton zu der Überzeugung, daß ihm der Dreizack in der Farbe doch ganz gut gefiel, und er ließ ihn auch so.

Ich verfolgte das Geschehen aus einiger Entfernung und konnte daher das Gedicht nicht hören, das anscheinend ganz gut ankam. Ich überlegte, ob es sich um ein authentisches Gedicht handelte, ein echtes Relikt aus der Zeit der Segelschiffe, oder nur um das Produkt einer besonders wilden Party, die die Ingenieure vor ein paar Tagen abends gefeiert hatten. Während ich noch darüber nachdachte, wurde ich von drei der jüngeren Wissenschaftler von hinten gepackt, alle, passend zu Triton, grün angemalt. Sie schoben mich nach vorne, freundlich, aber bestimmt, zum Landeplatz, wo die anderen Täuflinge schon saßen, und drückten mir zum Trost eine geöffnete Flasche Bier in die Hand. Wahrscheinlich hatte sie mein Zeugnis nicht zufriedengestellt, und ich sollte jetzt getauft werden. Die heutige Zeremonie jedoch, erfuhr ich dann, diente nur der Registrierung der Täuflinge. Als der Gedichtvortrag zu Ende war, nahm man die Fingerabdrücke von den Täuflingen und verpaßte ihnen einen symbolischen Haarschnitt − nur eine abgeschnittene Haarsträhne −, dann bekamen sie einen Stempel, daß sie teilgenommen hatten, und wurden noch einmal eindringlich daran erinnert, auch morgen an der Hauptzeremonie teilzunehmen, die Neptun persönlich vollziehen würde.

Abends versuchte ich, die Zahl der Pinguine und Robben, die wir tagsüber gesehen hatten, einmal grob zu schätzen. In der gesamten Bucht hatten wir annähernd fünf- oder sechshundert Pinguine und mindestens dreihundert Robben gezählt, und es waren bestimmt noch einmal so viele, die wir nicht gesehen hatten. Jetzt hatte ich keine Zweifel mehr, daß sich auf der Rückseite der Bucht eine Pinguinkolonie befinden mußte; mit etwas Glück, gutem Wetter und wenn Neptun uns die Erlaubnis dazu gab, könnten wir sie morgen früh finden.

Robben, zu Tausenden

Aber wieder wurden wir enttäuscht. Das schlechte Wetter hielt sich über Nacht bis in den späten Vormittag des 15. November. Um den ozeanographischen Plan einzuhalten, schob sich die »Polarstern« weiter Richtung Norden; wir befanden uns jetzt sehr weit draußen auf See, zwischen großen Schollen auf der zum Meer hin gerichteten Seite einer großen Polynya. Unter der niedrigen Wolkendecke, zwischen Schneegestöber, tauchte immer wieder mal die hohe Schelfeiskante in der Ferne auf. Die Hoffnung, heute doch noch zu fliegen, mußten wir aufgeben.

Gegen Mittag begann sich der Himmel an der Küste endlich aufzuklären, die Wolkendecke zog nach Südwesten ab, die Richtung, in die wir fliegen würden. Ich überprüfte die Position des Schiffes und maß auf meiner Wandkarte ein paar Entfernungen nach. Wir befanden uns schon fast 50 km vom Stancomb-Wills-Vorgebirge entfernt. Jede weitere Stunde würde die Entfernung zu dem Gebiet nur vergrößern, die Flugzeit in die Länge ziehen und die Zeit, die uns für Beobachtungen zur Verfügung stand, verkürzen. Jochen versicherte mir: »Das schlechte Wetter ist nur regional, die Lage bessert sich«, sagte er, »etwa am frühen Nachmittag.« Der Küstenstreifen hellte sich tatsächlich deutlich auf, und Sonnenstrahlen fielen auf die Eisklippen und Landzungen. Für 13.00 Uhr wurde ein Flug angesetzt. Wir mußten eine Bucht mit genügend Festeis finden, das die »Polarstern« für die Party am Abend halten konnte. Wenn die Wetterverhältnisse an der Küste günstig waren, würden wir auch Richtung Süden fliegen. Mit einigen Zweifeln stiegen wir bei windigem, häßlichen Wetter auf, an Bord befanden sich Professor Gotthilf Hempel, Irmtraut Hempel und der Zweite Offizier Varding.

Die erste Aufgabe, einen Platz zu suchen, wo die Party stattfinden konnte, war schnell erledigt: eine symmetrische Bucht mit stabilem Festeisfundament, im Rücken hohe Klippen der Schelfeiskante und von zwei Landspitzen aus Eis eingeschlossen – eine angemessene, geradezu elegante Szenerie. Es gab eine südliche Landzunge, vom Kapitän »Neptuns Spitze« getauft, und eine nördliche, auf der wir eine kleine Gruppe von etwa dreißig Weddell-Robben mit Jungen sahen, die wir pflichtbewußt auf unserer Karte eintrugen. Die Robben genossen das bißchen Sonne; draußen auf See sahen wir die »Polarstern«, offensichtlich eingehüllt in den Dunstschleier eines unabhängigen Wettersystems.

Wir flogen weiter in das Gebiet des Stancomb-Wills-Vorgebirges. Wie an dessen Nordflanke gab es auch in diesem Küstenabschnitt merkwürdigerweise kaum Leben. Die Schelfeiskante hatte keine vorgelagerte Plattform aus Festeis, statt dessen gab es sehr viel Packeis und kaum Pinguine oder Robben. Als wir uns dem Ende der weiten Bucht näherten, der Stelle, an der wir gestern kehrtgemacht hatten, tauchten auch die ersten offenen Wasserlöcher auf und mit ihnen die ersten Robben- und Pinguingruppen. Wieder sahen wir eine lange Schlange Kaiserpinguine, die bis weit in die Ferne reichte, und auch hier kam ich zu der Überzeugung, daß es eine Art Pfad markierte zwischen dem offenen Wasser und einer Kolonie weiter entfernt.

Mein ursprünglicher Plan war, in die Bucht hineinzufliegen, aber Ekkehard, unser Pilot, schüttelte den Kopf. Hier hörte das gute Wetter auf; genau wie gestern wehten in der Bucht heftige Schneeböen, jede so dicht, daß man nicht einmal mehr die Hand vor Augen sehen konnte.

An der Backbordseite verlief die niedrige Schelfeiskante, die den südlichen Rand der Bucht bildete. Sie stellte eine Art Wegweiser dar, und wir flogen weiter in die Richtung, in der sie verlief, etwa nordostwärts. Am Fuß der Klippe verlief eine Wasserrinne, und entlang der Rinne, zu beiden Seiten, lagen Weddell-Robben mit Jungen. Das Gebiet erstreckte sich, so weit wir blicken konnten, und Ekkehard flog langsam über die Tiere weg, damit wir sie zählen konnten. Die Wasserrinne gabelte sich in mehrere, noch schmalere Ritzen auf, die sich um riesige Blöcke aus Gletschereis herumwanden, wieder zusammenflossen und wieder auseinanderliefen. Sie sahen aus wie ufergeschmückte Bäche in einem weiten Flußtal, und an jedem lagen in Abständen von wenigen Metern zu beiden Seiten Robben. Bei der zweihundertsten Robbe, und ich weiß nicht, wie vielen noch vor uns, wurde mir klar, daß wir hier auf etwas sehr Ungewöhnliches gestoßen waren. Bei der fünfhundertsten, und noch immer waren welche in Sicht, war es klar: Wir hatten eine riesige Kolonie entdeckt, ein Weddell-Robben-Gebiet, das größer war als alle bisher bekannten. Bei eintausend, als noch immer kein Ende abzusehen war, hörte ich auf zu zählen und begann zu schätzen.

Wir waren jetzt etliche Meilen vom offenen Wasser entfernt. Das Robbengebiet unter uns erstreckte sich − dem Fjordsystem folgend − bis weit hinter die Schelfeiskante, lag aber noch immer auf Meereshöhe. Wir flogen jetzt entlang einer riesigen Spalte im Schelfeis. Bei den nur sehr begrenzten Sichtverhältnissen konnte man nur schwerlich sagen, worum es sich bei dieser Formation handelte − vielleicht eine Art Drescher-Inlet größeren Ausmaßes, aber wahrscheinlich eher eine Spalte zwischen dem sehr aktiven Stancomb-Wills-Gletscher und dem sich langsamer bewegenden Schelfeis. Es sah so aus, als ob wir das Ende noch lange nicht erreicht hätten. Ich wäre gerne noch höher geflogen, damit wir besser hätten sehen können, wo wir uns eigentlich befanden, aber das Wetter machte uns einen Strich durch die Rechnung und verschlechterte sich. Die Wolken, die über uns vorbeirasten, verdichteten sich und weichten die wenigen Schattenkonturen, die es gab, auf. Genausogut hätte man schwarzes Geschmier auf einem Hintergrund aus weißem Papier »zählen« können; der Himmel und die Eisdecke gingen ineinander über. Man konnte sie nicht mehr unterscheiden.

Ekkehard wurde langsam unbehaglich zumute. Wir mußten hier aufhören und später noch einmal zurückkommen, wenn man höher fliegen konnte; dann wollten wir eine Skizze von dem ganzen System anlegen, um eine bessere Vorstellung zu kriegen. »Wir kommen morgen wieder«, sagte Hempel; Ekkehard machte kehrt und flog zurück zum Schiff.

Party an »Neptuns Spitze«

Bei unserer Rückkehr fanden wir die »Polarstern« mit ihrem Bug im Festeis vertäut und die Gangway heruntergelassen; die Karnevalsstimmung trieb bereits ihrem Höhepunkt zu. Als wir auf dem Helideck landeten, tummelten sich schon eine Menge Leute auf dem Eis auf der Backbordseite. Die Teilnehmer dieser exzentrischen Meereisparty sägten Löcher ins Eis und errichteten einen Galgen. Flaggen wehten im Wind, Tische wurden aufgestellt, die Holzkohle für den Grill glühte bereits. Sogar das Wetter war in Partylaune, ein paar Sonnenstrahlen brachen durch, und wir bereiteten uns auf einen angenehmen Abend vor. Auf dem Weg zu unseren Kabinen begegneten wir merkwürdig gekleideten Gestalten auf den Decks und den Kajütstreppen. Anscheinend sollte es eine Kostümparty werden, und ich mußte mir schnellstens etwas einfallen lassen.

Weil das Erlebnis während des Fluges noch so frisch im Gedächtnis war, hielten die Hempels und ich erst noch eine kurze Besprechung in meiner Kabine ab. Bei Wein und Apfelsaft verglichen wir unsere Zählungen und planten unsere nächsten Schritte. Vom Vordersitz aus hatte ich über eintausend Robben registriert. Von den Rücksitzen aus hatten sie etwas weniger gezählt, aber wir wußten ja, daß es sich sowieso nur um Näherungszahlen handelte. Irgend etwas stimmte mit unserer Zählmethode nicht, das ging aus den vorliegenden Zahlen hervor; ich hatte einen ganzen Block verpaßt, und es gab sicher noch viel mehr, die wir gar nicht zu Gesicht bekommen hatten. Je länger wir suchen würden, desto mehr Robben würden wir wahrscheinlich finden.

Zeit und Entfernung wurden jetzt allerdings zu einem echten Problem. Um dieses faszinierende neue Gebiet genauer zu erforschen, benötigten wir ein bis zwei Stunden in der Bucht, bei klaren Sichtverhältnissen. Wie aus der Wandkarte in meiner Kabine deutlich hervorging, befanden wir uns aber schon etwa eine Flugstunde nördlich vom Gebiet der Kolonie entfernt, und morgen würde es noch weiter sein. Das hieß drei bis vier Flugstunden, und damit lagen wir über dem vertretbaren Zeitlimit gesicherter Hubschrauberoperationen. Selbst wenn wir auf eine Kaiserpinguinkolonie stoßen würden, war nicht daran zu denken, eine Bodenmannschaft zum Zählen abzusetzen. Wenn wir morgen schlechtes Wetter hatten, benötigten wir für einen Aufklärungsflug am darauffolgenden Tag wahrscheinlich sogar schon ein Treibstoffdepot irgendwo entlang der Route.

Schlechtes Wetter? Durch mein Kabinenfenster sah ich ein Stück blauen Himmel, und die Eisklippen reflektierten Sonnenschein. Kaum zu glauben, daß wir unseren Rückweg vor einer Stunde noch durch heftige Windböen erkämpft hatten. Das Barometer stieg; vielleicht würde es morgen besser werden. Ob gut oder schlecht, jedenfalls war es die letzte Gelegenheit, zu entdecken, was hinter dem Stancomb-Wills-Vorgebirge lag.

Für den Augenblick gab es wichtigere Dinge. Die Polarkreisparty sollte anfangen, und Anwesenheit war Pflicht. Über Lautsprecher wurden alle Täuflinge aufgefordert, sich im Fischlabor zu versammeln. Eine merkwürdige Gesellschaft, in die ich da geraten war. Meine Kollegen hatten sich auf dem ganzen Schiff nach Kostümen umgetan und alles mögliche verarbeitet, von Sackleinen bis Polyäthylendecken. Da war Tarzan, mit einem der übriggebliebenen Lederfetzen bekleidet, ein Pirat mit einem täuschend echten Styropor-Pinguin auf der Schulter, drei Araber in Bettlaken und Geschirrtüchern und Astronauten in umfunktionierten Taucheranzügen. Mit nur wenigen Änderungen an meiner Alltagskleidung wurde ich zu einem mürrischen alten Landstreicher mit dunkler Brille, weißem Stock, Sammelbüchse und einem Schild um den Hals: »Schneeblind«. Carsten Schaumann, ansonsten ein anerkannter Mikrobiologe von der Meereisgruppe, jetzt in einem aufreizenden Kostüm als Qualle verkleidet, machte sich zu meinem Führer. Nach einer gewissen Zeit wurden wir in Gruppen eingeteilt, mit verbundenen Augen in dem »Mummy Chair« über Bord gehievt, erst einer Strafpredigt ausgesetzt und mußten dann die unterschiedlichsten Demütigungen von seiten der bereits früher Getauften über uns ergehen lassen, ähnlich denen, die Maria Pia bereits erlebt und beschrieben hatte.

Schließlich standen wir Neptun gegenüber, einer imposanten Gestalt, bekleidet mit dem halben Inventar eines Schiffsausrüsters; es war niemand anders als Sigi Schiel. Ich glaube, sie war die treibende Kraft hinter der ganzen Prozedur, sie und ihre Kohorten bereiteten uns einen wirklich lebhaften Abend.

Die Bucht gab einen phantastischen Ballsaal dazu ab: Eisklippen, weiße Bänder vor blauem Hintergrund, umgaben uns von drei Seiten, in der Nähe erhob sich »Neptuns Spitze«, und vor uns streckte sich ein elegant geschwungener blaugrüner Eisberg aus dem offenen Wasser in die Höhe. Die Sonne blieb uns treu, und obwohl es kalt war, hielten uns doch die diversen Aktivitäten warm. Als die Leiden dann endlich vorüber waren, gab es heißen Punsch und sehr scharf Gegrilltes.

Aber nicht einmal Sigi − vielleicht nur Neptun persönlich − hätte den Höhepunkt des Abends organisieren können. Gegen Ende der Party kamen die merkwürdigsten und willkommensten Gäste zu unserer surrealistischen Versammlung: sechs Kaiserpinguine. Eine halbe Stunde lang liefen sie zwischen uns hin und her, beobachteten uns, überlegten, untersuchten irgend etwas, kratzten sich am Kopf und krächzten und glucksten sich gegenseitig und uns an. Sie beobachteten die hin und her jagenden »Hundeteams«, betrachteten mißtrauisch den betrunkenen Priester und Sigi-Neptun, untersuchten die Führungsleinen, hackten an dem Galgen herum und erwiesen uns schließlich, vollkommen mit sich zufrieden, die Ehre und schliefen in unserer Gesellschaft ein. Ihre Träume können kaum merkwürdiger gewesen sein als die Realität um uns herum.

Während sie schliefen, räumten halb durchnäßte müde Nachtschwärmer in merkwürdiger Kleidung auf, verstauten wieder alles an Bord und hinterließen nur Fußabdrücke und Schlittenspuren im Schnee. Später entschlossen Gotthilf und Irmtraut Hempel und ich uns noch, den schönen Abend für einen kleinen Spaziergang zum anderen Ende der Bucht zu nutzen, eine Entfernung von zwei bis drei Kilometern, um den Robben einen Besuch abzustatten. Kaum hatten wir ein paar hundert Meter zurückgelegt, als uns das Schiffstyphon wieder zurückbeorderte; der wachhabende Offizier entschuldigte sich, aber man wollte die Gangway wieder einziehen für den Fall, daß weniger verantwortungsbewußte Nachtschwärmer sich zu einem Gang an die Küste aufmachten und sich dann im Schnee verliefen. Das war vernünftig, obwohl niemand betrunken war und man auf diejenigen, die etwas zuviel getrunken hatten, sicher aufpaßte.

Später wurde in der »Zillertal-Bar« weitergefeiert und die Pergamenturkunden ausgegeben. Als ich mich um Mitternacht nach einem langen, anstrengenden Tag zurückzog, war die Party noch immer im Gange.

Letzter Flug zum Stancomb-Wills

Um 7.00 Uhr am nächsten Morgen schob sich die »Polarstern« langsam von »Neptuns Spitze« weg; allerdings waren nur wenige Leute an Deck, die das Ereignis mitverfolgten. Jochen Püttker, wie immer im Dienst für seine allmorgendliche Wettervorhersage, wies voller Stolz auf das freundliche sonnige Wetter. »Es sieht so aus, als würde es den größten Teil des Tages so bleiben«, sagte er vergnügt. Im Laufe der Vormittagsstunden fuhren wir für eine Reihe ozeanographischer Stationen Richtung Westen in tiefere Gewässer. »Der Hubschrauber wird mit einem größeren Tank ausgerüstet, mit dem man weiter fliegen kann«, sagte Hempel, »heute nachmittag brechen wir zu einem letzten Flug nach Süden auf.«

Mit dem Reservetank konnten wir dreieinhalb Stunden sicher in der Luft bleiben, aber durch das zusätzliche Gewicht mußten wir uns in unserer Last einschränken; wir durften nur drei Beobachter mitnehmen. Hempel und ich selber – und wer sollte die dritte Person sein? Jemand, der genau zählen konnte und auf den man sich auch verlassen konnte, wenn es darum ging, gute Fotos zu machen. Irmtraut wäre gerne mitgekommen, war aber in die Arbeit der Stationen eingespannt. Ich rannte die 66 Stufen runter und fragte Elke, ob sie uns aushelfen könnte; und wie immer lachte sie freundlich und sagte: »Ja, selbstverständlich.«

Um 14.00 Uhr zwängten wir uns in den Hubschrauber – Ekkehard saß am Steuer – und hoben bei strahlendem Sonnenschein ab. Als ich mich umdrehte, um Elke, die hinter mir saß, eine Kopie der Karte zu geben, stieß ich mit dem Ellbogen gegen die Fensterscheibe aus Plexiglas. Sie hatte vorher schon mal einen Sprung abgekriegt, der wieder repariert worden war, mußte aber ausgerechnet jetzt zerbrechen. Ein eiskalter Luftstoß von den Rotoren füllte die Kabine, und Ekkehard mußte eine Schleife drehen, landen und die Maschine sofort abschalten. »Was haben Sie denn da gemacht, Dr. Stonehouse«, rief Martinus Sell, als er sich den Schaden traurig besah. Um eine lästige Verzögerung von fast einer Stunde kamen wir nicht herum, während Martinus und Michael Möhle das Fenster mit Plexiglaskleber und Klebestreifen wieder reparierten. Ich war wütend auf mich selber, aber noch mehr auf das Fenster; das Gute an der Sache war nur, daß es kurz nach dem Start passiert war und nicht auf halbem Weg zur Robbenkolonie.

Als wir schließlich um 14.45 Uhr doch aufbrechen konnten, war das Licht noch gut, und der Sonnenschein hielt an. Eine Stunde lang flogen wir direkt über das Meereis auf einem Kurs, der uns zum südöstlichen Ende der Bucht, hinter Stancomb-Wills, brachte. Aus einer Höhe von etwa 150 Metern fingen wir fast am Ende der Weddell-Robben-Kolonie, die wir gestern überflogen hatten, mit einer systematischen Neuzählung an. Aus dieser Höhe hatten wir einen viel besseren Überblick über das Gebiet; wir konnten die Kolonie in Untergruppen einteilen, es war eine angenehmere und sicher auch genauere Methode zu zählen.

Ekkehard hatte schnell raus, wie man am besten vorging:

Langsam flog er über jede einzelne Spalte; Elke zählte die erwachsenen Tiere und Jungen von der einen Seite, Professor Hempel nur die ausgewachsenen Tiere von der anderen Seite. Ich machte Skizzen und Fotos, eine grobe Zählung als Gegenprobe und versuchte, die Drehungen und Kurven mitzuverfolgen, in der Hoffnung, am Ende eine Karte von dem gesamten Komplex zeichnen zu können. Nach etwa zwanzig Minuten kamen wir an den Punkt, an dem wir am Tag vorher, nachdem das erste Tausend voll war, kehrtgemacht hatten. Jetzt flogen wir noch fünfzehn Minuten länger, registrierten fast noch einmal tausend Tiere, bevor wir das Ende der Wasserrinnen erreichten und schließlich keine Robben mehr entdecken konnten.

Eigentlich hätten wir jetzt zurückfliegen und eine zweite Zählung vornehmen müssen, aber wir hatten schon die Hälfte der Zeit und des Treibstoffs verbraucht, und schließlich wollten wir uns ja auch noch die Kaiserpinguine ansehen. Wir fanden sie tatsächlich; zwischen einzelnen Zählrunden hatten wir die Bucht schon einmal abgesucht und bei den Klippen in der Ferne eine recht große Kolonie ausmachen können. Die Zeit reichte gerade noch aus, ein paar Fotos von ihnen zu machen, mehr nicht. Als wir über das Festeis auf sie zuflogen, dem Wanderweg der Vögel Richtung Meer und wieder zurück folgend, sahen wir im Osten eine zweite Kolonie, eine wesentlich kleinere Gruppe, zwei oder drei Kilometer von der Hauptgruppe entfernt, in der Nähe eines einsam gelegenen Eisberges. Ekkehard überflog beide nacheinander, drehte bei einer Höhe von 150 Metern ein paar Schleifen, während Elke und ich Aufnahmen machten. Es war die einzige Aufzeichnung, die wir hatten; ich machte so lange Bilder, bis der Film zu Ende war; ich konnte nur hoffen, daß die Kamera auch richtig funktioniert hatte.

Dann überflogen wir auch noch den Rest der Bucht; es hätte ja sein können, daß der auch noch Überraschungen anzubieten hatte, aber es blieb bei dem, was wir bisher gefunden hatten. Dann kehrten wir schweren Herzens zurück nach Hause, über das Meereis, zählten auf dem Weg die Robbengruppen, die uns auffielen, manche bis zu 15 km von der Küste entfernt. Um 17.12 Uhr landeten wir wieder auf dem Helideck.

Mit dem Flug hatten wir die uns zugewiesene Zeitspanne von dreieinhalb Stunden voll ausgeschöpft; es war der bisher längste Flug, und wir kamen mit steifem Rücken und erschöpft an, im Kopf noch das ununterbrochene Dröhnen der Maschinen. Eine Weddell-Robben-Kolonie, doppelt so groß wie erwartet, und zwei neu entdeckte Kaiserpinguinkolonien: kein schlechtes Ergebnis für einen Nachmittag.

Nach dem Abendessen verglichen Elke, Professor Hempel und ich unsere recht nahe beieinanderliegenden Zahlen und einigten uns auf eine Gesamtzahl. In der eigentlichen Kolonie hatten wir etwa 1800 ausgewachsene Tiere und 1400 Junge gezählt, dazu kamen noch die etwa 300 Tiere, die über das Meereis verstreut lagerten. Für die Kaiserpinguinkolonien hatten wir keine Zahlen, wir waren uns aber einig, daß die beiden zusammen etwa so groß wie die Drescher-Kolonie waren, wahrscheinlich bis zu 6000 Brutpaare. Ich brachte die Wandkarte auf den neuesten Stand, zeichnete mit Rot die tiefe Bucht hinter dem Stancomb-Wills ein und markierte die neuen Kolonien. Wir konnten jetzt eine durchgehende rote Linie vorweisen: »Ausgewertet« − von 76° 30′ S bis etwa 72° 30′ S, einer Position weit nördlich vom Drescher-Inlet. Auf der Heimfahrt, die bald beginnen sollte, wollten wir versuchen, die rote Linie so weit nördlich wie möglich auszudehnen, mit etwas Glück bis zur Atkabucht.

Abbruch des Drescher-Camps

Während der folgenden Tage arbeiteten wir in dem Gewässer vor dem Drescher-Inlet, bei klarem, ruhigen, sonnigen Wetter. Obwohl die Lufttemperatur noch immer ein paar Grad unter dem Gefrierpunkt lag, hatte man das Gefühl, daß es zum ersten Mal seit Wochen wieder warm genug war, um ohne Daunenjacke an Deck spazierengehen zu können. Wir legten die Pullover beiseite, krempelten die Ärmel hoch, kramten sogar die Liegestühle aus ihrem Versteck im Schornstein hervor, und diejenigen, die etwas Zeit hatten, setzten sich auf das Peildeck oberhalb der Brücke und tankten Sonne. Auch die »Polarstern« fing an, Wärme zu speichern. Die hölzerne Deckverschalung dampfte in der Sonne, dunkle Farbflecken fühlten sich warm an, und eines Morgens stieß ein besonders Abgehärteter die Tür auf der Brücke auf und ließ einen kurzen Moment lang frische Luft ein. Geduldig hatten wir auf den Frühlingsanfang gewartet; mit den Algen im Packeis hatte er sich angekündigt, dann auf das Oberflächenwasser ausgedehnt – wo er sich allerdings, wie uns die Planktologen bestätigten, noch nicht wirklich durchgesetzt hatte – und breitete sich jetzt sogar auf der »Polarstern« selber aus.

Wir befanden uns vor dem Drescher-Inlet in einer Polynya, die schon 10 km breit war und sich noch immer ausdehnte; ein leichter Landwind kräuselte die Wellen. Jeder Tag war ausgefüllt mit einem vollen Programm von Stationen, und am 18. und 19. November nutzte Ekkehard die Gelegenheit, eine seiner beiden Strommesser-Ketten zu bergen; eine Arbeit, die man am besten bei offenem Wasser verrichtete.

Bei dem herrlichen Wetter unternahmen wir täglich Aufklärungsflüge über das Eis und dehnten sie zur Erkundung ein paar Kilometer über das eisfreie Gebiet hinaus aus. Oberhalb des Tiefenwassers bei Vestkapp sahen wir wiederholt Entenwale und konnten uns sogar Einblick in ihr Familienleben verschaffen. Anfang des Frühjahrs waren sie meist zu zweit oder dritt, manchmal war es auch ein ganzes Dutzend mit ein oder zwei kleinen Jungen, vermutlich einjährige oder zweijährige Tiere. Jetzt schwammen zwei blaßgraue Junge zwischen ihnen umher, jedes ungefähr halb so lang wie die Muttertiere, die sehr dicht neben ihnen blieben. An einem schönen klaren Tag, Andreas Wöhrmann war als zusätzlicher Passagier noch mitgekommen, sahen wir 18 Tiere auf einmal, mit den beiden Jungtieren. Als wir Richtung Norden flogen, schwammen sie noch nicht in der Polynya, aber eine halbe Stunde später schnauften und prusteten sie durchs Wasser, als wären sie soeben aus der Tiefe aufgetaucht.

Um unsere Luftaufnahmen von der Kaiserpinguinkolonie auf dem Stancomb-Wills zu eichen, arrangierten wir mit Norbert ein Treffen in der Drescher-Inlet-Kolonie, machten Aufnahmen von einer seiner Gruppen aus der Luft und zählten sie dann anschließend sofort vom Boden aus nach. Nachdem wir ein paar Schleifen gedreht und die Aufnahmen gemacht hatten, landeten wir auf der einen Seite der Kolonie neben dem Notzelt. Norbert Klages und Richard Steinmetz, ein junger Laborant vom AWI und jetzt vorübergehend Norberts Assistent, kamen mit ihren Elektroschlitten vorgefahren und brachten uns zu der Pinguingruppe. Während wir zählten, machten Ekkehard, unser Pilot, und Martinus Sell, der Mechaniker, der Lust gehabt hatte mitzukommen, Aufnahmen von der Kolonie. Es war das erste Mal für sie, daß sie den Pinguinen direkt gegenüberstanden, bei anderen Gelegenheiten hatten sie genug zu tun, die Maschine zu bedienen und zu fliegen. Ich beglückwünschte Norbert und Richard zu dem guten Wetter und fragte, ob es immer so schön auf dem Drescher-Inlet sei. Ich erhielt ein säuerliches Lächeln als Antwort. Das schlechte Wetter, das für uns immer nur eine lästige Unterbrechung bedeutete, hatte ihre Arbeit draußen unmöglich gemacht. Heute war für sie seit Wochen der erste angenehme Tag, ohne starken Wind oder Schnee. Ihre Zeit neigte sich allerdings langsam dem Ende zu, und bald würden sie wieder an Bord kommen.

Die Campbewohner fingen so langsam an, ihre Kisten zu packen, und brachten schon einen Teil der Ausrüstung mit den Skidoos runter zum Schiff; der größte Teil jedoch wurde von den Hubschraubern transportiert, die einen ganzen Tag lang hin- und herflogen. Pfosten markierten die Position der Lager, denn wenn sie nicht ständig freigeschaufelt worden wären, hätte der Schnee die Hütten und alles andere schon längst unter sich begraben.

Ich brachte meine Karten auf den neuesten Stand, ging, zufrieden mit mir und der Welt, über das Eis spazieren, sah den Pinguinen zu, wie sie in dem klaren Wasser beim Schiff umherschwammen, und verschoß reichlich Filmmaterial bei dem Versuch, ihre spektakulären Sprünge aufs Eis einzufangen.

Ich sah mir auch ein Pärchen Adeliepinguine an; Norbert hatte sie in der Kaiserpinguinkolonie entdeckt, es waren die einzigen meilenweit. Normalerweise brüten Adeliepinguine zu Hunderten und Tausenden in Kolonien auf felsigen Landzungen, wo sie runde Steinnester anlegen. Dieses Pärchen hatte sich wohl versehentlich im Weddell-Meer verirrt, wo es keine felsigen Steilküsten gibt, und sich aus Mangel an besserer Gesellschaft den Kaiserpinguinen angeschlossen. Verzweifelt hatten sie sich mitten in einer Kaiserpinguinkolonie aus Eisbruchstücken und Schwanzfedern ein kleines Nest gebaut. Sie legten, wie üblich bei diesen Tieren, zwei Eier. Jetzt waren die Kaiserpinguine schon ein Stück weitergezogen und überließen die Adeliepinguine ihrem eigenen Schicksal.

Wahrscheinlich waren es junge Vögel, die zum ersten Mal brüteten und auf die Hilfestellung anderer Vögel angewiesen waren; ihre Überlebenschancen schätzte ich nicht sehr hoch ein. Ihre Anwesenheit hier warf jedoch interessante Fragen auf, an die ich noch nie gedacht hatte. Warum begingen nicht mehr Adeliepinguine diesen Fehler? Ich hatte immer angenommen, daß die Spezies von ihrem Brutplatz im Winter aus weit ausschwärmt und dann im Frühjahr nach Süden in die Kolonien zurückkehrt. Es mußte irgendeinen Mechanismus geben, der Adeliepinguine vom Weddell-Meer abhält, aber welchen? Wenn diese beiden Abweichler hier die Antwort darauf wußten, dann behielten sie sie für sich. Vielleicht zogen sie auch einfach ein ruhigeres Leben vor, weitab von dem Tohuwabohu ihrer Artgenossen. Ich hatte Mitleid mit ihnen, aber die natürliche Auslese ist unbarmherzig.

Norbert kam wieder zurück an Bord, und unsere Kabine füllte sich wieder mit seinen Besitztümern, seinen Unterlagen und seiner genialischen Präsenz. Stundenlang arbeitete er im Fischlabor, um den Mageninhalt der Pinguine zu sortieren und zu konservieren, und brachte jedesmal, wenn er die Kabine betrat, einen penetranten Geruch nach Fisch und Formaldehyd mit. Wir sprachen oft über seine Arbeit, die sich so gut mit unserer ergänzte. Ein Stück weiter den Gang runter untersuchte Jochen Plötz den Mageninhalt von Robben. Diese Mengen waren natürlich größer, die Untersuchung war unangenehmer und der Gestank noch übler als bei den Pinguinen; der wissenschaftliche Wert der Arbeit war jedoch nicht geringer. Ungeduldig warteten wir auf die ersten vorläufigen Ergebnisse von den beiden.

Richtung Norden

Nachdem die Drescher-Gruppe wieder an Bord und die ozeanographische Arbeit beendet war, gab es hier unten im Süden nichts mehr zu tun. Am Dienstag, dem 25. November, legten wir hintereinander drei Stationen ein, die uns in tiefere Gewässer führten, etwa 25 km von der Küste entfernt. Am Abend fingen wir mit dem Endspurt nach Nordosten an, die Richtung, die uns schließlich aus dem Eis heraus und nach Hause führen würde. Es war kein bequemes Vorankommen, denn die ruhige See hatte es dem Packeis ermöglicht, sich weiterzubewegen und die Polynya nördlich des Vestkapps zu schließen. Nur langsam und mühsam konnten wir uns an Vestkapp vorbeischieben, Wasserrinnen folgend, die uns weit von der Schelfeiskante wegführten. Unsere Probleme waren, verglichen mit denen der Entenwale, gering. Bei dem morgendlichen Aufklärungsflug sahen wir wieder fünf oder sechs wie Sardinen in einem schmalen Wasserloch liegen, abwechselnd holten sie Luft, steckten die Köpfe raus und prusteten.

Das ruhige Wetter brachte Nebel mit, der die Sicht auf drei bis vier Kilometer verringerte. Um die beste Route durchs Eis zu finden, leitete Kapitän Suhrmeyer die Operationen aus dem Krähennest. Nach einer ganzen Nacht Brechen und Stoßen durch Eisschollen fuhren wir auf die Küste zu und fanden dort wieder eine Polynya. Um sechs Uhr, bei 72° 03′ S, wurde die Fahrt erneut durch dickes Packeis unterbrochen, an dem Breitengrad, wo sich nach unseren Berechnungen wieder eine Pinguin-und-Robben-Kolonie befinden mußte. Es gab am Rande des Meereises genügend Robben und Pinguine als Zeichen dafür, daß wir an der richtigen Stelle waren, und wir machten uns für einen kurzen Flug über das Festeis zur Kolonie bereit. Die Luft an diesem frühen Morgen war jedoch sehr kalt, und der Nebel hatte sich noch dichter um die Eisberge gelegt als am Abend zuvor. Nebel kann zu Rotorvereisung führen, und wir mußten auf die Sonne warten, damit es sich aufklärte.

Ich stellte ein Zählerteam zusammen – Irmtraut, Sigi Marschall, Norbert und ich – und wartete ungeduldig. Es waren nur ein paar Kilometer, wir hätten die Strecke auch zu Fuß gehen können, die Pinguine taten es ja auch, und wir hatten immerhin längere Beine. Um 9.30 Uhr flogen wir mit Gunter Mahler los, in niedriger Höhe ging es über die Tafelberge – zum Erstaunen der vielen Robben, die da unten noch friedlich schliefen. Sie starrten uns mit offenen Mäulern an, schüttelten den Kopf und legten sich wieder schlafen. Wir fanden die Kaiserpinguinkolonie, landeten ein paar hundert Meter von der ersten Gruppe entfernt, und Gunter hielt für eine halbe Stunde ein Nickerchen, während wir vier anfingen zu zählen. Dann setzte er uns zur zweiten Gruppe über, ein paar Kilometer entfernt, und wir zählten auch die. Die Sonne schien warm, die Vögel waren »entspannt« und machten gut mit. So war die ganze Operation in weniger als zwei Stunden beendet. Wir flogen zurück, glitten zwischen den Eisbergen dahin, sausten an ihnen vorbei, sprangen über sie hinweg, in einem der aufregendsten Flüge, die ich jemals in einem Hubschrauber mitgemacht hatte, und waren rechtzeitig zum Mittagessen wieder an Bord.

Müder Endspurt

Die letzten Tage einer Expedition fallen den Teilnehmern oft besonders schwer. Die Geduld nimmt ab, die Launenhaftigkeit zu, und ganz allgemein gibt man sich nicht mehr die größte Mühe. Die Haltung »Warum sich jetzt noch anstrengen? Wir sind ja doch bald zu Hause!« stellt sich ein. Es ist merkwürdig, aber je besser eine Expedition verlaufen ist, desto schwerer können einem die letzten Tage fallen. Wir bildeten da keine Ausnahme. In den letzten drei Wochen mußten wir alle für den

Endspurt noch mal kräftig Anlauf nehmen. »Hauptantreiber« war der wissenschaftliche Leiter, der spürte, daß sich Trägheit breitmachte. Er sorgte dafür, daß das Programm weiterlief, und er war es, der die Palaver und Diskussionen abends belebte. Nach einem anstrengenden Tag auf der Brücke, in den Labors und in seiner eigenen Kabine sah er oft müde und abgespannt aus.

Diesem Gefühl, daß es jetzt nach Hause ging, konnte man sich nicht entziehen; besonders deutlich war das bei der Schiffsbesatzung zu sehen. Die Wissenschaftler sammelten bis zum letzten Augenblick Daten, davon viel Neues und Aufregendes. Die Mannschaft dagegen mußte weiter ihre harte Routinearbeit versehen; dreiviertel der Zeit war jetzt um. Sie würde beim letzten Viertel nicht schlampen, aber konnte man es ihr verdenken, wenn die Frische der ersten Tage dahin war? Ernst Oelkers, ein findiger Offizier, hängte auf der Brücke einen Tageskalender auf, von dem man jeden Tag einen Streifen abreißen mußte. Der sechzehnte Streifen würde auf den Tag fallen, an dem wir Kapstadt erreichten. Ray Weiss, nicht weniger findig, hängte ein Markierbrett auf und forderte alle Vorbeikommenden zu einem Turnier auf. Ich holte ein Würfelset zum Pokern hervor, das mir schon oft über die letzten Tage einer Reise oder einer Expedition hinweggeholfen hatte, und brachte den Leuten das verrufene englische Kneipenspiel mit Würfeln bei. Es gab eine Menge ausgefuchster Falschspieler unter uns, aber Ray, Portia und Michael Spindler taten sich besonders hervor.

Am 27. November beendeten wir die ozeanographische Arbeit im Weddell-Meer, dann blieben wir zwei Tage bei stürmischem Wetter im Packeis vor der Atkabucht liegen. Am 28. unternahm Gunter Mahler mit dem Kapitän einen Aufklärungsflug über das Eis Richtung Norden und flog dann Professor Hempel und mich zum letzten Mal die Küsten entlang nach Südwesten, nach Robben und Pinguinen Ausschau zu halten.

In der Atkabucht war das Wetter rauh, der Himmel bewölkt; an der Küste war es klarer, aber immer noch windig, als wir etwa 25 km an der Eisklippe entlang nach Norselbukta und

Kapp Norvegia flogen. Hier erstreckte sich das offene Wasser der Polynya bis zur Schelfeiskante, ohne Festeis. Wir flogen nicht bis zu unserem letzten Wendepunkt östlich von Norsel-bukta, aber ich glaube auch nicht, daß wir größere Ansammlungen von Vögeln oder Robben verpaßten. Auf dem Rückweg überflogen wir beide Atkabucht-Kolonien, die eine an der äußeren Küste, die andere innerhalb der Bucht. Beide zusammen, etwa 8000 Brutpaare, ließen sich am besten von der nahe gelegenen Georg-von-Neumayer-Station aus zählen. Wir hielten kurz an der Station an, um Bänder mit meteorologischen Daten abzuholen − der Beitrag der Station für Christoph Kottmeiers Programm −, und flogen bei schweren Schneeböen, fast im Blindflug, zurück zum Schiff.

Advent

Am letzten Tag im November, für uns auch der letzte Sonntag im Eis, arbeiteten wir uns langsam Richtung Nordosten durch loses Packeis hindurch. Wir befanden uns wieder über der Tiefsee. Das Echolot zeigte eine Wassertiefe von 4600 Metern an, bei der morgendlichen Station holte die Rosette Wasserproben aus einer Tiefe von 1000 Metern. Das Einsammeln von Planktonproben aus dem Eis und im Oberflächenwasser wurde weiter fortgesetzt. Ich war mit den frühmorgendlichen Eis- und Vogel-Routinebeobachtungen beschäftigt, und nachdem ich eine Mark an den Wiegeclub verloren hatte, verbrachte ich den Rest des Morgens an Deck, räkelte mich ungeniert in der Sonne und las einen Schundroman. Zufrieden stellte ich fest, daß andere das gleiche taten.

Am Nachmittag gaben Georg Fransz, Winfried Gieskes und Peter Salameh ihr Konzert, für das sie so lange geprobt hatten. Kurz nach dem Mittagessen fing das Publikum an, sich im Blauen Salon zu versammeln. Ray und Portia, die beiden Veranstalter, legten den Rahmen fest, als sie gut gekleidet vor das Publikum traten, er in einem tadellosen Jackett und sie in Rock und Bluse. Das Publikum machte sich daraufhin auch fein:

Krawatte, Jackett, Uniform, Kleid und Rock. Das Konzert war als ein »Sherry-Konzert« angekündigt, aber Ray erklärte, daß dem Schiff der Sherry ausgegangen war und daß wir uns statt dessen mit Sekt zufriedengeben müßten — so sehen die Entbehrungen einer Forschungsreise in die Antarktis aus.

Gotthilf Hempel kündigte die Musiker als das »Secchi-Trio« an; wir hätten das Privileg, ihrem ersten und einzigen öffentlichen Auftritt beiwohnen zu dürfen. Sie spielten ein Mozart-Konzertino, Schuberts »Auf den Flügeln der Lieder« und eine Suite für Fagott, Klarinette und Klavier eines Komponisten aus dem 18. Jahrhundert, dessen Name mir entfallen ist. Das kunstsinnige Publikum verlangte Zugaben, aber das Trio mußte sich entschuldigen; Winfried erklärte, es sei äußerst schwierig gewesen, Musiknoten für diese Kombination von Instrumenten zu finden, vor allem an Bord eines Eisbrechers in der Antarktis. Trotzdem war es ein schönes Konzerterlebnis, gern hätte man mehr gehört.

Um den Nachmittag abzurunden, boten mir Jochen und Wolf in ihrer Kabine einen Sherry als Aperitif vor dem Abendessen an — sie hatten sich vorsorglich einen Vorrat angelegt —, und wir schauten uns ein paar von den exzellenten Wildlife-Dias an, die Wolf bei früheren Expeditionen gemacht hatte. Nach dem Abendessen stellten Sylvia und Irene in der abgedunkelten Kaffeebar eine Dekoration mit Tannenzapfen und Stechpalmenzweigen auf und zündeten eine Kerze an — die erste Adventskerze. Wir alle, oder fast alle, würden rechtzeitig zu Weihnachten zu Hause sein.

Am späten Abend rief mich Ernst Oelkers auf die Brücke, um mir die spektakuläre Aussicht zu zeigen. Die »Polarstern« glitt durch ein Feld aus riesigen Tafeleisbergen; wir zählten über dreißig Stück, auf dem Radarschirm waren noch mehr zu sehen. Manche waren durch Festeis miteinander verbunden, das sich mit den Bergen losgelöst haben mußte. Die Berge mußten ursprünglich von der antarktischen Küste stammen, ein gutes Stück südöstlich von uns; jetzt trieben sie langsam nach Osten und Norden und würden sich dann in dem westlichen Windgürtel zerstreuen. Es war ein wunderschöner Anblick in dem glühenden Sonnenuntergang; aber in einer dunklen Winternacht durch dieses Gebiet zu fahren muß ein bedrückendes Erlebnis sein.

Erste Bilanzen

In den ersten Dezembertagen überquerte die »Polarstern« die Packeisgrenze bei ruhigem und klarem Wetter. Das Satellitenbild zeigte einen ziemlich zackigen Rand, möglicherweise war das auf die gleichbleibenden Wetterverhältnisse zurückzuführen. In Wirklichkeit wurde das Eis immer dünner, immer mehr offene Wasserstellen erschienen, und eines Morgens wachten wir auf, und das Eis war verschwunden. Am Nachmittag passierten wir jedoch wieder einen Eisgürtel und waren gegen Abend von einzelnen losen Packeisschollen umgeben. Auf manchen waren große Schmelzwasserpfützen zu sehen; die Außentemperatur lag jetzt um den Gefrierpunkt, und die Sonne war warm genug, den Schnee zu schmelzen. Kleinere »Flottenverbände« von müden, alten, ausgedienten Eisbergen trieben zwischen den Schollen umher, die letzten Überbleibsel von einst gewaltigen Bergmassiven. Auf vielen thronten lässig ganze Gruppen von Zügelpinguinen, eine Spezies, die an der Antarktischen Halbinsel und in der Scotia-See sehr verbreitet ist.

Bei fast idealen Bedingungen gelang es uns, zwei weitere Strommesser-Ketten zu bergen. Die erste war im offenen Wasser, die zweite lag unter einer ausgedehnten, aber nur dünnen Scholle, die von der »Polarstern« systematisch in Stücke zerbrochen wurde. »Eiswürfel für den Cocktail heute abend«, meinte Helmut Schiel, als ich ihn fragte, was denn bloß los sei. Um dem Küchen- und Bedienungspersonal ihre dankbare Anerkennung zu erweisen, übernahmen an dem Abend die Wissenschaftler den Service. Dieter Gerdes kochte das Essen für die gesamte Messe, Sigi Marschall, Kirsten, Elke und ein paar von den jüngeren Leuten trugen die Speisen auf. Gerd Hubold spielte den Ober, perfekt ausgestattet, mit großem Schlüsselbund für den Weinkeller.

Während die »Polarstern« weiter Richtung Norden fuhr, fingen wir schon einmal an zu packen und – zu schreiben. Professor Hempel bestand verständlicherweise darauf, daß jeder so etwas wie einen Bericht schrieb, bevor er von Bord ging; diese sollten dann auf englisch in der Serie der vorläufigen Berichte des AWI gleich nach unserer Ankunft veröffentlicht werden. Bei zwei oder drei war ich als Koautor beteiligt, dazu zog ich mich in meine Kabine zurück; bei mehreren anderen überprüfte ich das Englisch, was ich am besten in der Sonne in einem Liegestuhl an Deck machen konnte, mit einem Glas Apfelsaft in Reichweite.

Aus der Vorbereitung dieser Berichte ergaben sich ein paar der interessantesten Abendseminare. Es gab nur wenige endgültige Ergebnisse, denn wir hatten alle mehr Informationen gesammelt, als wir in der Zeit auswerten konnten. Aber ein paar Einzelergebnisse kamen doch zusammen: Von Malte erfuhren wir etwas über das Verhalten von Phytoplankton im späten Frühjahr, Eberhard und Viktor skizzierten ihre Ergebnisse, die sie mit ELSE in der Wasserschicht direkt unter der Eisdecke erzielt hatten, und Lou Gordon sprach über den Stickstoffmangel bei den sich stark vermehrenden Algen im braunen Eis. Die Planktonuntersuchungen mit UWE wurden von Peter erläutert und die Arbeit mit UWE auf dem Meeresboden von Dieter Gerdes; beide ergänzten ihre Vorträge mit herausragenden Videoaufnahmen.

Tom stellte seine Arbeit über Mikrowellenreflexion vor, Christoph gab eine Zusammenfassung der Bewegungen der Argos-Bojen und der vorläufigen Ergebnisse der meteorologischen Gruppe, und Werner Ekau erzählte uns etwas über die 3000 Fische der Wassersäule oder vom Meeresboden, die die Fischer mit ihren verschiedenen Netzen gefangen hatten. Joachim und Norbert erläuterten kurz ihre Forschungsarbeit mit den Robben und Pinguinen auf dem Drescher-Inlet, und ich gab einen abschließenden Bericht über die Anzahl der Robben und Kaiserpinguine, die wir entdeckt hatten.

Am Abend des 5. November feierten wir eine kleine Geburtstagsparty für Portia, zuerst in der Kabine von Weiss, dann im Blauen Salon. Es war eine ruhige Party mit etwa zwanzig Gästen, die kurz nach Mitternacht zu Ende ging. Als wir die Flaschen und Gläser wegräumten, spürte ich seit Wochen wieder einmal, wie das Schiff schaukelte.

Wir waren raus aus dem Eis und befanden uns wieder auf offener See.

Bouvetøya – und nach Hause

Mein letzter Flug führte nach Bouvetøya, ein Abschlußbonus sozusagen, mit dem ich überhaupt nicht gerechnet hatte, als ich die »Polarstern« betrat. Bouvetøya ist die abgelegenste Insel der Welt, sie hat eine Eiskappe und befindet sich an der Grenze zur Antarktis, in der Nähe des Greenwich-Meridians. Erst vor ein paar Wochen waren wir auf die Idee gekommen, dort einen Tag lang Beobachtungen durchzuführen, und hatten einen Plan ausgearbeitet. Es ist ein Paradies für Biologen, mit einer großen Population von Pelzrobben, drei verschiedenen Pinguinarten, von Raubmöwen und Sturmvögeln. Professor Hempel und ich hatten verschiedene Alternativpläne für Besuche bei gutem und schlechtem Wetter ausgearbeitet und sie von den norwegischen Behörden, unter deren Verwaltung die Insel steht, genehmigen lassen. Bei schlechtem Wetter wollten wir nur mit einer kleinen Gruppe an Land gehen und die Pelzrobben zählen; die Zeit, in der sie sich fortpflanzen, ist auch hier die beste Zeit, sie zu zählen. Bei gutem Wetter wollten wir viele Wissenschaftler hinüberfliegen und mehrere Stunden auf der Insel verbringen.

Wir hatten fürchterliches Wetter. Wenn wir am 8. Dezember vor Bouvetøya schönes Wetter gehabt hätten, wäre dieses Buch um ein Kapitel länger geworden. Leider war es aber ein trüber Tag, was uns besonders deswegen enttäuschte, weil vorher über mehrere Tage der Himmel klar und die See ruhig gewesen war.

Bei der ersten Morgendämmerung näherten wir uns der Westseite der Insel – der Wetterseite, aber auch der einzige

Abschnitt, wo es einen Strand gab und genügend flachen Boden, auf dem man landen konntc. Zwei Stunden schlingerten wir in schwerer See, starrten durch den Schneesturm auf die dunkle, bedrohliche Felsküste. Jochen Püttker hatte uns gewarnt, daß es starke Winde geben würde, und machte uns keine Hoffnung, daß sich das Wetter verbesserte. Würde es sich wenigstens so weit aufklaren, daß zwei oder drei von uns auf der Insel eine Robbenzählung durchführen konnten?

Schließlich drehten wir um, nach Süden, aus der Windrichtung, und machten um 9.30 Uhr den Hubschrauber startklar. Gunter saß am Steuer, an Bord waren außer mir noch Plötz und Michael Möhle. In einer Viertelstunde flogen wir um die Insel herum; die östliche Seite, die unter der Eiskappe, lag in strahlendem Sonnenschein. Wieder auf der stürmischen Westseite der Insel flog Gunter die Maschine vorsichtig auf die Klippen zu, um zu prüfen, ob es Fallwinde gab, und blieb dann über einem Kreis aus Steinen in der Luft stehen, den wohl eine Gruppe vor uns als Landeplatz markiert hatte. Michael kletterte raus, sprang von der Kufe aus auf den Boden und wies Gunter ein. Dann stiegen auch Joachim und ich aus, Michael lud die Notausrüstung aus, und Gunter blieb mit dem Hubschrauber noch einmal kurz in der Luft, um zu sehen, ob wir auch sicher waren, und flog dann zum Schiff zurück.

Die Oberfläche, auf der wir gelandet waren, war hartes Lavagestein, das sich auf einem Erdrutsch abgelagert hatte, der vor dreißig Jahren entstanden war. Diese Stelle, die Strände zu beiden Seiten und zwei weitere Inselchen vor der Küste waren die einzigen Plätze in der Gegend für Robben. Im Laufe der Jahre kamen immer mehr Tiere hinzu, die sich vermehrten und den Ort bevölkerten. Nach dem Lärm und der Hektik im Hubschrauber herrschte hier eine angenehme Stille. Wir befanden uns in einer Zone ruhiger Luft, über uns trieben aufgerissene Wolken vorbei, und von unten hörten wir das Tosen der Brandung. Der Landeplatz lag in der Nähe von zwei etwas baufälligen Hütten, die als automatische Wetterstation dienten. Eine stand gefährlich nahe am Rande des Erdrutsches, als ob sie jeden Augenblick ins Meer stürzen würde.

Ich schätzte, daß wir nur etwa eine Stunde zur Verfügung hatten. Wir hatten uns vorher mit Joachim geeinigt, daß er nach Norden fliegen und dort nach Stellen suchen sollte, von denen aus man den Strand fotografieren konnte, wo die Muttertiere ihre Jungen gebaren, während ich auf der Südseite des Erdrutsches eine Gruppe von mehreren hundert Tieren ohne Junge zählen sollte.

Meine Klettertour durch den losen Schotter des Erdrutsches herunter war ein wunderbares Erlebnis. Der Weg führte vorbei an Kaptauben, die ihre Nester bauten, und Eissturmvögeln, die wie aufgeregte Hennen gluckten, vorbei an antarktischen Seeschwalben, die hin und her flogen und laut schimpften, vorbei an einer Gruppe Riesensturmvögel, die sich vom Wind treiben ließen und mich neugierig beäugten. Ich kannte alle Tiere von anderen Inseln und früheren Fahrten her; für die Beobachtung auch nur einer Vogelart hätte ich hier ganze Tage verbringen können. Es dauerte eine halbe Stunde, bis ich die Robben gezählt und fotografiert hatte; als ich fertig war, ging ich zurück über den steil abfallenden Kiesstrand, ein Auge immer auf die Brandung, zu einer Stelle unterhalb des Landeplatzes.

Wenn das Wetter auch nur etwas besser gewesen wäre, hätte ich den Weg fortgesetzt und mir auch noch die andere Gruppe angesehen, aber draußen auf See verschlechterte es sich rapide. Von Zeit zu Zeit verschwand das Schiff in grauen Nebelschwaden, und ich kletterte zurück, um mich mit Michael zu treffen und zu sehen, ob wir schon wieder zurückbeordert wurden. So war es auch. Das Schiff stampfte schwer, und sie hatten schon über Funk mitgeteilt, daß wir sofort die Insel verlassen sollten, solange der Hubschrauber noch fliegen könne. Wir winkten Joachim weit unten am Nordstrand und sahen, wie er umkehrte und zurückkam: In der Zwischenzeit kam mit lautem Lärm der Hubschrauber angeflogen, und ich kletterte in die Kabine, um mich mit Gunter zu unterhalten, während wir warteten.

Er wollte so bald wie möglich zurück − die Wetterverhältnisse in der Luft waren wesentlich schlimmer als an Land, aber er versprach mir, zehn Minuten lang den Westabschnitt entlangzufliegen, damit ich den gesamten Vogelbestand einmal fotografieren konnte. Obwohl das Licht schlecht war und durch die Bewegungen des Hubschraubers die Bilder wahrscheinlich verwackelten, kam ich doch zu meiner fotografischen Bestandsaufnahme des Gebietes und machte so den Kreis um die Insel vollständig.

Zwölf Stunden blieben wir noch vor Bouvetøya und suchten uns eine windgeschützte Stelle an der Insel. Viele hatten gehofft, an Land gehen zu können; Zeit genug hatten wir, und Professor Hempel war bereit zu warten, wenn sich eine Möglichkeit für weitere Landungen angedeutet hätte. Aber unser Glück hatte sich gewendet. Den ganzen Tag lang behielten wir das Wetter im Auge, spielten Cribbage, fielen Jochen Püttker zwischendurch auf die Nerven und sahen den Sturmwolken zu, wie sie gleichmäßig an uns vorbeizogen.

Gegen Abend legte sich der Wind, der Himmel klarte auf, aber es gab nicht genug Licht, um einen Flugversuch zu starten. Um 22.00 Uhr kam Hempel vorbei und sagte, er hätte für 3.00 Uhr eine Besprechung angesetzt; er würde mich rufen und alle wecken, sollte sich etwas ändern und ein Flug möglich sein.

Ich erwachte um 5.30 Uhr — wir befanden uns schon auf der Rückfahrt, bewegten uns langsam durch dichten Nebel. Ein kurzer Besuch auf der Brücke bestätigte mir den Kurs, wir fuhren Richtung Norden. Helmut Schiel hielt Wache. »Tut mir leid«, sagte Helmut, »wir haben gewartet, aber es gab keine Hoffnung. Fahren wir also nach Hause.«

Nach Hause. Mit einemmal schien es mir das Beste zu sein, was wir tun konnten.

FS »Polarstern«
Technische Daten

Bauwerft: Arbeitsgemeinschaft Howaldtswerke – Deutsche Werft AG/Werft Nobiskrug GmbH

Vermessung	10 878,52 BRT
	3 532,30 NRT
Länge über alles:	118,00 m
Länge zwischen den Loten:	102,20 m
Breite auf Spanten (max.):	25,00 m
Seitenhöhe bis zum Hauptdeck:	13,60 m
Tiefgang:	10,50 m
Tragfähigkeit hierbei (ca.):	4 395 t
Geschwindigkeit bei Probefahrtbedingungen:	15,59 kn
Leistung hierbei (ca.):	4×3 670 kW
	(4×5 000 PSe)
Einrichtung für insgesamt	109 Personen
davon Besatzung	36 Personen
wissenschaftliches Personal	40 Personen
Ablösepersonal für Polarstation	30 Personen

Maschinenanlage:
○ vier umsteuerbare Mittelschnelläufermotoren
○ zwei Doppel-Untersetzungsgetriebe mit je einem PTO-Abtrieb für einen Wellengenerator sowie schaltbaren und nichtschaltbaren Kupplungen
○ eine Verstellpropeller-Doppelanlage, Propeller vierflügelig

aus Chromnickelstahl in Propellerdüsen, Propellerdrehzahl ca. 180 min^{-1}

○ je ein Bug- und Heckquerstrahlruder, Querschub jeweils 150 kW

○ zwei Dieselgeneratoren, je 1 290 kW (1 500 kVA)/750 min^{-1}

○ zwei Wellengeneratoren, je 2 700 kVA/1 100−1 400 min^{-1}

○ ein Notstromaggregat, 560 kVA/1 500 min^{-1}

○ installierte elektrische Leistung ca. 7 550 kVA (6 040 kW)

Labors und wissenschaftliche Räume:
Naßlaborräume, Bordrechnerraum, Universal-Meß- und Registrierraum, Chemielabors, Abfüllräume, Luftpulserstation, Geräteraum, Gravimeterraum, Mehrzweckgefrierräume, Laborcontainerraum, Fischraum, Fischlabor

Winden:
Friktionswinde, Tiefsee-Speicherwinden, Mehrzweckwinde Bb. und Stb., Einleiterwinde, Serienwinde, Drahtwinde, Netzsondenwinde

Kräne auf dem Vorschiff:
25-t-Kran mit Knickausleger auf Stb.-Seite
10-t-Kran mit starrem Ausleger

Weitere Kräne:
15-t-Forschungskran
Hängelauf-Drehkran
Schiebebalken
Kernabsetzgestell
Heckgalgen
Kurrleinenblock-Ausschiebevorrichtung
Schiffskörper verstärkt für einen Eisdruck von 6 N/mm² im Mittel- und Hinterschiff, 9,5 N/mm² im Vorschiff
Eigentümer: Bundesrepublik Deutschland
Reeder: Hapag-Lloyd Transport & Service GmbH, Bremerhaven

Thomas Gold

Das Jahrtausend des Methans

Die Energie der Zukunft − unerschöpflich, umweltfreundlich

256 Seiten, 19 Zeichnungen, gebunden, Schutzumschlag

Bisher ging die Wissenschaft davon aus, daß alle Kohlenwasserstoffverbindungen biologischen Ursprungs sein müssen. Diese Ketten sind bekannt: aus abgestorbenen Organismen und Holz wird Kohle, daraus (z. T.) wieder Erdöl oder auch Diamanten. Gold weist nun nach, daß es daneben − und in einem viel umfangreicheren Maßstab − auch solche Bildungen gegeben hat, die bei der Entstehung der Erde auftraten und von astrochemischen Prozessen beeinflußt wurden. Eines dieser Produkte ist Methan (CH_4). Immer wieder signalisiert unser Planet seine unterirdischen Schätze: bei Erdbeben und Vulkanausbrüchen etwa.

Gerade diese »Lecks« in der Erdkruste sieht Gold als potentielle Einstiegsquellen, um diese neue Energieform erfolgreich (und wirtschaftlich!) anzuzapfen. Eine weitere Möglichkeit wären Bohrungen in einer Tiefe von 5−10 km − ein schwieriges, aber technisch lösbares Problem. Phantastereien? Utopien? Die schwedische Regierung sieht das anders: Sie beauftragte ein Wissenschaftsteam mit Probebohrungen. Und auch die Japaner und die Russen waren mit ihren ersten Versuchen extrem erfolgreich.

ECON Verlag · Postfach 30 03 21 · 4000 Düsseldorf 30

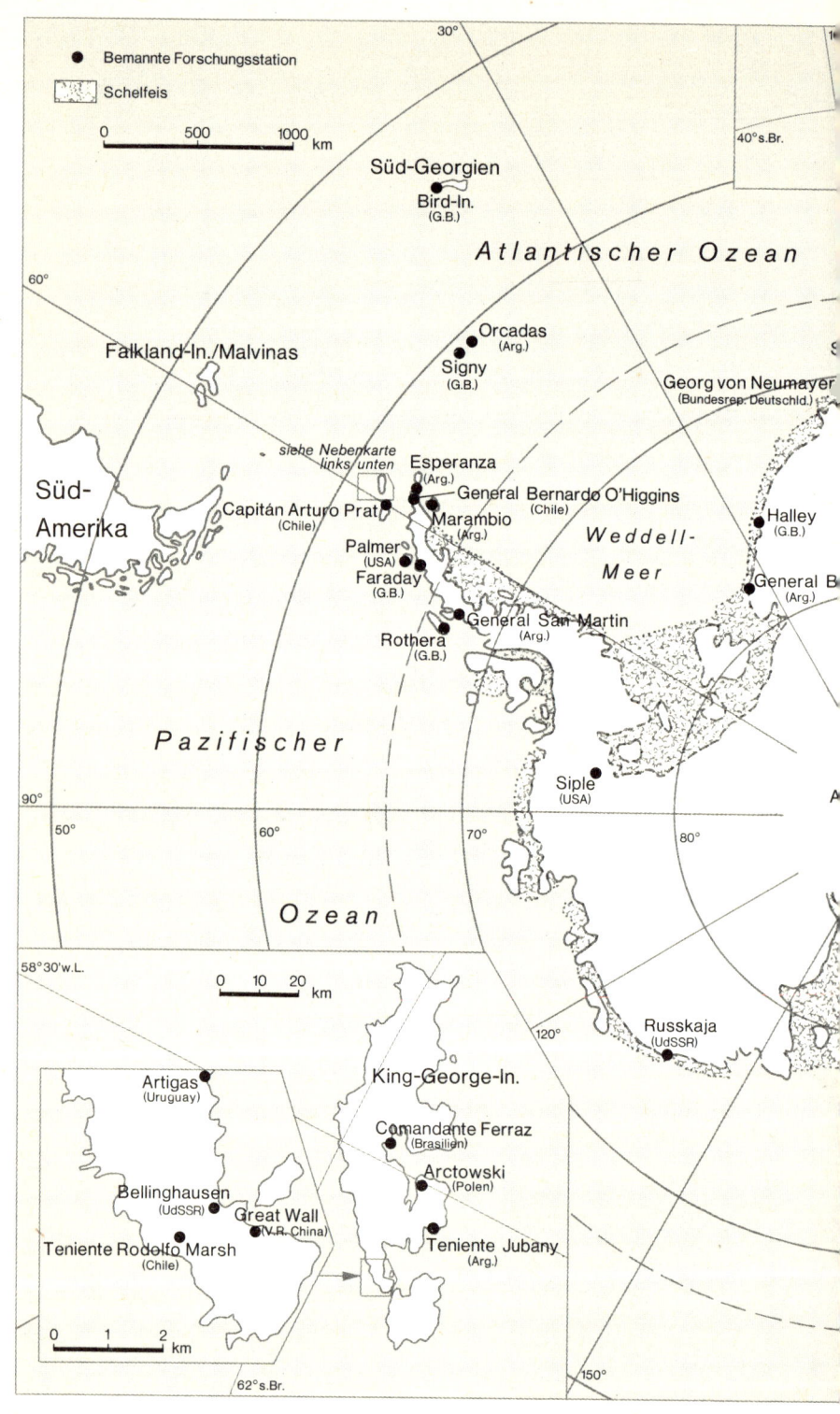